乡村旅游对龙脊平安壮族农民人力资本的影响

吴忠军 ◎ 著

企业管理出版社

内 容 提 要

本书以旅游影响理论和人力资本理论为基础，将田野调查与文献研究相结合，采用实证为主、规范为辅的研究方法，从理论和实证两个范畴，以乡村旅游对少数民族人力资本的影响展开了研究。

全书共分9章。第1章为绪论；第2章分析了乡村旅游开发过程中壮族农民的生产生活现状；第3~6章是全文的主体部分，依据人力资本形成的四大形式（职业迁移、教育、在职培训、健康）这一经典分析框架，以"田野实证—模型分析"的思路，分别探讨了乡村旅游发展对龙脊平安壮族人力资本的系统影响；第7章阐述了乡村旅游与龙脊平安壮族农民人力资本之间的循环模型，探讨了作为人力资本积累典型特征的"干中学"与作为人力资本拓展形态的地方性知识资本；第8章总结了乡村旅游与龙脊平安壮族农民人力资本互动中存在的若干问题，并提出了相关建议；第9章对结论进行了总结。

本书具有较强的应用价值，可作为旅游行业的从业人员、管理者及高等院校等相关专业师生的参考用书。

图书在版编目（CIP）数据

乡村旅游对龙脊平安壮族农民人力资本的影响 / 吴忠军著 . —北京：企业管理出版社，2020.9
ISBN 978-7-5164-2224-3

Ⅰ . ①乡… Ⅱ . ①吴… Ⅲ . ①乡村旅游 – 影响 – 农民 – 人力资本 – 研究 Ⅳ . ① F323.6

中国版本图书馆 CIP 数据核字（2020）第 184412 号

书　　　名	乡村旅游对龙脊平安壮族农民人力资本的影响
作　　　者	吴忠军
责任编辑	杨慧芳
书　　　号	ISBN 978-7-5164-2224-3
出版发行	企业管理出版社
地　　　址	北京市海淀区紫竹院南路 17 号　　邮编：100048
网　　　址	http://www.emph.cn
电　　　话	发行部（010）68701816　　编辑部（010）68420309
电子信箱	314819720@qq.com
印　　　刷	北京虎彩文化传播有限公司
经　　　销	新华书店
规　　　格	710 毫米 ×1000 毫米　　16 开本　　13.5 印张　　228 千字
版　　　次	2020 年 10 月第 1 版　　2020 年 10 月第 1 次印刷
定　　　价	78.00 元

版权所有　　翻印必究　　印装有误　　负责调换

前　言

　　乡村旅游开辟了新的旅游空间和新的旅游投资领域，紧密联系农业、农村、农民，以空间上的乡村性和产业上的农业转型为特点。伴随着乡村旅游进入大众化时代以及被置于旅游扶贫的语境下，乡村旅游的经济、社会文化、环境影响日益突出，从区域而非农民、民族自身出发去研究乡村旅游影响的成果也逐渐增多。事实上，农民问题是解决"三农"问题的关键，人力资本不足又是农民问题的核心。1998年诺贝尔经济学奖得主、发展经济学家阿玛蒂亚·森以可行能力视角看待贫困问题，认为穷人贫困的最重要原因是能力的缺乏或被剥夺，即人力资本积累现状不足以对自身的收入分配产生大的影响。将乡村影响和人力资本联系起来看，经验研究表明，乡村旅游在短期内、以较小的成本便迅速完成了农民的人力资本提升，以及以货币收入为体现的人力资本效益的发挥。那么，这种经验总结能否在理论层面上给予验证？能否在微观层次上给予系统、全面的考察和分析？基于此，本书以旅游影响理论和人力资本理论为基础，将田野调查与文献研究相结合，采用实证为主、规范为辅的研究方法，从理论和实证两个范畴，通过乡村旅游对少数民族人力资本的影响展开了研究。

　　从结构上看，全书共分9章。第1章阐述了研究背景及意义、文献综述、主要理论观点、研究方法、研究思路与技术路线。第2章主要介绍了田野点的相关情况，包括平安壮寨的区域背景，乡村旅游发展的历程、模式与特点，并分析了乡村旅游开发过程中壮族农民的生产生活现状。第3~6章是全文的主体部分，依据人力资本形成的四大形式（职业迁移、教育、在职培训、健康）这一经典分析框架，以"田野实证—模型分析"的思路，分别探讨了乡村旅游发展对龙脊平安壮族人力资本的系统影响。第7章论述了乡村旅游发展与农民人力资本的循环及其特点。首先，沿着"乡村旅游开发—职业迁移—农民增收—人力资本积累与提升—乡村旅游内生发展与转型升级"的路径，阐述了乡村旅游与龙脊平安壮族农民人力资本之间的循环模型；其次，探讨了作为人力资本积累典型特征的"干中学"

与作为人力资本拓展形态的地方性知识资本。第8章总结了乡村旅游与龙脊平安壮族农民人力资本互动中存在的若干问题，并提出了相关建议。第9章得出了结论并提出不足之处。

依据人力资本形成的四大形式（职业迁移、教育、在职培训、健康）这一经典分析框架展开研究。第一，在职业迁移方面：①与龙脊平安壮族的传统观念及对职业迁移和人力资本提升的限制相比，旅游业的发展促进了龙脊平安壮族热情好客和重农轻商观念的变迁，影响了村民的职业选择行为。②职业迁移对于龙脊壮族农民增收具有显著影响，其收入构成扩展到家庭旅游经营性收入、旅游工资性收入、旅游财产性收入、旅游转移性收入四种，旅游收入在占总收入中占极大比重。第二，在学校教育方面：学校教育是人力资本开发的基础途径，对人力资本的研究，最早就是从研究教育开始的。与其他人力资本形式相比，教育投资的成本较高、收益期较长、投资收益率曲线在前期较为平缓。但从长远来看，它是从根本上解决农民贫困问题，是个人和社会生产力的源泉。第三，在培训方面：旅游业发展提高了龙脊平安壮族各类培训的机会、类型、频率、程度。自我培训方面：村民多选择边际收益高的旅游技能培训，而其他三类主体针对培训的指向虽不尽相同，但培训的效果却是一致的，都促进了龙脊平安壮族农民人力资本的增长，增加了村寨整体的人力资本存量、乡村旅游素质以及旅游收益。第四，在健康方面：①乡村旅游发展使平安壮寨人居环境得到改善；②乡村旅游发展提升了平安壮族农民的医疗卫生保健意识，促进了医疗条件的改善；③乡村旅游发展促进了龙脊平安壮族不健康的传统习俗和观念的变迁；④旅游业的发展促进政府、旅游公司和龙脊平安壮族农民自身这三类投资主体增加了健康投资，壮族农民健康程度得到提高，其健康投资的边际收益提高，边际成本下降，健康资本显著增加。

乡村旅游与农民人力资本之间的互动是渐进、循环的，其积极效果是显著的、链条式的：乡村旅游开发为农民转移就业提供了条件和初始动力，而农民转移就业是农民增收的前提；农民增收又为其实现人力资本积累与提升提供了深度迁移、教育、培训、健康等方面的投资基础，而"旅游农民"形成是农民人力资本积累与显著提升的标志。"旅游农民"的形成为乡村旅游的高层次发展提供了内生转型升级动力。乡村旅游与农民人力资本的互动，具有两大显著特点：①在乡村旅游发展与农民人力资本积累的互动中，"干中学"起到了重要的作用，是人力资本积累的重要方式，是农民人力资本积累过程中的典型特征。主要在"干中学"中，龙脊平安壮族农民的沟通能力、餐饮技艺、经营管理能力得以提升，实现了人力资本提升。②在民族旅游发展情境下，地方性知识资本得以拓展成为龙脊平安壮族农民人力资本的一项重要的、新的资本形态，是壮族农民人力资本积累与提升的一条特殊路径。地方性知识的高资本收益率特性促进了龙脊平安壮族文化的传承与保护，促进了壮族传统文化的旅游开发与农民增收，促进了平安壮族传统知识再生产与文化再生产。本书还总结了乡村旅游与龙脊平安壮族农民人力资本互动中产生的五类问题，并提出了相关建议。

  总之，本书在人力资本理论的既设框架下，运用田野调查方法对乡村旅游发展之于龙脊平安壮族农民人力资本的影响进行了实证分析，对二者之间的互动机理做出了逻辑总结，进而在实践上能为相关政府部门制定乡村旅游发展框架下的农民人力资本开发政策或着眼于人力资本开发的乡村旅游长效发展政策提供参考。

吴忠军

目　　录

第1章　绪论 001

1.1　研究缘起和研究意义 001
1.1.1　研究缘起 001
1.1.2　研究意义 005

1.2　研究述评 007
1.2.1　国外人力资本研究 007
1.2.2　国内人力资本研究 012
1.2.3　旅游发展与人力资本研究综述 017

1.3　主要理论观点和研究方法 022
1.3.1　主要理论观点 022
1.3.2　研究方法 025

1.4　研究思路与技术路线 025
1.4.1　研究目标 025
1.4.2　研究思路 026
1.4.3　技术路线 027
1.4.4　创新点 028
1.4.5　田野调查介绍 028

第2章　龙脊平安壮寨的乡村旅游发展与壮族农民生活概况 030

2.1　平安壮寨的区域背景——龙脊风景名胜区 030
2.1.1　龙脊风景名胜区 030
2.1.2　旅游资源 034
2.1.3　龙脊风景名胜区的旅游发展概况 036

2.2　田野点平安壮寨概况 037
2.2.1　地理环境 037
2.2.2　自然条件 038

		2.2.3	历史沿革	038
		2.2.4	社会经济发展	038
		2.2.5	对外交通状况	038
		2.2.6	基础设施现状	039
	2.3	龙脊平安壮寨的乡村旅游发展：历程、模式与特点		039
		2.3.1	旅游发展历程	039
		2.3.2	旅游开发治理模式	040
		2.3.3	平安壮寨乡村旅游发展的特点	043
	2.4	乡村旅游开发中的龙脊平安壮族农民生活概况		047
		2.4.1	旅游经营活动	047
		2.4.2	工作情况	048
		2.4.3	培训情况	049
		2.4.4	日常生产生活消费情况	049
		2.4.5	对旅游发展的看法和认识	049

第3章　乡村旅游发展与龙脊平安壮族的职业迁移 050

	3.1	乡村旅游发展对职业迁移的影响		051
		3.1.1	龙脊平安旅游转移就业情况分析	051
		3.1.2	龙脊平安壮族传统职业及其与此相适应的习俗和价值观念	052
		3.1.3	旅游开发与龙脊平安壮族的职业迁移	056
	3.2	职业迁移对龙脊平安壮族增收的影响		060
		3.2.1	家庭旅游经营性收入	060
		3.2.2	旅游工资性收入	061
		3.2.3	旅游财产性收入	061
		3.2.4	旅游转移性收入	062
		3.2.5	平安壮族旅游总收入及增收分析	062
	3.3	职业迁移与龙脊平安壮族的"干中学"		064
		3.3.1	"干中学"模型	065
		3.3.2	"干中学"与龙脊平安壮族的沟通能力	068
		3.3.3	"干中学"与龙脊平安壮族餐饮技艺的提升和相关观念的转变	074
		3.3.4	"干中学"与龙脊平安壮族市场经营知识和技能的积累	077
	本章小结			085

目录

第4章 乡村旅游发展对龙脊平安壮族学校教育的影响···· 087

4.1 教育与人力资本开发·· 087
4.2 乡村旅游发展对龙脊平安壮族受教育年限的影响············ 088
4.2.1 旅游开发前龙脊平安壮族的教育情况···························088
4.2.2 旅游业发展对家长教育决策的影响······························089
4.2.3 旅游业发展与学生教育需求······································101
4.3 旅游开发背景下龙脊平安壮族教育的特点······················ 102
4.3.1 教育具有较强的外部性··102
4.3.2 旅游业的发展打破了教育与经济的恶性循环·················104
4.3.3 教育与旅游的不对称···105
本章小结·· 106

第5章 乡村旅游发展对龙脊平安壮族培训的影响········ 107

5.1 旅游开发与自我培训·· 107
5.2 旅游开发与旅游公司培训·· 109
5.3 旅游开发与酒店培训·· 112
5.4 旅游开发与政府培训·· 116
5.4.1 旅游服务培训··116
5.4.2 农业培训··117
5.4.3 管理培训··118
本章小结·· 118

第6章 乡村旅游发展对龙脊平安壮族健康的影响········ 120

6.1 旅游发展对村寨环境卫生条件的影响···························· 120
6.1.1 旅游发展改善了村寨的环境卫生条件··························120
6.1.2 村寨环境卫生条件改善的解释···································129
6.2 旅游发展对龙脊平安壮族卫生意识和医疗条件的影响······ 130
6.2.1 旅游开发前龙脊平安壮族的卫生意识和医疗状况···········130
6.2.2 旅游开发后龙脊平安壮族卫生意识和医疗条件的改善····133
6.3 旅游发展对龙脊平安壮族传统习俗和观念的影响············ 135
6.3.1 抽烟习俗的变迁··135

6.3.2　婚姻习俗的变迁 ··· 136
　　　6.3.3　生育与养育习俗的变迁 ······································ 138
　　　6.3.4　多子多福观念的改变 ··· 139
　　　6.3.5　饮食观念的变迁 ·· 141
　6.4　旅游业的发展与村民健康投资 ·· 144
　本章小结 ·· 147

第7章　乡村旅游与平安壮族农民人力资本的互动机理 ····· 151
　7.1　乡村旅游开发对龙脊平安壮族农民人力资本提升的促进 ········· 152
　　　7.1.1　乡村旅游开发与龙脊平安壮族的职业迁移 ·············· 152
　　　7.1.2　职业迁移与龙脊平安壮族农民增收 ······················ 154
　　　7.1.3　龙脊平安壮族农民增收与人力资本积累 ················ 155
　　　7.1.4　龙脊平安壮族农民人力资本提升与"旅游农民"的形成 ··· 157
　　　7.1.5　乡村旅游发展影响农民人力资本的循环框架 ·········· 159
　7.2　壮族农民人力资本的提升对平安壮寨乡村旅游发展的促进作用 ······ 161
　7.3　地方性知识资本：乡村旅游与龙脊平安壮族的人力资本拓展 ········ 176
　本章小结 ·· 181

第8章　乡村旅游与人力资本的互动中存在的
　　　　　问题与建议 ·· 182
　8.1　乡村旅游与平安壮族农民人力资本互动中存在的若干问题 ········· 182
　8.2　壮族农民人力资本积累与乡村旅游发展升级的建议 ················ 188
　本章小结 ·· 191

第9章　结论与不足 ··· 193
　9.1　结论 ·· 193
　9.2　不足之处 ·· 197

参考文献 ··· 199

后记 ··· 206

第1章 绪论

1.1 研究缘起和研究意义

1.1.1 研究缘起

本节从以下几方面概述了乡村旅游发展对少数民族人力资本的影响。

第一,农民问题是党中央、国务院一以贯之致力解决的重大课题。我国是个农业大国,农民在全国人口总数中仍占有很大比例,农民阶层的平均生活处于全国较低水平。而农民问题、农村问题与农业问题牵连在一起,千头万绪、错综复杂,是我国当前亟须解决的问题。中共中央在1982年至1986年连续五年发布以农业、农村和农民为主题的中央一号文件,对农村改革和农业发展做出了总体部署。2004年至2016年又连续十三年发布以"三农"为主题的中央一号文件,强调了"三农"问题在中国社会主义现代化时期"重中之重"的地位。"三农"问题的核心是农民问题,因为农业是一种产业,是农民从事的职业;农村是农民聚居生产生活的社区。解决"三农"问题,第一位的就是要解决农民问题,只有把农民问题解决好,农业问题、农村问题才能顺利解决。[1]

农民问题的关键是农民增收问题和农民素质能力问题。因此,调整农民就业结构是增加农民收入的根本途径;大规模转移农村劳动力是解决农民问题并最终解决农业问题的关键;开发农村人力资源,增强农民的能力和素质,提升农民的人力资本,是解决农民长效增收的根本。要解决农民问题,唯一的出路是全面深化农村改革,党的十八届三中全会做出的《中共中央关于全面深化改革若干重大问题的决定》,对深化农村改革做出了全面部署,认为只有解决好农民就业、农民增收、农民素质问题,农民才能逐渐富裕起来,才能逐步把农民问题解决好。

第二,乡村旅游是民族地区重要的富民产业。旅游业是战略性产业,资源消耗低,带动系数大,就业机会多,综合效益好。乡村旅游是富民工程[2],也是民生工程[3]。据测算,一个年接待游客10万人次的休闲农庄,可实现营业收入

---

[1] 陆学艺.《三农"问题的核心是农民问题[J].社会科学研究,2006,(1):1-4.
[2] 国务院.国务院关于加快旅游业发展的意见(国发〔2009〕41号).
[3] 姜蕾.发展乡村旅游是民生工程[N]. 中国青年报, 2013-10-25.

1000万元以上，直接和间接吸纳300名农民就业[1]。2008年，我国乡村旅游接待游客便超过了3.85亿人次，乡村旅游收入达到573亿元，农民直接就业达到495万人，间接就业、季节性就业达到1840万人[2]。"十二五"时期（不含2015年），全国通过发展旅游带动了10%以上的贫困人口脱贫，旅游扶贫人数达1000万人以上。展望未来，2020年年底，全国将形成15万个乡村旅游特色村，300万家乡村旅游经营户，乡村旅游年接待游客超过20亿人次，收入超过1万亿元，受益农民5000万人，全部通过乡村旅游实现脱贫致富。由此可见，作为富民、惠民、利民产业的乡村旅游与农民发展之间关系密切。

第三，通过乡村旅游发展带动解决农民问题是党中央、国务院的一贯思路。解决好"三农"问题是十六大以来我国的一项基本国策，其核心在于促进农民的持续增收，特色产业发展是支持农民增收致富的重要引擎，故而我国出台的"三农"政策都坚持"富民优先、产业优先"的基本原则。在少数民族地区，乡村旅游是促进农民增收的重要途径和解决"三农"问题的重要产业。2004年至2016年中央一号文件皆以"三农"为主题，对农村改革及农业发展做出了部署，体现了"三农"政策的持续性及"富民优先、产业优先"主旨的连贯性，其中不乏关于乡村旅游发展的重要论断：大力发展特色农业，特别要重视发展乡村旅游业[3]；要通过非农就业增收，提高乡村旅游发展水平，改善农民工进城就业和返乡创业环境[4]；努力促进农民就业创业，积极发展休闲农业、乡村旅游、森林旅游和农村服务业，拓展农村非农就业空间[5]；推进农村生态文明建设，发展乡村旅游和休闲农业；鼓励和支持承包土地向家庭农场、农民合作社流转，鼓励社会资本在农村兴办文化旅游体育等各项事业"[6]。

从具有代表性的我国乡村旅游发展政策（表1.1）来看，尽管政策重点与政策目标不尽相同，但其中解决"三农问题"，特别是解决作为核心的农民问题，

---

[1] 梁宝忠.农业部与国家旅游局合力推进休闲农业与乡村旅游发展[EB/OL].2009-10-12.

[2] 国家旅游局规划财务司.关于全国乡村旅游发展纲要（2009—2015年）征求意见稿网上公开征求意见的说明.2009-07-02.

[3] 中共中央,国务院.关于积极发展现代农业扎实推进社会主义新农村建设的若干意见(中发〔2007〕1号文件)[EB/OL].2011-02-24.

[4] 中共中央,国务院.关于切实加强农业基础建设进一步促进农业发展农民增收的若干意见(中发〔2008〕1号文件)[EB/OL].2011-02-24.

[5] 中共中央,国务院.关于加大统筹城乡发展力度进一步夯实农业农村发展基础的若干意见(中发〔2010〕1号文件)[EB/OL].2011-02-24.

[6] 中共中央,国务院.关于加快发展现代农业,进一步增强农村发展活力的若干意见(中发〔2010〕1号文件)[EB/OL].2013-01-31.

无疑是共同的政策归宿。① 从政策演进与政策历程上看：2001 年前后，以市场推动下的主题营销与行业指导政策为主；2007 年前后，以新农村建设理念下的乡村旅游政策为主；2010 年前后，以素质提升与行业管理主导下的乡村旅游政策为主；2014 年前后的旅游政策则以产业深化与旅游扶贫为语境。实际上，早在 2002 年的全国旅游工作会议，便拉开了国家旅游扶贫试验区的序幕，但我国的旅游扶贫工作在 2014 年才真正开始走上精细化道路。2014 年联合发布了《关于实施乡村旅游富民工程推进旅游扶贫工作的通知》，计划从 2015 年起在全国扶贫开发重点县和集中连片特困地区贫困县中选择具备一定条件的行政村，作为美丽乡村旅游扶贫重点村。② 从政策颁布主体来看，已由原国家旅游局一个部门发展到当前以国家多个部委、金融机构和中国旅游协会休闲农业分会参与的局面，越来越多的部门、机构介入到乡村旅游产业发展与农民发展问题中。

表 1.1　我国具有代表性的乡村旅游政策表

政策节点	文件号：《文件名称》	政策重点政策目标
2001	国家旅游局2001年：《农业旅游发展指导规范》	行业指导
	旅发（2002）59号：《关于发布〈全国农业旅游示范点、工业旅游示范点检查标准（试行）〉的通知》	行业规范
2007	国家旅游局2006年：《关于促进农村旅游发展的指导意见》	农村旅游
	农业部、国家旅游局2007年：《关于促进社会主义新农村建设与乡村旅游发展合作协议》	乡村旅游发展
	旅发（2007）14号：《国家旅游局农业部关于大力推进全国乡村旅游发展的通知》	
2010	农业部、国家旅游局、民革中央、浙江省政府2009年：《安吉宣言》	中国休闲农业与乡村旅游发展
	农办企（2009）6号：《农业部办公厅关于组建"中国旅游协会休闲农业与乡村旅游分会"有关工作的通知》	行业协会
	国家旅游局2009年：《全国乡村旅游发展纲要（2009—2015）》	产业规划
	国发（2009）41号：《关于加快旅游业发展的意见》	发展部署
	农企发（2010）2号：《农业部国家旅游局关于开展全国休闲农业与乡村旅游示范县和全国休闲农业示范点创建活动的意见》	示范创建
	休闲农业分会（2010）5号：《关于组织开展"全国休闲农业与乡村旅游星级示范创建行动"的通知》	示范创建
	农企发（2010）4号：《农业部关于推荐中国最有魅力休闲乡村的通知》	示范创建

续表

政策节点	文件号：《文件名称》	政策重点政策目标
2010	农经发（2010）10号：《农业部关于推进"一村一品"强村富民工程的意见》	产业化经营
	国土资发（2010）155号：《国土资源部农业部关于完善设施农用地管理有关问题的通知》	土地政策
	农企发（2011）8号：《农业部关于印发<全国休闲农业发展"十二五"规划>的通知》	产业规划
	全国休闲标准化技术委员会2013年：《休闲农庄服务质量规范（NY/T2366—2013）》	服务规范
2014	休闲农业分会社会事业中心农函（2013）9号：《全国休闲农业与乡村旅游推进提升行动实施方案》	产业促进
	发改社会（2014）2344号：《关于实施乡村旅游富民工程推进旅游扶贫工作的通知》	旅游扶贫
	农加发（2014）4号：《农业部关于进一步促进休闲农业持续健康发展的通知》	产业促进
	农（2014）06号：《农业部办公厅关于开展中国最美休闲乡村推介活动的通知》	示范创建
	农办加（2014）4号：《农业部办公厅关于开展中国美丽田园推介活动的通知》	示范创建
	农办加（2014）15号：《农业部办公厅中国民生银行办公室关于推荐2014年农产品加工业休闲农业农民创业项目的通知》	产业扶持
	农办加（2014）23号：《农业部办公厅关于成立第一届农业部全国休闲农业专家委员会的通知》	智力支撑
	国发（2014）31号：《国务院关于促进旅游业改革发展的若干意见》	旅游改革发展
	农办科（2015）17号：《农业部办公厅教育部办公厅共青团中央办公厅关于组织实施现代青年农场主计划的通知》	人才扶持旅游经营
	国开办司发（2015）3号：《国务院扶贫办国家旅游局关于印发<关于开展贫困村旅游扶贫试点工作方案>的通知》	旅游扶贫
	农加发（2015）3号：《农业部关于实施推进农民创业创新行动计划（2015—2017年）的通知》	新型农民培育
	国务院办公厅（2015）62号：《关于进一步促进旅游投资和消费的若干意见》	乡村旅游系统提升计划
	旅发（2016）121号：《关于印发乡村旅游扶贫工程行动方案的通知》	乡村旅游扶贫

第四，新型职业农民培育是农业现代化和社会主义新农村建设的基础工程。

新型农民就是有文化、懂技术、会经营的农民,是农民职业化、高端化、创新化的类型。随着农村剩余劳动力外出转移就业与新生代农民工对土地的"陌生",留守农业人群呈现出总量相对不足、整体素质偏低、结构不合理等问题。农民是农业现代化和新农村建设的主体,是一项重要的人力资本,造就千千万万高素质的新型农民是推进农业现代化和发展农村经济的迫切要求。2012年,农业部办公厅印发《新型职业农民培育试点方案的工作通知》后,各地都开展了新型职业农民的培养途径、认定规范、扶持政策等工作,取得了可喜的成就。2015年,农业部又决定实施推进农民创业创新行动计划(2015—2017年)。2016年国务院印发《关于激发重点群体活力带动城乡居民增收的实施意见》,新型职业农民作为7大重点群体之一,被列入了激励计划,包括提高新型职业农民增收能力、挖掘现代农业增收潜力、拓宽新型职业农民增收渠道等内容。

第五,少数民族地区乡村旅游的影响研究是笔者的主要研究方向。先后主持完成的《广西少数民族村寨旅游开发模式研究》(广西社科基金课题,2004)、《民族村寨旅游开发中居民满意度与和谐社会建设研究》(国家社科基金课题,2007)、《民族村寨旅游相关利益者满意度与协同发展研究》(广西高校优秀人才资助课题,2009)、《旅游背景下桂北民族村寨文化景观演变机理研究》(广西自科基金课题,2010)、笔者《乡村旅游与西南民族地区农民增收问题研究》(国家社科基金重点课题,2011)为本书的研究打下了一定基础。开展乡村旅游发展对少数民族人力资本影响的研究(乡村旅游发展与少数民族人力资本积累、人力资本积累基础上新型职业农民的形成),深化影响理论、机理与实证研究。

第六,龙脊景区与笔者有着深厚的不解之缘,1992年8月笔者任桂林市龙胜各族自治县旅游局副局长,兼任龙胜各族自治县旅游总公司副总经理,负责民族旅游开发与景区建设。第二年,开发龙脊景区,工作了三年多。20多年来一直从事民族旅游与旅游规划的教学与科研工作,在龙脊景区做了11个旅游规划,2项国家社科基金课题与4项省部级科研课题,先后以龙脊景区为研究对象,积累了大量的资料。笔者作为最早策划筹建县旅游局负责领导,很荣幸地被当地群众称为"龙脊景区开发第一人"。见证了龙脊景区的发展,见证了龙脊壮族农民的增收与农民的转型,见证了龙脊从一个贫穷落后的壮族山村一跃成为国际知名的乡村旅游目的地。

1.1.2 研究意义

乡村旅游已成为国内旅游主战场和社会投资、居民消费的重要领域,在扶贫富民、统筹城乡发展、建设生态文明、留住"乡愁"、推动社会主义新农村建设、解决"三农"问题等语境下,发展乡村旅游对农村、农业、农民都产生了很大的影响。但是,一方面,相对于区域意义上的"农村""村寨"和产业意义上的"农业",专门指向乡村旅游发展对群体、主体意义上"农民"的影响研究却相对不足。另一方面,当这一问题置于民族地区语境下、"农民"指向少数民族群体时,乡村旅游发展对其的影响则更趋于特殊和错综复杂。这种特殊性和错综复杂来源于:(1)乡村旅游在民族地区既要整合民族传统生计、空间、资源等,也要整合既有的习惯法、传统的社会运行机制和文化网络;(2)少数民族群体在乡村旅游发展中具有多元角色和属性,是一种特殊的人力资本。在此背景下,从人力资本的角度,研究乡村旅游对少数民族的影响,具有重要的理论意义和实践意义。

1. 理论意义

第一,丰富、深化旅游影响研究。旅游影响研究是国内外研究热点,但总体上是以范畴统筹的,即突出旅游的经济影响、社会文化影响和环境影响三大宏观层面,这在一定层面上遮蔽了对"人"的意义、特别是"人力资本"概念下农民影响的微观研究。本书以广西龙胜各族自治县龙脊镇平安村为案例地,以平安龙脊平安壮族为实证对象,探究乡村旅游对龙脊平安壮族农民人力资本的各影响环节、影响途径、影响程度、影响机理,以及对如何提升积极影响的探索,有助于为学术界拉开乡村旅游影响在少数民族人力资本上的"刻画"提供理论和案例支撑。第二,以乡村旅游对少数民族人力资本的影响为基点,关注乡村旅游对少数民族劳动力转移就业的影响,对少数民族增收的影响,对少数民族人力资本的影响,以及人力资本提升对乡村旅游发展的影响,构建乡村旅游对少数民族农民影响的解释模型和"乡村旅游开发—农民劳动力转移就业—农民增收—农民人力资本积累—乡村旅游发展升级"多元循环影响模型,为有效发展民族地区的乡村旅游,解决农民问题,探索有内涵、有智力支撑的城乡一体化发展模式,深化农村农业改革提供理论支持和方法,同时也冀望于对丰富民族经济理论有所助益。

2. 实践意义

第一,促进民族地区乡村旅游的深入发展。一方面,人力资本是推动民族地区乡村旅游转型升级的重要突破口;另一方面,人力资本与乡村旅游发展的其他资本相比,特别是在乡村旅游发展的中后期,更具增值空间。第二,民族地区乡村旅游发展与人力资本的持续积累，带动关联产业发展，加速农村产业结构调整、社会主义新农村建设与城乡一体化发展。第三，进一步推动少数民族群体有效转移到旅游产业和泛旅游产业，巩固"乡土不离"的农民增收模式，为解决农民问题提供新的思路。第四，为开发民族地区的人力资源，增强农民的能力和素质，促进农民人力资本积累，培育"旅游农民"等新型职业农民提供经验模式。

1.2 研究述评

1.2.1 国外人力资本研究

1. 人力资本思想的萌芽

"人力资本（human capital）"思想萌芽于对人的经济价值观念的关注[1]，如柏拉图在《理想国》一书中对教育和训练之经济价值的论述，亚里士多德对教育之间接经济作用的论述，对人的素质与国家财富之间关系的阐述等[2]。而从理论孕育上来说，人力资本思想则源于古典经济学家的劳动价值理论，不可否认的是，马克思的资本理论和劳动理论也构成了人力资本理论的重要思想基础[3]。如 Petty 在《赋税论》中做出了"劳动是财富之父，土地是财富之母"的著名论断，并运用"生产成本法"计算出了当时英国人口的货币价值[4]；亚当·斯密（Adam Smith）在《国富论》中提出了人力资本投资的萌芽思想，认为人的劳动能力是后天取得的，都应该被视为人力资本的一部分，人力资本投资的主要途径是教育和生产实践[5]；萨伊在《政治经济学概论》中把人力资本具体划分为普通劳动的一般性人力资本、专业技术人员的专业化人力资本和经营管理者的创新性人力资本，并分析了人力资本的特性、形成、投资及收益等[6]。此外，William Farr

---

[1] 秦其文.人的思想观念素质是人力资本的最重要内容[J].重庆社会科学,2007,(10):22-26.
[2] 柏拉图.理想国[M].吴献书,译.上海:三联书店,2009.
[3] 王颖.论我国农村人力资源开发[D].吉林:吉林大学，2004.
[4] Petty W. A Treatise of Taxes & Contributions[M]. McMaster University Archive for the History of Economic Thought, 2004.
[5] Smith A, Nicholson J S. An Inquiry Into the Nature and Causes of the Wealth of Nations[M]. T. Nelson and Sons, 1887.
[6] 萨伊.政治经济学概论:财富的生产,分配和消费[M].陈福生,陈振华,译.北京:商务印书馆,1997.

甚至尝试用单个人未来的净收入的贴现值（现值收入法）来计算一个人的人力资产价值[1]；Engel运用"生产成本法"计算人的经济价值，认为人的经济价值有成本价值和投资价值两部分[2]；Marshall在《经济学原理》中指出，"所有的投资中，最有价值的是对人本身的投资"，并认为知识和组织作为独立的生产要素，是资本的重要组成部分[3]。

2. 人力资本理论的形成与发展

进入20世纪，《资本和收入性质》一文论述了人力资本的概念，并将人力资本纳入了经济学的理论分析框架[4]。这说明古典经济学家已经谈及了人力资本现实的经济意义，触及了人力资本理论的核心。而到了20世纪五六十年代，人力资本的重要性得到了前所未有的体现，人力资本的研究也进入到了繁荣阶段，形成了较为完善的人力资本理论，代表人物有Mincer、西奥多·W·舒尔茨（以下简称舒尔茨）、贝克尔（Becker）等。他们从不同角度对人力资本展开了研究。

Mincer首次将人力资本投资与收入分配联系起来，其在《人力资本投资与个人收入分配》中对个人收入与其接受培训量之间存在的联系进行了认真分析，开创了人力资本的研究方法，构建了完整的人力资本收益模型[5]。之后还在《在职培训：成本、收益与某些含义》一文中探讨了在职培训对人力资本形成的贡献，并估算出了美国对在职培训的投资总量和这种投资商获得的私人收益率[6]。

1979年度诺贝尔经济学奖得主舒尔茨系统地提出了人力资本理论，阐释了人力资本的概念、特征，认为人力资本是体现于人身体上的知识、能力和健康，并论证了人力资本投资与经济增长和收入增加之间的关联性[7]；在《人力资本投资》一书中将人力资本投资范围和内容归纳为卫生保健设施服务、在职培训、正规教育、成人教育计划、个人和家庭进行迁徙等五个方面[8]。此外，舒尔茨不仅明确阐述了人

---

[1] Farr W. Equitable Taxation of Property[J]. Journal of Royal Statistics, 1853, 16(1): 45.

[2] Engel, E. Der Werth des Menschen[M]. Berlin: Verlag von Leonhard Simion, 1883.

[3] Marshall A. Principles of Economics[J]. Political Science Quarterly, 2012, 31(77):430-444.

[4] 黄有丽.人力资本与社会资本结构洞理论研究的中西方差异探讨[J].科技风,2011(17):23-24.

[5] Mincer J. Investment in Human Capital and Personal Income Distribution Author(s)[J]. Journal of Political Economy, 1958, 66(4):281.

[6] Mincer J. Training: Costs, Returns, and Wage Profiles[M]. BerLin: Springer Berlin Heidelberg, 1991.

[7] 曾国军.人力资本理论研究综述[J].会计之友,2008(7):7-8.

[8] Schultz T W. Investment in Human Capital: The Role of Education and Research[J]. American Journal of Agricultural Economics, 1970, 53(4):272.

力资本理论，还研究了人力资本的形成方式和途经，并采用了收益率法定量测算了人力资本中的教育投资对美国经济的增长贡献；随后其在《教育的经济价值》[1]、《人力资本投资：教育和研究的作用》[2] 等论文中又进一步丰富和发展了人力资本理论[3]。总的来说，由于舒尔茨不仅第一次系统地提出了人力资本理论，还使得人力资本成为经济学的一门分支，因此，舒尔茨被称为"人力资本之父"。

Becker 将人力资本投资划分为教育、在职培训、健康、迁移等不同形式[4]。其所著的《人力资本》[5] 被西方学术界认为是"经济思想中人力资本投资革命"，提出了较为系统的人力资本理论框架。阿罗（Kenneth J.Arrow）则提出了"边干边学"理论，认为知识是经验的产物，知识会在实际生活中逐步积累。他将"干中学"效应归结为"在生产中产生并尝试解决问题的实践将会极大地促进生产的发展"，并引用了如下经验规律以说明"干中学"效应：在一项新的飞机设计被引入之后，建造一架飞机的机身所需的时间，与已生产的该型飞机数量的立方根成反比。也就是说，如果已经生产了 1000 架飞机机身，则第 1001 架机身的生产时间为第 1 架飞机机身的 1/10。由此可以发现，"干中学"原本的含义是生产经验积累过程中获得的认识和解决问题的新办法会导致生产效率的提高[6]。即"干中学"意味着资本生产率的提高，资本对知识积累与创造具有正的外部性，而这种溢出效应可能发生在物质资本投资过程中或者发生在人力资本投资过程中（Lucas）。至 20 世纪 80 年代，随着国际贸易理论开始将技术作为内生变量，"干中学"的相关研究内容变得更加充实。Krugman 在对"干中学"效应下动态比较优势的演进机制的分析中，认为部门专业化过程中技术和生产经验的积累是通过"干中学"的方式实现的[7]；Lucas 认为专业化于不同的产品生产将导致不同的人力资本增长，并从"干中学"影响人力资本外溢效应的角度，考虑了不同产品具有不同的"干中学"效应[8]；Young 认为"干中学"的外溢效应随着产品复杂程

---

[1] Schultz T W. The Economic Value of Education[M]. Columbia: Columbia University Press, 1963.
[2] 西奥多·W·舒尔茨. 人力资本投资: 教育和研究的作用[M].北京:商务印书馆,1990.
[3] 黎菱菱.中国农村人力资本投资研究[D].昆明:云南师范大学,2006.
[4] Becker G.S. Investment in Human Capital: A Theoretical Analysis[J].Journal of Political Economy,1962,(70).
[5] Becker G. 人力资本: 第3版[M]. 北京: 机械工业出版社,2016.
[6] 张小蒂, 赵榄. "干中学"、企业家人力资本和我国动态比较优势增进[J]. 浙江大学学报:人文社会科学版, 2009, 39(4):73-81.
[7] Krugman P. The Narrow Moving Band, the Dutch Disease, and the Competitive Consequences of Mrs. Thatcher: Notes on Trade in the Presence of Dynamic Scale Economies[J].Journal of Development Economics,1987(27):41-55.
[8] Lucas R.On the Mechanics of Economic Development[J]. Journal of Monetary Economics, 1988,11(1):3-42.

度的上升而增加[1]；Lucas 强调相对于物质资本的积累，人力资本的积累对经济增长的作用更具有主导性，而"干中学"是人力资本积累的重要方式[2]。

从研究内容上看，国外人力资本研究集中在人力资本与经济增长、人力资本与收入关系等方面。对于前者，国外学者普遍认为人力资本对经济增长具有重要的促进作用，索洛（Solow）在《技术进步与总量生产函数》中得出：在人均产出的增长率中，人均物质资本贡献仅占 1/8，7/8 则归因于技术进步[3]；Denison 论证出美国 1929—1957 年经济增长中有 23% 的比例归功于教育的发展，计量了教育及人力资本对经济增长的贡献[4]；Romer 在《收益递增与经济增长模型》一文中提出了知识溢出增长模型，认为技术进步是促进经济增长的关键性因素[5]。其在 1990 年发表的《内生的技术变化》[6] 和《非凸性对理解增长重要吗？》[7] 两篇论文，更加清晰地阐述了他的"新理论"，并提出了经济增长的四种要素：资本、非技术劳动、人力资本（按受教育的年限衡量）和新知识（按专利权的数量衡量）；卢卡斯在《经济发展机制》一文中提出了人力资本推动模型，认为人力资本的生产部门是经济增长的关键部门[8]。

对于后者，大量研究都认为人力资本与收入关系密切。如 Hayami&Ruttan 指出人力资本是解释劳动生产率差异的重要因素，认为人力资源首先影响劳动生产率，然后作用于收入[9]，（Behrman）[10]；相对地，作为人力资本形成和积累重要环节之一的教育与收入之间的关系，得到了大量研究。如阿德尔曼和莫

---

[1] Young A. Learning by Doing and the Dynamic Effects of International Trade[J]. Quarterly Journal of Economics, 1991,106(2):369-405.

[2] Lucas R. Making a Miracle[J]. Econometrica, 1993,61(2):251-272.

[3] Solow R M. Technical Progress and the Aggregate Production Function[J]. Review of Economics & Statistics, 1957, 39(70):312-320.

[4] Denison E F. Why growth rates differ [M]. Washington D C: Brookings Institution, 1967.

[5] Romer P M. Increasing Returns and Long-Run Growth[J]. Journal of Political Economy, 1986, 94(5):1002-1037.

[6] Romer P M. Endogenous Technological Change[C]. David K. Levine, 1989:71-102.

[7] Romer P M. Are Nonconvexities Important For Understanding Growth?[J]. American Economic Review, 1991, 80(2):97-103.

[8] Lucas R. On the Mechanics of Economic Development[J].Journal of Monetary Economics,1988,22(1):20.

[9] Hayami Y. Ruttan,V W. Agricultural Development: An International Perspective[M].Baltimore: Johns Hopkins University Press,1971.

[10] Behrman J R. The Action of Human Resources and Poverty on One Another[M]. The World Bank, Washionton, D C, 1990.

里斯[1]（Adelman and Morris）、钱纳里和瑟尔奎恩[2]（Chenery and Syrqiun）、迈瑞恩和萨卡洛布洛斯[3]（Marin and Psacharopoulos）、奈特和萨伯特[4]（Knight and Sabot）、塔莱克[5]（Tilak）、巴罗[6]（Barro）实证研究了教育与收入间的关系，研究表明：教育扩展对低收入阶层具有正相关性，对高收入阶层具有负相关性；受教育程度的提高将有助于收入分配的平等化；冈纳·缪尔达尔认为，要改善一个人的经济和社会生活，就必须改善其健康和教育。另外，迁徙也是人力资本的主要投资方式，迁徙的营利性也正是人口流动的内在动力[7]。西蒙·库茨涅兹认为，人力资本从较低收入产业向较高收入产业的转移能提高个人收入，这种职业转换对个人收入增长速度的贡献度，可占人均收入增长的五分之二；刘志刚在他的《人力资本配置对经济增长的意义分析》一文中深入研究了人力资本流动的诱导机制，建立了人力资本流动的成本—收益模型[8]。而随着计量经济学的发展，研究人力资本投资与收入关系的方法也在不断进步，如 Mincer 在其博士论文《人力资本投资与个人收入分配》中首次建立了人力资本投资收益率模型[9]、Heckman 的备择模型[10]及联立方程估计[11]等。

但从研究领域来看，国外关于人力资本的研究主要集中在城市和非农就业领域，较少关注农村人力资本投资。代表性的有：舒尔茨在其名著《改造传统农业》中明确指出，改造传统农业的根本出路在于对农民进行人力资本投资[12]。Yang&Tao 讨论了教育和增加农村居民剩余劳动力转移的机会之间的关系[13]。Knight，Song 和

---

[1] Morris C T, Adelman I. Economic Growth and Social Equity in Developing Countries[M]. Economic Growth and Social Equity in Developing Countries. Upper Saddle River: Stanford University Press, 1973.

[2] Chenery H B, Syrquin M. Patterns of Development, 1950-1970[J]. African Economic History, 1975, 86(2):68-70.

[3] Marin A, Psacharopoulos G. Schooling and Income Distribution[J]. Review of Economics & Statistics, 1976, 58(3):332-338.

[4] Knight J B, Sabot R H. Educational Expansion and the Kuznets Effect[J]. American Economic Review, 1983, 73(5):1132-1136.

[5] Tilak J. Economics of Education 1986[C]. International Conference on Economics of Education, 1986.

[6] Barro R J. Inequality, Growth, and Investment[J]. Nber Working Papers, 1999, 5(35):1770-1807.

[7] 冈纳·缪尔达尔,塞思·金.亚洲的戏剧:南亚国家贫困问题研究[M].方福前,译.北京:首都经济贸易大学出版社，2001.

[8] 刘志刚.人力资本配置对经济增长的意义分析[J].商场现代化,2008(32):274-275.

[9] 马光菊.人力资本投资理论及我国的人力资本现状分析[J].理论界,2005(11):58-59.

[10] Heckman, James J. Sample Selection Bias as a Specification Error[J].Econometrica,1979,147(1):153-162.

[11] 辛立国,薛欣欣.人力资本投资与农村居民收入研究综述[J].生产力研究,2007(12):147-150.

[12] Schultz T W. Transforming traditional agriculture[M].American: Yale University Press, 1964.

[13] Yang. Tao D. Education and Off- farm Work[J]. Economic Development and Cultural Change, 1997, 45(3): 613- 632.

Huaibin 等通过研究进一步强调了教育对获得非农就业机会的影响重大[1]。李建建、罗丽英研究了中国农村教育收益率，研究表明人力资本投资与报酬回报率不成比例，农户偏向投资于物质资本[2]；教育水平在劳动力转移中的作用越来越重要；教育受益具有时间长、受益主体错位；农民减少教育投资的限制性因素等特点。Liu，Dow 和 Fu 实证研究了在中国农村健康这一人力资本投资形式对农户收入的影响[3]。

1.2.2 国内人力资本研究

国内关于人力资本的研究起步相对较晚，大约始于 20 世纪 80 年代，初期延续了西方经济学人力资本研究的基本思想，为后续研究奠定了坚实基础。自 20 世纪 90 年代以来，人力资本相关研究显著增加，主要集中在以下四个方面：一是人力资本的测算研究；二是人力资本与收入分配关系的研究；三是人力资本与经济增长关系的研究；四是农民人力资本的研究。

1. 人力资本的测算研究

关于人力资本的测算，多采用以下三种方法：一是教育成果法，即运用教育成就类指标间接地表征人力资本水平，主要包含平均受教育年数、受教育年数总和及相对数指标，如胡鞍钢[4]、张藕香[5]、林志伟[6]等学者的相关研究；二是投入成本法，即依据人力资本积累过程中累计投入成本的多少来确定人力资本的当前价值水平，如张帆[7]、钱雪亚、刘杰[8]、钱雪亚、王秋实、刘辉[9]、谭永生[10]、张文贤[11]等学者的相关研究；三是资本收益法，就是根据人力资本在整个服务期内

---

[1] Knight.J.song L,Huaibin J, et al. Chinese Rural Migrants in Urban Enterprises: Tree perspectives [J]. Journal of Development studies, 1999(2): 73-104.

[2] 李建建,罗丽英.中国农村人力资本投资行为及机制研究[D].长沙:湖南大学,2007.

[3] Liu G G, Dow W H, Fu A Z, et al. Income Productivity in China: On the Role of Health[J]. Journal of Health Economics, 2008, 27(1): 27-44.

[4] 胡鞍钢.从人口大国到人力资本大国:1980—2000年[J].中国人口科学，2002(5):1-10.

[5] 张藕香.人力资本不均等与我国地区收入差距[M].北京:经济科学出版社，2009.

[6] 林志伟.人力资本因素与收入不平等:基于我国经验的研究[D].厦门:厦门大学,2007.

[7] 张帆.中国的物质资本和人力资本估算[J].经济研究,2000(8):65-71.

[8] 钱雪亚,刘杰.中国人力资本水平实证研究[J].统计研究,2004(3):39-45.

[9] 钱雪亚,王秋实,刘辉.中国人力资本水平再估算:1995—2005[J].统计研究,2008,25(12):3-10.

[10] 谭永生.农村劳动力流动与中国经济增长:基于人力资本角度的实证研究[J].经济问题探索,2007(4):80-84.

[11] 张文贤,颜延,魏峰,等.人力资本投资及其风险防范[J].财务与会计,2008(18):57-59.

所能获得的收益回报总现值来确定人力资本的当前价值水平,如朱平芳、徐大丰[1]、王德劲、向蓉美[2]、李海峥、梁赟玲[3]等学者的研究。研究尺度以国家层面为主(岳书敬)[4],少量文献涉及省(市)级人力资本的测度。此外,也有学者从时空角度对人力资本的分布与差异作了一定考察,如李萌[5]、陈钊[6]等。

2. 人力资本与收入分配关系的研究

谢勇和徐倩认为居民间持续扩大的收入差距限制了居民进行人力资本投资的能力[7];刘国恩等发现个体健康是决定家庭人均收入的重要因素,农村比城市人口的教育经济回报更大,女性比男性的健康经济回报更大[8];刘苓玲指出要公平地获得人力资本投资收益,应当以社会公平收入分配为基础[9];赵丽秋分析了教育质量的不平等对收入不平等的影响[10];谢勇分析认为父辈之间初始的收入不平等会导致他们子女之间的人力资本差异,而这种差异又会导致子女之间形成新一轮的收入不平等,从而收入不平等在代际间得以动态化和长期化[11];杨岭在与其他国家相比较后,发现中国人力资本在收入分配中所起的作用明显偏低、教育收益率低与劳动力市场分割有关[12];陈卫和郭琳以北京为例,分别从教育、健康、培训、迁徙等四个方面考察人力资本对流动人口就业收入的影响程度及作用机制,其中教育对就业收入的贡献最为显著[13];岳意定和宋善炎研究发现,随着我国人力资本水平的提高,城乡居民收入差距会进一步拉大[14];邓峰和

---

[1] 朱平芳,徐大丰.中国城市人力资本的估算[J]. 经济研究,2007(9):84-95.
[2] 王德劲,向蓉美.我国人力资本存量估算[J].统计与决策,2006(10):100-102.
[3] 李海峥,梁赟玲,Barbara,等. 中国人力资本测度与指数构建[J]. 经济研究,2010(8):42-54.
[4] 岳书敬. 我国省级区域人力资本的综合评价与动态分析[J]. 现代管理科学,2008(4):36-37.
[5] 李萌,张佑林,张国平.中国人力资本区际分布差异实证研究[J]. 教育与经济,2007(1):12-17.
[6] 陈钊,陆铭,金煜.中国人力资本和教育发展的区域差异:对于面板数据的估算[J].世界经济,2004(12):25-31.
[7] 谢勇,徐倩.浅论收入分配差距对中国城镇居民人力资本投资的影响[J].人口与经济,2004(1):37-40.
[8] 刘国恩,William H,Dow,等.中国的健康人力资本与收入增长[C].经济学,2004.
[9] 刘苓玲.论收入分配的公平与人力资本投资的公平[J].重庆工学院学报,2006,20(6):77-80.
[10] 赵丽秋.人力资本投资与收入不平等:教育质量不平等的影响[C]. 探索与创新:浙江省劳动保障理论研究论文选集, 2005:15-23.
[11] 谢勇.人力资本与收入不平等的代际间传递[J].上海财经大学学报,2006, 8(2):49-56.
[12] 杨岭.人力资本教育投资对收入分配的影响[J].湖北财经高等专科学校学报,2009(1): 15-18.
[13] 陈卫,郭琳,车士义.人力资本对流动人口就业收入的影响:北京微观数据的考察[J].学海,2010(1):112-117.
[14] 岳意定,宋善炎.人力资本对城乡居民收入差距影响研究[J]. 湖南大学学报(社会科学版),2013,27(2):38-41.

丁小浩运用多层线性交互分类模型来综合考虑个体人力资本和劳动力市场分割对收入水平和性别收入差距的影响[1]。

3. 人力资本与经济增长关系的研究

曹晋文运用结构方程模型对我国人力资本和经济增长之间的关系做了实证分析，结论表明人力资本对我国经济的影响较小[2]；胡永远也指出人力资本不具有长期的产出增长效应[3]；黄国华测算出劳动投入和人力资本对1990—2000年中国经济增长的贡献分别仅占8%和4%[4]；吴明华根据卢卡斯模型测算了经济增长中人力资本的贡献率，研究表明人力资本对经济贡献大于物质资本[5]；然而张玉枚发现人力资本投资对经济增长的推动力度要小于物质资本[6]。据刘华&李刚测算，人力资本对我国经济贡献率由1978—1990年的32.7%下降到1990—2001年的22.3%[7]；刘榆和刘忠璐研究表明人力资本存量对经济增长的影响具有地区差异性[8]。虽然上述研究对于人力资本对经济增长的贡献规模、影响，得出了不尽相同的结论，但都表明了人力资本对经济增长的影响具有显著性。由于我国人力资本投资力度不足，人力资本存量和人力资本水平增长率处于低水平，因此更应加大对人力资本的投资，尤其应重视教育领域的投入，促进经济快速发展。健康与迁徙也是促进经济增长的重要因素，罗凯认为我国健康人力资本与经济增长之间有显著的正向关联，因此要充分关注有关健康的各类社会问题[9]；骆永民指出在经济增长水平较高、健康人力资本集聚的地区，健康人力资本可以更有效地促进经济增长，即存在显著的"门限效应"[10]；王学文研究发现我国健康人力资本投资或医疗卫生事业发展大约滞后于经济增长2年的时间[11]。对于人力资本与迁徙流动之间的关系，郑丽琳研究认为：人力资本在东中西三大区域的流动拉大

---

[1] 邓峰,丁小浩.人力资本、劳动力市场分割与性别收入差距[J]. 社会学研究,2012(5):24-46.
[2] 曹晋文.我国人力资本与经济增长的实证研究[J]. 财经问题研究,2004(9):9-13.
[3] 胡永远. 人力资本与经济增长:一个实证分析[J]. 经济科学, 2003, 25(1):88-90.
[4] 黄国华. 人力资本与经济增长:对中国的实证分析[J]. 经济经纬,2005(6):89-92.
[5] 吴华明.基于卢卡斯模型的人力资本贡献率测算[J]. 管理世界, 2012(6):175-176.
[6] 张玉枚.我国人力资本投资对经济增长作用的实证研究[J]. 经济问题,2012(10):29-33.
[7] 刘华,李刚,朱翊敏.人力资本与经济增长的实证分析[J]. 华中科技大学学报(自然科学版),2004,32(7):64-66.
[8] 刘榆,刘忠璐,周杰峰.地区经济增长差异的原因分析：基于人力资本结构视角[J]. 厦门大学学报(哲学社会科学版),2015(3):11-19.
[9] 罗凯.健康人力资本与经济增长:中国分省数据证据[J].经济科学,2006(4):83-93.
[10] 骆永民.公共卫生支出、健康人力资本与经济增长[J]. 南方经济,2011,29(4):3-15.
[11] 王学文.我国健康人力资本投资与经济增长关系研究[J]. 兰州商学院学报, 2014(3):104-108.

了区域经济发展的差距[1];张立新和崔丽杰研究表明人力资本的积累能促进劳动力流动和经济发展,而劳动力流动又有利于流入地的人力资本积累和经济发展[2]。另外,作为介于教育和培训之间一种特殊人力资本形成方式的"干中学"也得到了学界的关注。张小蒂,赵榄认为"干中学"是我国获得长远比较利益的动态比较优势之最为现实和有效的途径[3];雷明全认为在科技领域,我国存在着"干中学"中断现象,而这正是我国企业家等异质型人力资本形成的主要障碍[4];张延运用"干中学"模型检验了我国的经济增长路径[5];刘海洋论证了资源禀赋、干中学效应与经济增长之间的关系,认为一项投资的"干中学"效应越大,就越是有利于经济增长,并通过引用干中学效应,得到了一个与要素禀赋理论截然不同的结论:一个国家或地区不应当仅仅依照要素禀赋学说被动地确定自己的分工,而应当主动发展那些"干中学"效应较大的产业[6]。比如,吉亚辉,祝凤文便认为西部地区的特色优势产业主要集中在"干中学"效应较小的第一产业,这是西部地区经济发展缓慢的主要原因[7],但同时,"干中学"也将是其未来形成比较优势的重要来源之一。

4. 农村人力资本研究

长期以来,我国人力资本研究偏爱工人人力资本领域,而近年来我国农村人力资本研究较多,具有集中性、广泛性、专业性、多样性、发展性的研究特点。农村人力资本是在人力资本概念的基础上提出来的,是以农民的数量和质量表示的物质资本,是促进农村和农业发展的根本途径,指通过农村教育投资、农村培训投资、农村医疗保健投资和农村劳动力转移等投资形式,凝结在劳动力身上的健康、智力、知识、技能、经验等资本存量(窦婷婷)[8]。农村人口资本积累的

---

[1] 郑丽琳.人力资本流动对区域经济增长的影响效应分析[J].特区经济,2007(5):255-257.
[2] 张立新,崔丽杰.劳动力流动、人力资本积累与地区经济增长差距研究综述[J].湖南人文科技学院学报,2015(2):41-47.
[3] 张小蒂,赵榄."干中学"、企业家人力资本和我国动态比较优势增进[J].浙江大学学报:人文社会科学版,2009,39(4):73-81.
[4] 雷明全."干中学"中断是我国异质型人力资本形成的主要障碍:兼论我国30多年未出顶尖人才的原因[J].现代经济探讨,2013(11):5-8.
[5] 张延.干中学模型对我国经济增长路径的检验[J].财政研究,2009(6):33-38.
[6] 刘海洋.资源禀赋、干中学效应与经济增长[J].经济经纬,2008(1):36-39.
[7] 吉亚辉,祝凤文."干中学"理论视野的西部特色优势产业创新[J].重庆社会科学,2010(9):71-75.
[8] 窦婷婷.农村人力资本与农民收入增长的关系研究[D].石家庄河北经贸大学,2012.

存量和流量都十分低（赵玉霞 & 杨明洪）[1]、农村人力资本结构失衡（王勇）[2]、农村人力资本供求非均衡（陈至发和桑晓晴）[3]是我国农村人力资本的基本特征。

从研究内容上看，我国农村人力资本的研究主要包括以下内容：（1）农村人力资本存量、差异及成因、收益率、分布等静态研究。如钱雪亚和张小蒂研究了农村人力资本积累及其收益特征[4]；侯风云借用计量经济学的相关模型估计了中国农村不同形式的人力资本收益率[5]；张藕香分析我国农村人力资本存量在东、中、西地区差异的成因[6]；周云波 & 武鹏运用教育年限累计收益率法估算了1997—2007年间我国分区域的农村人力资本存量[7]；周春芳分析了农村人力资本投资中的性别差异[8]；王晓婷和陆迁通过实证分析认为，在我国省际间，农村居民人力资本的总体投资分布比较合理[9]。（2）人力资本投资的影响因素分析。如张艳华认为影响农村人力资本投资的因素在于国民经济发展、村民收入水平、人的寿命、人力资本流动、教育投入机制及医疗体制与政策[10]；靳卫东指出农民收入差距会影响到人力资本投资[11]。（3）人力资本与农业发展之间关系的研究。张艳华和刘力分析认为人力资本是农业经济增长的重要源泉，但贡献率低[12]；李勋来和李国平解析了我国农村人力资本低贡献率的原因[13]；周晓和朱农认为这种作用在沿海地区特别明显[14]。而对于农村人力资本对"三农问题"的影响和作用，李录堂和张藕香研究了农村人力资本投资收益错位效应对农村经济的影响[15]。魏一和夏鸣提出了农村人力资本在农业发

---

[1] 赵玉霞,杨明洪.我国农村人力资本现状分析及策略思考[J].农村经济,2006(1):110-112.
[2] 王勇.我国农村人力资本开发的制度分析[J].特区经济,2007(12).
[3] 陈至发,桑晓晴.农村人力资本供求非均衡特征与农业现代化[J].农业现代化研究,2002,23(4):306-309.
[4] 钱雪亚,张小蒂.农村人力资本积累及其收益特征[J].中国农村经济,2000(3):25-31.
[5] 侯风云.中国农村人力资本收益率研究[J].经济研究,2004(12):75-84.
[6] 张藕香.我国农村人力资本存量地区差异的成因及对策[J].中国农业大学学报(社会科学版),2006(4):28-34.
[7] 周云波,武鹏,余泳泽.中国区域农村人力资本的估算及其时空特征[J].中国人口:资源与环境,2010,20(9):165-170.
[8] 周春芳,苏群.非农化进程中农村女性人力资本投资与非农就业：基于性别差异的视角[J].农业技术经济,2008(5):10-17.
[9] 王晓婷,陆迁,李耀华.农村人力资本投资地区差异的结构分解[J].经济经纬,2009(6):18-22.
[10] 张艳华.农村人力资本投资的影响因素分析[J].中国劳动关系学院学报,2007,21(6):54-58.
[11] 靳卫东.农民的收入差距与人力资本投资研究[J].南开经济研究,2007(1):39-46.
[12] 张艳华,刘力.农村人力资本对农村经济增长贡献的实证分析[J].中央财经大学学报,2006(8):61-65.
[13] 李勋来,李国平,李福柱.农村人力资本陷阱:对中国农村的验证与分析[J].中国农村观察,2005(5):17-22.
[14] 周晓,朱农.论人力资本对中国农村经济增长的作用[J].中国人口科学,2003(6):17-24.
[15] 李录堂,张藕香.农村人力资本投资收益错位效应对农村经济的影响及对策[J].农业现代化研究,2006,27(4):254-257.

展中的四大作用[1]；孙敬水和董亚娟指出各级教育程度对农业经济增长的作用不同[2]。霍丽和邵传林[3]、程伟[4]分别研究了农村人力资本的投资现状及其对农民就业、农业剩余劳动力转移及农村家庭收入的影响，杨卫军[5]、叶青华[6]、窦婷婷[7]研究了人力资本投资对农民收入增长的重要作用。

1.2.3 旅游发展与人力资本研究综述

1. 旅游人力资本研究

国内旅游人力资本的相关研究多集中于人力资本与旅游业发展、旅游企业人力资本两个方面。从人力资本与旅游业发展之间关系的相关研究来看，具体内容包括人力资本对旅游业发展的影响研究、旅游人力资本投资与增值研究等。如杨秀丽和颜萍[8]、成娅[9]分别阐述了人力资本、人力资本价值提升与旅游业可持续发展之间的关系；刘长生研究了人力资本与旅游业发展绩效的关系[10]；罗燕春和杨刚针对旅游业中由人力资本引起的管理问题，尤其是要挟问题，探讨旅游业中对人力资本进行投资和经济激励的管理对策[11]；王兆峰选取影响区域人力资本投资的主要因素，并将教科文卫四种经费作为人力资本投资的主要计量指标，在对比东西部地区旅游业与人力资本投资状况的基础上，分析了西部人力资本投资面临的问题，并通过人力资本对旅游市场的刺激、旅游环境的优化、旅游相关产业的推动和旅游人才升级等四方面的作用来论证其对西部旅游业发展的影响[12]；胡庆龙通过分析人力资本积累与黄山市旅游经济增长的关系，认为人才战略

---

[1] 魏一,夏鸣.试论我国农村人力资本与农业发展的关系[J].农村经济,2003(10):58-60.
[2] 孙敬水,董亚娟.人力资本与农业经济增长:基于中国农村的Panel daa模型分析[J].农业经济问题,2006(12):12-16.
[3] 霍丽,邵传林,惠康.农村人力资本的投资现状及其对就业的影响分析[J].西北大学学报(哲学社会科学版),2009,39(3):60-63.
[4] 程伟.我国农村人力资本投资现状对农业剩余劳动力转移的影响分析：来自于2004—2005年我国农民工流动就业的调研[J].人口与经济,2006(3):73-77.
[5] 杨卫军.人力资本视角的农民增收[D].西安:西北大学,2006.
[6] 叶青华.人力资本投资与农民收入增长[D].成都:西南财经大学,2007.
[7] 窦婷婷.农村人力资本与农民收入增长的关系研究：以河北省为例[D].河北经贸大学,2012.
[8] 杨秀丽,颜萍.刍议旅游人力资本与旅游业发展[J].沈阳师范大学学报（社会科学版）,2006(3):73-74.
[9] 成娅.论乡村旅游产品创新与旅游人力资源开发[J].现代商业,2012(12):49-50.
[10] 刘长生,简玉峰,尹华光.旅游信用、人力资本与旅游产业发展[J].旅游学刊,2009,24(11):13-19.
[11] 罗燕春,杨刚.旅游业人力资本引起的要挟问题及其管理[J].广西轻工业,2007,106(9):119-121.
[12] 王兆峰.人力资本投资对西部旅游产业发展影响的实证研究[J].江西财经大学学报,2008,59（05）:103-108.

是实现黄山市旅游业质提升的关键[1];何昭丽等针对新疆人力资本投资对其旅游业发展的影响,提出了改善人力资本投资的建议[2];吴鸿从人力资本的内生性等四个方面出发,讨论了国际旅游岛建设对人力资本增值的要求,并针对海南国际旅游岛人力资本的瓶颈问题,提出了人力资本增值的具体办法[3]。

从旅游企业人力资本相关研究来看,具有共识性的研究前提或结论是:人力资本对旅游企业发展至关重要。胡敏从饭店全局的高度,提出以人力资本投资的观念代替单纯的"培训"观念,对饭店人力资本投资的方式和困境及摆脱困境的途径进行了探讨,并分析了目前旅游饭店中与人力资本有关的几个误区[4];唐春晖认为制度因素是制约我国旅游饭店业人力资本开发的主要因素[5];李季辉等从人力资本的论述出发,在阐明人力资本对旅游企业持久竞争优势影响的基础上,构建了基于人力资本的维持旅游企业持久竞争优势的框架[6];臧秀清和冀莎莎指出旅游企业的竞争实际上更是对人力资本的竞争,企业管理必须建立一套激励机制,最大限度地激发员工的主观性和创造性[7];严宽容认为人力资本价值的高低是旅游企业成败的关键,并从旅游企业的人力资本理念、管理过程、环境保障三个方面分析,探讨了人力资本价值提升的途径[8]。

2. 乡村旅游发展与农民人力资本的研究

但将人力资本置于乡村旅游语境下,研究农村(农民)人力资本,特别是乡村旅游发展对人力资本影响的相关研究较少。相关研究主要包含以下两方面:一方面,紧密联系实践,基于人力资本对乡村旅游发展的影响,关注人力资本的投资积累。例如,李雪花认为人力资本是影响乡村旅游发展的关键性因素之一,并依据人力资本理论分析了乡村旅游人力资本的投资现状,在此基础上提出了提高

---

[1] 胡庆龙.人力资本积累与黄山市旅游经济增长的关系研究[J].黄山学院学报,2009,11(1):53-56.

[2] 何昭丽,海米提·依米提,王松茂,等.人力资本投资对新疆旅游产业发展影响的实证分析[J].干旱区资源与环境,2010,24(3):126-130.

[3] 吴鸿.海南国际旅游岛建设中的人力资本增值战略探讨[J].琼州学院学报,2010,17(1):22-25.

[4] 胡敏.旅游饭店的人力资本与人力资本投资[J].商业经济与管理,1999(2):55-57.

[5] 唐春晖.旅游饭店人力资本开发的制度分析[J].沈阳师范学院学报(社会科学版),2011,25(6):23-26.

[6] 李季辉.基于人力资本的旅游企业持久竞争优势的构建[J].中国商贸,2009(15):52-53.

[7] 臧秀清,冀莎莎.旅游企业的人力资本及其所有者激励机制[J].郑州航空工业管理学院学报,2009,27(4):56-59.

[8] 严宽容.旅游企业人力资本价值的提升途径分析[J].企业导报,2011(4):205.

乡村旅游人力资本的相关对策[1];刘鹏分析了黄山景区边缘乡村旅游人力资源的开发现状,分析了其存在的优势、劣势、机遇与威胁[2];黄鑫研究了新农村建设、旅游经济发展与回流农民工参与之间的循环关系[3];董颖、蔡登火分析了乡村旅游发展中人力资本投资的现状、原因及建议[4];崔佳春、陈兴指出乡村旅游人力资本的投资主体包括农户、政府、旅游企业,而这三大投资主体在各自约束条件下,对乡村旅游人力资本的形成与发展起到了不同的作用[5]。

另一方面,研究民族社区中的少数民族人力资本。基于少数民族群体角色、属性和文化背景的特殊性,国内研究多着眼于少数民族人力资本的界定及产权等理论研究,当然也具有很强的现实意义,研究多以提升社区居民收益、增权为指向。例如,王汝辉指出产权是论证民族村寨社区居民参与必要性的一个富有较强解释力的理论视觉,认为非物质文化资源内在化于居民"活态"载体上,是典型意义上的人力资本,并认为社区居民参与是民族村寨居民人力资本产权特殊性的内在要求[6];此外,王汝辉还剖析了民族村寨村民人力资本的特殊性,系统分析了民族村寨居民人力资本产权特性,并对《合作开发桃坪羌寨旅游协议》进行分析,指出了其对居民人力资本价值及产权特性认知的缺失,这反映了对居民人力资本产权价值实现机制设计的忽视,存在合约缺陷[7];柳红波认为民族社区居民的人力资本是"地方性知识",人力资本是民族社区的核心旅游吸引物、旅游产品的核心部分及获取收益的重要"资本",确保人力资本的收益权是民族社区旅游可持续发展的重要保证[8]。吴小立认为人力资本投资有利于惠及少数民族地区贫困人口,提升人力资本,促进社会经济发展[9]。

---

[1] 李雪花.乡村旅游发展中的人力资本投资探析[J].开发研究,2008(5):114-117.
[2] 刘鹏.黄山景区边缘乡村旅游人力资源开发研究:基于SWOT分析模型[J].沈阳大学学报(社会科学版),2013,15(5):608-610.
[3] 黄鑫.新农村建设旅游经济发展与回流农民工人力资本再开发关系探析[J].长沙铁道学院学报(社会科学版),2014(2):11-12.
[4] 董颖,蔡登火.乡村旅游发展中的人力资本投资现状、原因及对策建议[J].农业经济,2014(12):53-54.
[5] 崔佳春,陈兴,张国平.我国乡村旅游人力资本投资主体研究:以四川通江县王坪村为例[J].资源开发与市场,2014,30(7):894-896.
[6] 王汝辉.基于人力资本产权理论的民族村寨居民参与旅游的必要性研究[J].旅游论坛,2009(4):559-562.
[7] 王汝辉.民族村寨旅游中居民人力资本产权研究:兼析《合作开发桃坪羌寨旅游协议》的合约缺陷[J].西南民族大学学报(人文社科版),2010,31(4).
[8] 柳红波.人力资本理论在民族社区旅游开发中的应用研究:基于社区居民收益权的思考[J].旅游研究,2012,4(4):44-48.
[9] 吴小立.少数民族地区农业旅游扶贫与人力资本投资协同战略:以广东为例[J].南方农村,2012,28(8):49-53.

3. 乡村旅游就业、增收与人力资本研究

乡村旅游开发为农民转移就业、增收提供了途径。目前，关于乡村旅游发展对农民就业的影响、乡村旅游发展对农民增收的影响，学术界已积累了大量的研究成果。(1) 关于乡村旅游发展与农民转移就业，国外相关研究起始于20世纪70年代，研究内容主要集中于旅游就业范围界定、旅游就业特征、旅游就业乘数、旅游就业效应、影响旅游就业因素等。国内相关研究兴起于20世纪80年代末，主要观点有：乡村旅游凭借其自身优势和特点成为农民非农就业的重要途径（王龙和武邦涛）[1]；乡村旅游产业结构与劳动力渠道有关联，不同发展阶段与不同经营模式下的乡村旅游，劳动力转移的渠道、规模、特点和规律不同（卢绍香）[2]；乡村旅游的就业形式属于"离土不离乡"甚至"既不离土也不离乡"（赵航 & 王庆）[3]；旅游就业是民族地区发挥比较优势，解决就业问题的重要突破口等[4][5]。(2) 关于乡村旅游发展与农民增收，国外多从旅游经济效应的角度出发，如Deller和Steven整理了美国乡村地区1990—2000年的贫困率变化数据，用数据说明了乡村旅游的发展能降低农村贫困率，促进乡村经济发展[6]。但是，也有研究表明乡村旅游发展对农民增收的效应有限，单凭农民自身素质只获得极为有限的旅游收益，且会出现受益不均的现象。如JoAnn M.Farve通过对冈比亚旅游业的分析，认为旅游收益分配不均，普通居民获利很少，处于经济、政治优势的强势群体获得了大部分收益，从而加剧了强弱失衡的社会结构[7]。而国内相关研究的代表性观点为：乡村旅游对农民增收影响主要体现在两个方面：一是对农业本身的影响，二是乡村旅游的旅游休闲功能对农民增收的影响（彭蜜）[8]。发展乡村旅游对农民增收有以下三方面影响：一是促进农村产业结构优化，拓宽农民增收途径；二是创造就业机会增加农民收入，三是旅游带动农产品市场

---

[1] 王龙,武邦涛.乡村旅游业对增加农民收入的效应分析[J].安徽农业科学,2006,34(19):5106-5107.

[2] 卢绍香.乡村旅游开发与农村劳动力转移研究[D].贵阳:贵州师范大学,2007.

[3] 赵航,王庆.乡村旅游与农民增收[J].乡镇经济,2007(12):26-40.

[4] 张筱凤.民族地区解决就业问题需关注的4个问题[J].西藏科技,2003,128(12):24-25.

[5] 杨雪梅,张宗敏.少数民族地区农村剩余劳动力就业的现状、问题与对策[J].云南财经大学学报（社会科学版）,2005(2):104-105.

[6] Deller, Steven. Rural Poverty, Tourism and Spatial Heterogeneity[J]. Annals of Tourism Research,2010, 37(1):180-205.

[7] JoAnn M.Farve：Tourism and Employment in the Gambia[J].Annals of Tourism Research,1984,954(2).

[8] 彭蜜.乡村旅游对农民增收的几点思考[J].魅力中国,2009(9):34.

的扩大促进农民增收（万幸）[1]。

而如果从人力资本投资形式，或人力资本形成、积累的过程来看，乡村旅游开发影响下的劳动力转移就业、农民增收与人力资本之间的关系相互也是显著的，相关两两研究也已有所涉及。如关于乡村旅游就业与增收，黎洁研究了陕西太白山周边社区居民旅游就业类型、收入情况及影响因素，认为影响居民旅游收入的主要因素是受教育程度及农业生产情况[2]；唐代剑、黎彦通过对三个不同类型乡村旅游点的调查，运用回归分析，探讨了乡村旅游对农民收入的增加、农村就业比例以及乡村旅游收入与从业人数之间的关系；如关于农民旅游就业与人力资本[3]，李丹认为应提升农村剩余劳动力素质，形成农村剩余劳动力就业与乡村旅游业发展的良性循环。相较之下，关于乡村旅游发展中农民增收与人力资本的关系，相关研究较少[4]。研究多认为人力资本投资对农民收入增长具有重要作用[5-7]；反过来，指出农民收入差距会影响到人力资本投资（靳卫东）[8]。

综上，以上研究的脉络和逻辑可以总结为人力资本对旅游发展的影响或人力资本在旅游业中的作用。值得注意的是，这种影响研究多是单向的、静止的，反向来看，属于旅游经济效应研究范畴的乡村旅游发展对人力资本的影响研究也得到了一定开展。当前，人力资本的这种相关研究多与旅游促进劳动力转移就业、旅游扶贫与增收等议题结合在一起。如关于乡村旅游农民就业与人力资本，李丹认为应提升农村剩余劳动力素质，形成农村剩余劳动力就业与乡村旅游业发展的良性循环[9]。关于乡村旅游扶贫与人力资本，吴小立提出了三种主要的农业旅游扶贫与人力资本投资协同战略模式，冀望于惠及少数民族地区贫困人口，提升人力资本，促进社会经济发展[10]。

总体来看，国内研究具有以下不足：（1）从研究框架上看，相关研究多局

---

[1] 万幸.发展乡村生态旅游促进农民持续增收[J].咸宁学院学报,2010,30(1):26-28.
[2] 黎洁.西部生态旅游发展中农村社区就业与旅游收入分配的实证研究[J].旅游学刊,2005,20(3):18-21.
[3] 唐代剑,黎彦.乡村旅游对农民增收、就业实证研究[J].改革与战略,2009(12):122-125.
[4] 李丹.农村剩余劳动力素质提升与就业途径[J].闽江学院学报,2008,29(4):49-53.
[5] 杨卫军.人力资本视角的农民增收[D].西安:西北大学,2006.
[6] 叶青华.人力资本投资与农民收入增长[D].成都:西南财经大学,2007.
[7] 窦婷婷.农村人力资本与农民收入增长的关系研究[D].石家庄:河北经贸大学,2012.
[8] 靳卫东.农民的收入差距与人力资本投资研究[J].南开经济研究,2007(1):81-92.
[9] 李丹.农村剩余劳动力素质提升与就业途径：以发展乡村旅游为契机[J].闽江学院学报,2008,29(4):49-53.
[10] 吴小立.少数民族地区农业旅游扶贫与人力资本投资协同战略：以广东为例[J].南方农村,2012,28(8):49-53.

限于单向影响研究，而将乡村旅游发展与人力资本研究置于"乡村旅游开发—劳动力转移就业（旅游就业）—农民增收—人力资本积累—乡村旅游发展"这一多元循环互为影响框架下的研究相对不足；（2）从研究视野上看，旅游对村寨、社区的影响研究在一定程度了遮蔽了对旅游对作为人力资本的农民的影响。而与旅游对农民人力资本的影响相比，旅游对少数民族资本的影响，特别是乡村旅游对少数民族人力资本影响的微观、系统研究更显不足；（3）研究理论、方法与内容上，虽然很多研究以数据分析为基准，但运用综合数理统计方法研究旅游对人力资本影响或人力资本对旅游影响的绩效测度的研究仍显不足。另一方面，相关研究多以经济学，特别是人力资本（人力资源）经济学为指导，而运用民族学理论与田野调查方法来考察乡村旅游与人力资本，特别是这种循环影响所产生的社会问题，所牵涉的开发商、政府、经营者等外部相关利益者与农民人力资本之间的互动等内容，则有待深入。

1.3 主要理论观点和研究方法

1.3.1 主要理论观点

1. 人力资本理论

舒尔茨是公认的人力资本理论的开创者，他于1960年用人力资本的概念最早回答了一些用传统经济学理论模型所难以解释的经济现象，开辟了人类关于生产能力提升和经济增长的新源泉。由于舒尔茨、贝克尔等经济学家的努力，人力资本理论成为经济学的核心问题，人们也逐渐认识到人力资本对劳动生产率的提高和经济增长起着越来越重要的作用。人力资本与物质资本相对，物质资本指土地、原材料、设备等物态资本，而人力资本指体现于人身上的一种资本类型。《辞海》对人力资本的解释有两点：一是指为提高人力资源的生产效率所做的投资（实际上是人力资本投资）；二是指一种无形资本，即劳动者通过教育和培训获得的能够创造价值的知识和技能[1]。舒尔茨认为，人力资本以劳动者的数量和质量，即劳动者的知识程度、技术水平及工作能力健康状况来表示，是这些方面价值的总和[2]。

---

[1] 辞海编辑委员会.辞海(缩印本音序)[M].上海:上海辞书出版社,2007:1396.
[2] 贝克尔.人力资本:特别是关于教育的理论与经验分析[M].北京:北京大学出版社,1987.

基于舒尔茨等人关于人力资本的经典定义，其他学者从不同的视角出发，对人力资本进行了不尽相同的阐释。如李建民从个体和群体两个角度定义了人力资本，指出群体人力资本存量不等于所有个体人力资本的简单总和[1]；李忠民从商品与服务的角度，将人力资本定义为"人力资本是凝结在人体内，能够物化为商品或服务，增加商品或服务的效用，并以此分享受益的价值"[2]；温海池认为人力资本是通过人力投资形成、寓寄在劳动者身上并能够为其带来持久性收入来源的生产能力[3]；丁建宇认为人力资本的全部要素可概括为教育投资、科学研究费用、卫生保健费用、劳动力国内流动支出、国际移民费用[4]；姚树荣，张耀奇则认为人力资本是指特定行为主体为增加未来效用或实现价值增值，通过有意识地投资活动而获得的，具有异质性和边际收益递增性的，依附于人身上的知识、技术、信息、健康、道德、信誉和社会关系的总和[5]。

综上所述，相关学者从因素论、费用论、价值论、资本论等视角论述了人力资本的概念。人力资本包含以下几方面内容：一是人力资本以劳动力为载体，凝结在人体之中；二是人力资本不仅包括后天投资形成的那部分，而且包括与生俱来的生命素质；三是人力资本是具有经济价值，能够获得持久性收入来源的生产能力；四是人力资本投资方式（也可理解为人力资本的形成途径）有健康投资、教育投资、培训投资、道德投资、迁移投资、"干中学"投资等形式。而鉴于人力资本的形成是人力资本投资的结果。因此，可以说人力资本的构成与人力资本的形成其实是一个问题的两个方面。基于上述要点，可将人力资本界定为：通过先天禀赋和有意识的投资而获得的，凝结在劳动力身上，能够产生经济价值的健康、智力、知识、技能、经验的总和。

作为对人力投资形成的资本，人力资本具有一定的特性。与物质资本相比，人力资本具有隐性特征和不可分性；对于劳动者来说，人力资本具有依附性（依附于劳动者）和私有性（所有权永久归劳动者所有）；从资本收益率的角度来说，人力资本具有"干中学"的收益递增性和正向外部性；根据劳动者核心素质的不同，也有学者认为人力资本具有不同的类型和层次性，如李忠民将人力资本分为

---

[1] 李建民.人力资本通论[M].上海:上海三联书店,1999.
[2] 李忠民.人力资本:一个理论框架及其对中国一些问题的解释[M].北京:经济出版社,1999.
[3] 温海池.劳动经济学[M].天津:南开大学出版社,2000.
[4] 丁建宇.人力资本内涵概述[J].人口与经济,2004,(s1):94-96.
[5] 姚树荣,张耀奇.人力资本的内涵和特征论析[J].上海经济研究, 2001(2):54-57.

一般人力资本、技能型人力资本、管理型人力资本和企业家型人力资本[1]，丁栋虹根据投资在边际报酬变化上的规律，把人力资本划分为同质型和异质型两种[2]，而企业家型人力资本属于典型的异质型人力资本。

2. 旅游影响理论

旅游影响可以概括为经济影响、社会文化影响和环境影响，这些影响有正面影响和负面影响之分。从研究价值取向的历史脉络来看，20世纪60年代的旅游影响研究着眼于旅游的正面效应，70年代则关注其负面效应，而到了80年代就开始以一个公平的角度、系统地看待旅游的影响[3]。从研究内容上看，经济影响研究起步最早，得出的结论大多是旅游具有积极的经济效应，具有脱贫富民功能；社会文化的影响研究突出主客关系及旅游对东道主文化的影响及涵化问题；环境影响研究多在肯定旅游经济效益的同时，倡导保护目的地的生态环境。

旅游影响理论并不是一个独立、自成体系的理论，而是一套理论体系的集成，它包含了以下理论或研究内容：经济影响中的旅游乘数理论、旅游卫星账户、旅游政策与预测模型；社会文化影响中的主客关系理论、涵化理论、社会交换理论、社会文化影响调控的前后台理论；环境影响中的旅游环境承载力理论、生态足迹理论等；旅游影响评估中的"愤怒指数"理论、居民态度"生命周期"理论等。经济学家、社会学家、人类学家及环境学家都在这一旅游影响领域扮演了重要的角色，而且理论并不成熟，仍处在不断修正、整合中。因此，也有学者认为与其将之称为旅游影响理论，不如称为旅游影响学说。

本书落脚点在于"人"，特别是人力资本视角下的旅游影响研究，似乎不属于传统旅游影响研究，在旅游影响的传统分类体系中找不到位置。如果说旅游的社会文化影响可以细分为旅游对旅游目的地居民的影响，旅游对旅游者的影响及对主客关系的影响三方面[4]的话，那么本书的研究便属于旅游对旅游目的地居民的影响。同时，旅游发展对人力资本的影响，与旅游经济影响、社会文化影响、环境影响的产生又是密不可分的，在某种程度上可以说是一种综合影响。

---

[1] 李建民.人力资本通论[M].上海:上海三联书店,1999.
[2] 丁栋虹.从人力资本到异质型人力资本与同质型人力资本[J].理论前沿,2001(5):12-14.
[3] 邹纲阡.旅游学术思想流派[M].天津:南开大学出版社,2013.
[4] 刘赵平.旅游对目的地文化社会影响研究结构框架[J].桂林旅游高等专科学校学报,1999(10):29-34,56.

1.3.2 研究方法

鉴于民族经济学交叉学科性质的特点及实际研究需要，本书以民族学、经济学和旅游学等学科理论为指导，融合了不同学科的优势研究方法。具体应用的方法主要有田野调查法、实证分析法。同时在各研究方法中还应用了文献资料研究法、模型分析法、历史分析法等具体技术方法。

田野调查法。在制订调查计划的基础上，深入龙脊地区，一方面收集、分析、整理各种数据资料；另一方面开展观察、访谈。主要访谈对象包括农民（纯粹务农）、旅游兼业农民（旅游业、农业兼营）、"旅游"农民（以旅游经营和服务为主，农业为辅，甚至完全的乡村旅游从业人员），以及作为影响农民中介的地方政府、龙脊景区管理局人员、龙脊旅游开发有限责任公司的企业人士、外来旅游经营者等乡村旅游相关利益主体。从内容上看，则包括对个人、组织、制度等的文化整体性调查，调查成果体现为最终的田野调查报告。

实证分析法。以实证地乡村旅游发展与人力资本相关大量实际材料（二手资料）的科学分析为基础，运用逻辑实证和经验实证两种方法，分析乡村旅游与龙脊平安壮族农民人力资本的循环影响。一方面，运用经济学，特别是人力资本经济学中关于教育与人力资本、培训与人力资本、健康与人力资本、迁移与人力资本的模型构建与分析，以数学语言、公式、曲线，用逻辑思辨的形式展开论证，与民族志的表述方式相对照、互相启发；另一方面，利用统计数据、鲜活的案例、一手资料来说明问题，对乡村旅游与龙脊平安壮族农民人力资本的循环影响这一命题进行归纳和检验。两种方法相结合，以期呈现乡村旅游与龙脊平安壮族农民人力资本循环影响的全景图。

另外，在实证分析中，本文还融合了历史分析法，以把握乡村旅游影响实证地人力资本积累的历史脉络。即对实证地乡村旅游的发展历程、实证地人力资本积累的变化、乡村旅游对实证地人力资本的影响及影响过程和结果作了纵向分析。

1.4 研究思路与技术路线

1.4.1 研究目标

传统的人力资本积累划分为教育、在职培训、健康、迁移、干中学等逻辑演进。本研究则立足于龙脊平安壮族农民问题的实际与乡村旅游发展实践，按照

"乡村旅游开发—农民转移就业—农民增收—农民人力资本积累—乡村旅游发展升级"这条多元循环影响路径的主线，聚焦于乡村旅游发展对龙脊平安壮族农民人力资本的影响研究，冀望于达到以下目标。

1. 理论目标

龙脊平安壮族乡村旅游发展与壮族农民人力资本个案的实证分析，为我们认识"人"的视角下乡村旅游的影响问题，以及人力资本视角下当代少数民族自身的现代转型问题提供了借鉴。本书以旅游影响理论和人力资本理论为指导，通过实证，验证既有理论，并分析、揭示乡村旅游对农民人力资本影响的机理，建立乡村旅游影响少数民族人力资本的理论模型。另外，在持续的田野调查过程中，我们也深刻地感受到了人力资本提升对推动乡村旅游进入下一轮高层次发展循环的重要作用，而对乡村旅游发展影响龙脊平安壮族农民人力资本过程和结果的揭示，则有利于为建立一个有利于促进少数民族地区农民人力资本积累与提升的乡村旅游政策机制提供前期研究支撑。

2. 应用目标

一方面，通过实证分析，给案例地政府和企业提供如下信息：农民能够大量地转移到乡村旅游中就业；农民能够从乡村旅游发展中获得实际的收益；农民能够在乡村旅游发展中提高素质、实现人力资本积累、提升人力资本质量。

另一方面，通过对影响机理的揭示，为龙脊平安壮族农民人力资本的开发、乡村旅游的可持续发展，甚至农民问题的解决提供清晰的思路。同时，也冀望于对推动广大少数民族旅游地区相关问题的解决有所助益。

1.4.2 研究思路

根据研究目标，在民族学的理论和方法框架设计下，整合人力资本理论和旅游影响理论，对广西壮族自治区龙胜各族自治县龙脊镇平安村的乡村旅游及对壮族人力资本的影响层面进行微观、系统研究，阐释乡村旅游与人力资本互为影响的作用机理，并为少数民族人力资本积累、提升及促进民族地区乡村旅游发展进入更高层次的循环提供理论依据。为此，本书的研究思路从以下方面展开。

绪论部分，首先，基于乡村旅游在我国的发展和"三农"问题，特别是农民问题现状，与现实相联系，从政策分析的角度，提出本书的研究背景；其次，从国内外人力资本研究和旅游发展与人力资本研究，特别是乡村旅游发展对人力资本的影响研究两个方面，对相关文献进行梳理、述评；最后，明晰本文的主要的理论观照、研究方法、实证地。继而，以绪论为基点，具体从以下内容研究展开。

第一，分析龙脊平安壮族乡村旅游发展的区域背景、历程、模式、特征与壮族人力资本等情况。

第二，从迁移、教育、培训、健康等人力资本形成与积累形式出发，与旅游开发前的龙脊平安壮族农民人力资本现状，开展龙脊乡村旅游开发对壮族人力资本影响的实证研究。

第三，乡村旅游与平安壮族农民人力资本的互动机理研究。在前文实证影响研究的基础上，本书在"乡村旅游开发与龙脊平安壮族的职业迁移""职业迁移与龙脊平安壮族农民增收""龙脊平安壮族农民增收与人力资本积累""龙脊平安壮族农民人力资本提升与旅游农民的形成""乡村旅游发展影响农民人力资本的循环框架"五个环节总结了乡村旅游对平安壮族农民人力资本提升的促进机理。反之，论述了农民人力资本的提升对平安壮寨乡村旅游发展的促进。另外，还探讨了民族旅游视域下地方性知识资本对龙脊平安壮族农民人力资本的拓展问题。

第四，总结了乡村旅游与龙脊平安壮族农民人力资本互动过程中存在的若干问题，并提出了促进乡村旅游转型升级发展与龙脊平安壮族农民人力资本提升的建议。

1.4.3 技术路线

技术路线如图 1.1 所示。

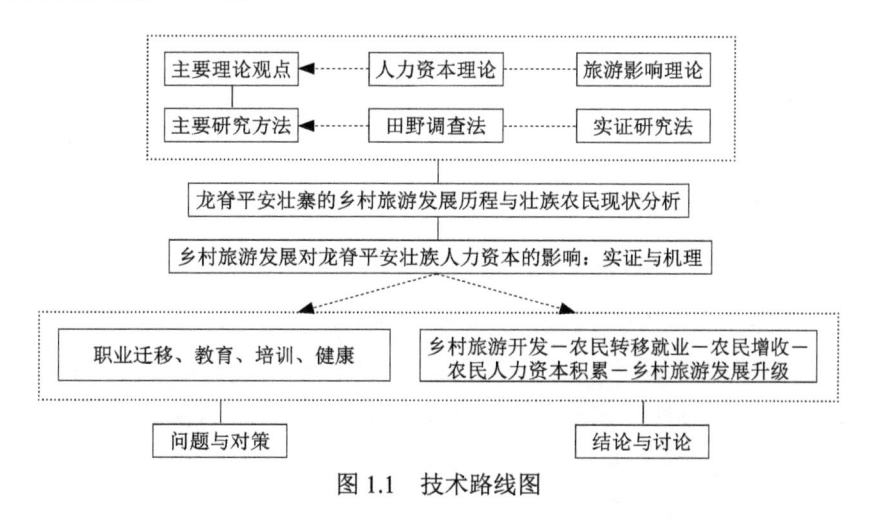

图 1.1 技术路线图

1.4.4 创新点

第一，研究对象与研究视角。从研究对象与价值导向上看，立足于"人"，关注乡村旅游这一民族发展项目下的少数民族群体，本书中指壮族农民；从研究视角上看，从微观角度，以人力资本为切入点和落脚点，基于田野调查方法和实证分析法下的影响研究，研究乡村旅游对龙脊平安壮族农民人力资本的影响；从资本与经济增长的关系上看，本书以人力资本促进乡村旅游发展的内生视角展开。

第二，研究思路与观点。基于"乡村旅游开发—农民转移就业—农民增收—农民人力资本积累—乡村旅游发展升级"这一多元循环影响的框架模型，完整、系统地分析乡村旅游对龙脊平安壮族农民人力资本的影响，说明了人力资本积累与提升对乡村旅游进入更高一级循环层次上的发展具有重要作用。研究认为，乡村旅游开发对龙脊平安壮族职业迁移、教育、培训、健康的影响显著，促进了龙脊平安壮族农民人力资本的积累与提升，促进了龙脊平安壮族农民的现代转型、乡村旅游的可持续发展；市场推动与经济利益、示范效应、乡村旅游发展的正外部性构成了龙脊平安壮族农民转移到乡村旅游中的动力；"干中学"是龙脊平安壮族农民人力资本形成的主要途径等。

第三，"旅游农民"或"旅游新型农民"的新提法。以"旅游农民"或"旅游新型农民"统摄，概括转移到乡村旅游业中的农民，在乡村旅游影响下，伴随着职业迁移而来的，传统农民在身份、生计、职业属性、技能、素质等方面的变化。研究认为，乡村旅游促进了"旅游农民"的产生；与人力资本的习得、积累与提升具有阶段性相对应，"旅游农民"的形成具有阶段性；与转移到乡村旅游中的龙脊平安壮族农民，介入乡村旅游的形式、程度、效果不同相对应，"旅游农民"具有层次性。

1.4.5 田野调查介绍

包括平安壮寨在内的龙脊景区是笔者常年的调研区域，如 2006 年 8~10 月，笔者率领"民族旅游与少数民族妇女发展"课题组（由桂林理工大学民族旅游研究中心的研究人员组成）一行 7 人，在平安壮寨开展田野调查。期间采取访谈和问卷调查相结合的方法，调查了包括不同年龄、不同文化程度、不同收入和与旅游业不同关系的村寨村民，共发放问卷 76 份，有效问卷 73 份。2012 年 1 月，以笔者主持的国家社科基金重点课题"乡村旅游与西南民族地区农民增收问题研究"为契机，再一次组织调研组一行8人前往平安壮寨开展实地调研。为了保证调查的真实有效，调研采取实地问卷调查、现场访谈、现场填写、现场回收的方式，以家庭为单位对当地的各类旅游经营者进行深度访谈，平均每份访谈时间在50分钟以上。在对第一次调研进行整理后，为了查漏补缺，保证研究的深入和准确，研究人员于2012年6月在龙胜县平安壮寨对第一次调研进行了补充调研，两次调研都以家庭为单位，每个家庭一份问卷，共发放问卷55份，回收54份，其中有效问卷率为96%。此外，还有缘于其他课题、会议、培训、规划项目等展开的实地调研，此处不再赘述。

2016年1—2月的田野调查之行，是笔者最近一次到达平安壮寨（图1.2为调研现场），以"乡村旅游发展对龙脊平安壮族农民人力资本的影响"为主题展开的调研。调研方式以参与观察、访谈和资料收集为主，田野点包括龙胜各族自治县旅游局，龙脊风景名胜区管理局，龙脊旅游有限责任公司，平安壮寨村委、家庭旅馆、餐饮店等，访谈对象包括本地壮族农民、旅游精英、外来旅游投资者和经营者、村寨协管员、管理局和公司的工作人员等，收获了很多新的信息和资料。

另外，需要特别说明的是，对于文中访谈对象的姓名处理，遵从了民族学、人类学传统的隐晦处理的技术规范，使用了字母简拼或化名的处理方法。对个别访谈对象，在征求了其本人意见后做了匿名处理。

图1.2 平安村寨调查现场

第2章 龙脊平安壮寨的乡村旅游发展与壮族农民生活概况

2.1 平安壮寨的区域背景——龙脊风景名胜区

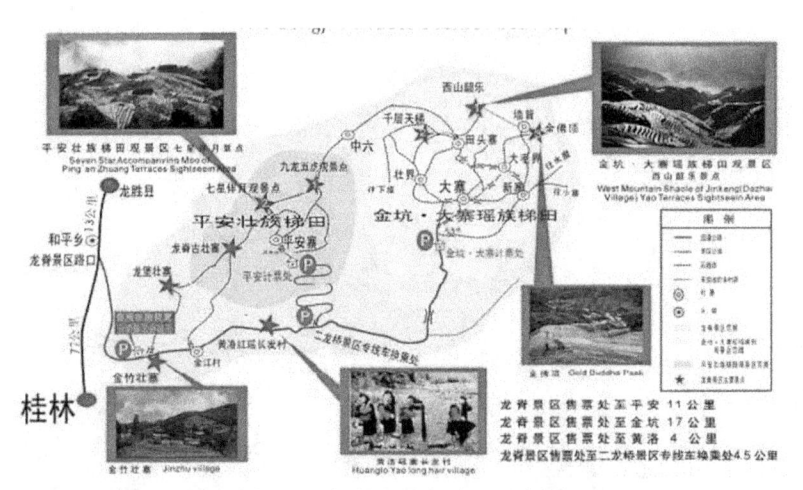

2.1.1 龙脊风景名胜区

平安壮寨、金坑红瑶大寨和龙脊古壮寨一起构成龙脊风景名胜区的三大主观景区域（图 2.1 和图 2.2）。龙脊是一个广泛的地理名词，素有"龙脊十三寨"之称，据说是因为这一带的居民生活在龙之脊背上而得名。龙脊风景名胜区（图 2.3）位于广西龙胜各族自治县东南部的龙脊镇境内（2014 年 1 月，和平乡改制为龙脊镇），距龙胜县城 27 千米，距桂林市 70 千米~80 千米，处东经 109°32'~100°14'，北纬 25°35'~26°17' 之间。东至金垌界、牛栏朝和大桂坪；西至泗水乡与和平乡乡界；南至杨梅岭、肖家、雨乐；北至福平包南麓 1.3 千米左右；东南至毛竹界、双河口；西南至七星村、仁槽弯、金江路口以西 1.3 千米的山脊线。龙脊风景名胜区总面积为 70.1 平方千米，其中核心景区范围 13.2 平方千米[1]，景区范围主要包括金江、龙脊、平安、中禄、大寨、小寨等行政村所处的区域。

图 2.1 龙脊风景名胜区示意图

---

[1] 数据来源于《龙脊风景名胜区总体规划（2004—2020）》。

第2章 龙脊平安壮寨的乡村旅游发展与壮族农民生活概况

图 2.2 平安壮族观景区游览示意图

图 2.3 龙脊风景名胜区售票处

龙脊风景名胜区内主要聚居有壮族和瑶族,壮族以白壮为主,瑶族以红瑶为主。从居民点来看,壮族聚居的村寨主要有平安壮寨、龙脊古壮寨、金竹壮寨,另有一些杂居在黄洛瑶寨、墙背村、中禄村和下埠村;红瑶主要聚居在黄洛瑶寨、大寨、小寨、新寨、壮界、田头寨、大毛界、墙背、中禄和下埠。从村寨生产类型上看，平安、金坑大寨、龙脊古壮寨以旅游为主，黄洛瑶寨、金竹壮寨以旅游和农副产品生产为主，其他村寨则以农耕（如新界、壮界、田头寨、大毛界等）或林业（如墙背、下埠）为主。

平安壮寨景区由6个组屯组成，分别为平安一组、平安二组、平安三组、平安四组、平安五组、平安八组。村民均为壮族，至今还保存着较为完整的白衣壮族文化。平安壮寨是龙脊风景名胜区内最早对外开放、发展旅游的村寨，平安壮寨门如图2.4所示。目前该景区以平安壮寨为中心，开发有七星伴月（图2.5）、九龙五虎（图2.6）等主要观景点。经过多年的旅游开发，景区基础设施和服务设施已较为完善，但早期的发展由于缺乏系统的组织，虽然经历了一段快速增长时期，但也随之留下了一系列问题。

金坑红瑶大寨由大寨、田头寨、大毛界、新寨、壮界及墙背6个自然村（屯）组成，15个村民小组，约275户1153人，98%的村民是瑶族。金坑红瑶大寨于2001年正式开发旅游，2003年二龙桥至大寨公路通车，大寨景区的旅游发展和系统开发走上了快车道，2012年大寨至金佛顶索道开通，大寨景区开始全面快速发展。大寨红瑶景区内的梯田海拔800米~1100米，梯田景观宏伟壮丽，目前主要开发有西山韶月、千层天梯、金佛顶三大观景点及北斗七星、雄鹰展翅和金线串葫芦等次观景点。

图2.4 平安壮寨大门

第2章　龙脊平安壮寨的乡村旅游发展与壮族农民生活概况

图 2.5　七星伴月景点

图 2.6　九龙五虎景点

龙脊古壮寨景区地处桂北越城岭山脉西南麓的半山腰上，隶属龙胜县龙脊镇龙脊行政村，由廖家寨、侯家寨、平段和平寨 4 个壮族村寨（龙脊古壮寨便因壮族先民最先迁入这 4 个寨子而得名）组成，村落位于梯田群的中心，高山林地—村寨—梯田—河流这一和谐的原生态环境最为典型集中。龙脊古壮寨总面积约 4.2

平方千米，目前聚居的绝大多数是北壮——白衣壮。龙脊古壮寨自20世纪90年代后期始有自发性的旅游接待，2010年龙脊旅游有限责任公司开始介入旅游开发（龙脊古壮寨开寨），2011年正式向游客开放。依托良好的生态环境、壮美的梯田景观、丰富的壮族文化遗存、保存完好的干栏式建筑（百年以上老屋至今仍有9座），古壮寨目前已是龙脊梯田风景名胜区的核心组成部分之一，东与平安壮寨（与平安壮寨景区相距约1.5千米，以石板小路相连）相连，北与金坑大寨相眺。

2.1.2 旅游资源

1. 梯田农业文化景观

龙脊梯田群是国内三大古梯田之一（另外两处为哈尼梯田、紫鹊界梯田）。据"广西龙胜——世界梯田原乡"专题研讨会发布的《"广西龙胜——世界梯田原乡"专题研讨会共识》：龙胜所在区域水稻种植出现得时代早，秦汉时期龙胜所在区域内出现梯田耕种的雏形，唐宋时期龙胜梯田得到较大规模开发，明清时期基本达到现有规模。

龙脊风景名胜区是以农业梯田景观为主体，融壮、瑶等少数民族风情为一体，集自然景观和人文景观为一体的综合性乡村旅游景区，是广西21个区级景点之一，为国家AAAA级旅游景区、国家农业文化遗产、国家湿地公园。梯田线条流畅，层叠而上、错落有致、气势恢宏，不仅享有"世界梯田之冠"的美誉，而且它所蕴含的梯田文化也具有世界意义上的垄断性。龙脊梯田分布在海拔300米~1100米之间，垂直落差800米，层级多，坡度大多在26°~35°之间，而且集中连片式分布的梯田块数多，具有典型的美学特征，具有极高的旅游审美价值与旅游开发价值：（1）梯田面积大、空间分布广，而且集中连片梯田数量多、面积大，这构成了龙胜梯田的规模美；（2）森林位于山体上部、梯田与村寨"大集中小散布"于山体中下部、人工渠系较为发达的景观结构及保护状态良好的森林、梯田、其他农用地、传统民居之间独特的物质能量流动与和谐分布构成了龙脊梯田的格局美与和谐美，构筑了龙脊梯田周边远有高山云雾，近有沟壑的和谐景观（图2.7）；（3）龙脊梯田属亚热带中低山深切割地貌上的水稻梯田类型，整体沿山坡中下部展布但局部为丘状微地貌单元。地貌变化大、高山沟壑纵横、坡度较陡，与较缓梯田组合方式多样，线条变化特征明显，但同时圆滑度高的特点构成了龙胜梯田的线条美与"远近高低各不同"的动态美；（4）景观在年、月、日不同尺度、不同时间段上的色彩与云雾、光线等条件构成了龙胜梯田的节律美；（5）梯田形状的自相似性与非自相似性、秩序性与不规则形构成了龙脊梯田的分形美。

图 2.7　龙脊梯田文化景观格局

2．文化景观

除了生产意义和山地稻作农业景观意义上的梯田，龙脊风景名胜区内还有类型丰富、丰度高的文化景观，如民族服饰文化景观、饮食文化景观、以干栏为主的民族建筑景观、少数民族语言文化景观、歌舞文化景观等民族民俗文化景观，这些文化景观与梯田稻作文化景观相映成趣，壮、瑶民族民俗文化与梯田内在的生产功能和梯田稻作文化一起构成了龙脊风景名胜区的文化旅游资源。

龙脊风景名胜区范围内的壮族、红瑶历史悠久、源远流长。据考，龙脊风景名胜区内的红瑶主要是从湘、资、沅江流域中下游洞庭湖一带逐步迁徙而来的；据《龙胜县志》载，龙脊古壮寨的廖姓壮族于明代万历年间（1573—1620 年）始迁该地定居，距今已有 400 多年的历史。当地居民既是梯田的建造者与经营维护者，又是地方文化的主人，与特定的生态环境和生计模式相对应，在自然与文化的相互作用下，他们创造出的诸多文化景观已成为龙脊风景名胜区核心旅游资源之一，如以稻谷种植为主体的稻作文化景观，以栽培杉木为主的山地种植文化，以吊脚楼为主体的干栏式建筑文化景观，以合款为代表的制度文化景观，以壮族歌圩为代表的歌舞文化景观，以师公为代表的宗教信仰文化景观等。

2.1.3 龙脊风景名胜区的旅游发展概况

龙脊风景名胜区的旅游始于1992年,1993年正式对外开放。在开发之前已有外国游客前去参观,龙脊风景名胜区经历了一个并不短暂的探查期和参与期,但是在开发后经过几年的不稳定期,景区在1999年进入了高速发展阶段,表2.1展示了1977—2015年龙脊风景名胜区的游客接待量,龙脊风景名胜区的旅游接待人数已由2005年的18.35万人次增长到2015年的93.89万人次,门票收入达到5867.27万元。

表2.1 1997—2015年龙脊风景名胜区的游客接待量 （单位：万人次）

年份	1997	1998	1999	2000	2001	2002	2003	2004	2005	2006
人次	0.39	0.41	1.41	2.5	4.73	8.47	9.20	14.3	18.35	23.70
增长率（%）	5.4	5.1	243.9	77.3	89.2	79.1	8.6	55.4	28.7	28.8
年份	2007	2008	2009	2010	2011	2012	2013	2014	2015	
人次	33.3	30.98	38.84	43.2	55	61.39	64.61	77.53	93.89	
增长率（%）	15.6	-7.0	25.4	11.2	27.3	11.6	5.2	20.0	21.1	

资料来源：根据龙脊风景名胜区管理局统计资料整理。

龙脊风景名胜区到2015年接待入境游客10.15万人次,以欧洲、亚洲、北美洲游客为主。游客较多的国家和地区为中国香港、中国台湾、美国、法国、德国、以色列、马来西亚、英国和日本。2005—2015年龙脊风景名胜区入境游客接待量如下（表2.2）。

表2.2 2005—2015年龙脊风景名胜区入境游客接待量

年度	2005	2006	2007	2008	2009	2010	2011	2012	2013	2014	2015
人次/万人	4.87	6.09	9.19	11.09	12.67	17.6	9.12	10.13	10.38	11.05	10.15
同比增长/%	77.73	25.05	50.9	20.67	14.25	38.91	-43.3	11.65	12.51	6.46	-8.15

资料来源：根据龙脊旅游有限公司工作总结资料整理。

根据《龙脊风景名胜区总体规划（2004—2020年）》的测定,龙脊风景名胜区的年环境容量为62万人,其中平安壮寨景区为26万人,金坑红瑶大寨景区为36万人。整个风景区的年合理游客人数以不超过31万人次为宜[1]。对比统计

---

[1] 当时,龙脊古壮寨是龙脊平安景区的一部分,并未独立出来。在《龙脊风景名胜区总体规划（2004—2020年）》中,龙脊平安景区包括龙脊古壮寨、平安壮寨、雨兰水库、黄洛瑶寨等景点,面积约5.4平方千米；龙脊金坑景区包括大寨、田头寨、界外、新界、中禄、大毛界、墙背、小寨、西山韶月、雄鹰展翅等景点,面积约7.8平方千米。

数据发现,目前龙脊风景名胜区的年接待游客数已超过了规划所核定的年环境容量,而且人流主要集中在几个活动空间较小的观景点,次要景点的开发较弱,高峰期不能及时、有效地对游客进行分流和疏导。

2.2 田野点平安壮寨概况

2.2.1 地理环境

平安壮寨坐落于龙胜各族自治县东北部和平乡境内,西南边接龙脊村,东北方为中六、大寨和小寨,地处海拔1916米的崇山峻岭深处(图2.8),梯田海拔最高处1180米、最低处380米、垂直落差800米。平安属桂北高寒地带的内陆山区,是"龙脊十三寨"之一,素有"九山半水半分田"之称。平安壮寨是龙脊风景名胜区的核心部分,高耸在龙脊梯田的山梁上,是一个典型的大型壮寨,占地约3万平方米,耕地面积783亩,其中水田有600亩,距山下的金竹壮寨6000米,距龙脊古壮寨2000米。

图2.8 崇山峻岭中的龙脊平安壮寨

2.2.2 自然条件

平安壮寨地处亚热带季风气候区，气候温和，年平均气温为17.1℃左右，相对湿度为80%，夏无酷暑冬无严寒，是休闲避暑的好去处。年均降雨量为1600毫米~1733毫米，4~8月为雨季，占全年降雨的72%。境内地面裸露的山体多为前震旦系的砂质岩，岩石多呈墨绿色。境内水源涵养好、溪沟密布，一年四季长流不断。由于地形相对高度差异悬殊，所以形成了植被垂直分布的复杂性和地带性，1000米海拔以上为保护完好的山地次生林，1000米海拔以下多为人工种植的村落植被。

2.2.3 历史沿革

平安壮寨所在区域一直属于龙胜县管辖，龙胜县被设为县一级行政机构始于清乾隆六年（1741年），并随着龙胜县划分的改变而变化，民国时期隶属镇南乡，现在隶属和平乡。平安壮寨曾用名为马城寨、平瑶村，后改叫平安壮寨，以壮族为主。他们自称为"布也"，祖先在明万历年间从南丹河池迁居至此，已有500多年的历史。

2.2.4 社会经济发展

旅游开发之前，居民的经济收入主要为务农和外出打工，主要经济作物有茶叶、果蔬等；旅游开发以后，旅游业逐步成为他们主要的经济收入来源，包括餐饮、住宿、购物、导游服务及门票分红等，经济作物主要有水稻、辣椒、茶、红薯、芋头、玉米等。水稻每亩正常产量为300千克—500千克，最高达600千克。目前，村寨出现了"农忙是农民，农闲是工人；出门搞旅游，开店当老板"的两栖型农民，在开展旅游后村寨一举脱贫，收入逐年增长，现在已经是属于比较富裕的民族村寨。

2.2.5 对外交通状况

平安壮寨与外界的交通状况良好，距龙胜县城30.6千米，距桂林市区约103千米。目前从县城到平安壮寨的二级公路已经连通，从黄洛瑶寨到平安壮寨的盘山公路为5千米。目前景区已由骏达和龙脊公司组建骏龙运输公司，道路也已经在原先的基础上重新整修。到达龙脊风景名胜区门口后，9座以上的客车均需到龙脊梯田综合服务区统一换乘景区专线车，到达平安壮寨验票口后，沿石板路行走约 1 千米即可到达村寨。

2.2.6 基础设施现状

经过旅游发展，景区内的各种设施已经相比初期有了较大改善。目前平安壮寨有约 2 米宽的水泥路直通村口的停车场，景区内有宽 1.5 米的石板路从平安壮寨建筑群直通两个观景台。其中，一号、二号观景台之间的砂石路 1 米宽。邮电方面，水、电、固定电话、闭路电视都已经在村寨内接通，移动、联通信号覆盖整个区域，旅馆全部接通网络，村寨内设置有邮政代办点，能满足基本需求。

2.3 龙脊平安壮寨的乡村旅游发展：历程、模式与特点

2.3.1 旅游发展历程

综合旅游发展速度、居民参与旅游经营的程度、政府和企业介入开发的程度、旅游经营规模来看，平安壮寨的旅游开发可划分为以下几个阶段。

1992 年以前，属于探查和"被动旅游"阶段。平安壮寨的外来者很少，以境外游客和摄影者为主。在这一阶段，村寨居民几乎没有参与旅游发展的意识。

1993—1997 年，属于探索性的自发接待阶段。村寨居民参与旅游经营的意识逐渐觉醒。伴随着游客的增多，村寨内出现了少量的家庭旅馆，据统计有 4 家，以 1993 年开业的丽晴旅社、美景来旅社为代表。1995—1997 年平安壮寨实行了门票制，收费标准为 3 元 / 人，收益按人口分配到户。在这一阶段，金江村的金竹壮寨和黄洛瑶寨是政府和公司开发的重点，平安壮寨旅游发展缓慢，接待设施简陋，可进入性差，直到 1997 年，黄洛至平安的公路才得以建成。

1998—2000 年，属于正式旅游开发、旅游供给扩大阶段。以 1998 年龙脊梯田风景名胜区的挂牌，1999 年龙脊风景名胜区建设开发总公司的成立及后续基础与服务设施的建设（龙脊风景名胜区获得了"旅游资源开发与自然生态环境保护"专项旅游国债 1300 万元，建设项目有 321 国道至二龙桥的扩建工程、二龙桥至平安壮寨公路的新建工程等）为标志。在这一阶段，游客人数增长迅速，参与旅游接待的村民也日渐增多，旅游接待设施得到了补充、改善。据当时统计，有家庭旅馆 22 家，床位 334 个，7 家小卖部。同时，旅游项目也得到了增加，有部分村民开始从事背背篓运输行李，卖旅游纪念品，导游服务等旅游活动。售

票处也建立了起来，门票提高到 20 元/人，平安壮寨和金竹寨分享门票收入的 20%。

2001—2006 年，属于快速发展阶段。以 2001 年桂林龙脊温泉旅游有限责任公司的成立和龙脊风景名胜区被评为国家农业旅游示范点为标志。在此阶段，平安壮寨门票于 2003 年提至 30 元/人，村寨居民参与分成；旅游接待设施得到进一步补充完善，参与旅游经营的村民快速增加，当时挂牌的家庭旅馆有 65 家，1500 个床位；村寨可进入性得到极大改善，外来投资者和经营者也开始增多；旅游的负面影响开始出现，围绕着利益分配和贫富差距，各方矛盾趋于显化。

2007 年至目前，属于高速发展与规范运营阶段。在此阶段，游客进入量较之往年急速攀升，黄金周常常是一床难求，景区内的规划和建设开始显得滞后，跟不上发展的速度。此外，为了更好地协调景区内的各项管理工作，龙胜各族自治县人民政府于 2007 年 8 月成立了龙脊风景名胜区管理局。2008 年，桂林龙脊温泉旅游有限责任公司和桂林龙脊有限责任公司独立开来，龙脊公司和自然人王 XX 共同持股组建桂林龙脊公司开发龙脊风景名胜区。2010 年，龙脊风景名胜区获评国家 AAAA 级旅游景区，门票提高到 100 元/人，各方矛盾也日益凸显和强烈，呈现多元化，旅游带来的一些如污水处理等负面影响日趋严重。在这一阶段，平安壮寨的家庭旅馆仍在高速增长，乡村旅游开始升级发展，至 2015 年年底，达到了 108 家，约 2500 个床位，进寨游客 36.17 万人次。

总之，从 1992 年开发旅游至今，平安壮寨凭借龙脊梯田已成为国内外知名的旅游村寨，每年会接待众多的国内外游客。

2.3.2　旅游开发治理模式

平安壮寨乡村旅游起步较早，目前已形成了典型的"公司＋政府＋村寨集体＋村民"的开发治理模式，主导参与治理的政府机构是龙脊风景名胜管理局和龙胜县旅游局，以龙脊风景名胜管理局为主；目前的开发商为桂林龙脊旅游有限责任公司，主要负责景区建设和日常运营。村寨集体方面，主要体现为平安村委会负责与公司接洽和配合相关事宜，如自 2011 年起，公司与村寨组织成立了由 6 个村民代表（即景区协管员）组成的旅游协会，协助参与旅游景区管理工作和票务登记、核对事宜，具体负责协调、组织轿子队、行李员和背篓队的工作，轿子队、行李员和背篓队各被分成几个组以轮流为游客提供服务，每个组的组长由协管员担任。

除了政治意义上的组织整合外，龙脊壮寨的乡村旅游开发与治理还特别表现为契约制度，一是开发与利益约定方面的合同，二是管理与运营方面具体的规章制度。

关于龙脊壮寨旅游开发与利益约定方面的合同。到现在为止，平安村民在梯田维护费上一共与桂林龙脊旅游有限公司共签立两份合同，第一份合同历时5年，第二份合同签约时间为10年整。第一份合同已经生效完毕（2007年1月1日—2011年12月31日），第二份合同2012年初签立，合同有效期限为2012年1月1日起至2022年12月31日。

在第一份合同中，双方对使用经费的提取方式、合约时间、付款方式、双方的权利和义务及双方的约定均做出明确的规定；在第二份合同中则有所修改，村民对自己的维权意识逐渐增强，在合同中，双方对旅游合作范围、合作期限、分配方式、梯田的维护管理、双方的权利和义务、违约责任、共同约定均做出了明确的规定。第一份合同一式七份，由自治县人民政府、和平乡人民政府、县建设局、县旅游局、龙脊风景名胜区管理局、桂林龙脊旅游有限责任公司、平安村民委员会各执一份，具有同等法律效力；第二份合同一式三份，由桂林龙脊旅游有限责任公司、平安村委会各执一份，留一份备用，具有同等法律效力，两份合同均由龙脊风景名胜区管理局负责监督执行。

第二份合同，在资源维护费方面，不仅有按照门票收入7%提取梯田维护费给核心景区的平安村，新增按照门票收入3%提取梯田维护费给核心区周边组屯，而且在旅游基础设施的建设上，第一份合同中规定按门票收入的10%提取龙脊风景名胜区建设费，用于龙脊风景名胜区的基础设施建设。其中，2007—2009年三年内从平安门票收入中按10%比例提取的基础设施建设费，80%要投入到平安的旅游基础设施建设。但是据村委表示，这一约定在第一份合同已生效的5年内并没有得到很好地执行。所以，在2012年新的合同中，村委将这一点重点提出，龙脊公司每年必须从门票中提取10%投入乙方用于景区基础建设。具体实施项目由村委提出申请，报景区管理局审批，按照县人民政府要求根据景区规划进行建设。

另外，公司方面在新的合同里对于村民应该按季节耕种、管理、收割、维护梯田，以及何时放水、何时收谷的时间段都做出了明确规定，且两份合同均对由于梯田缘故造成景区不能正常经营的，以天计算，每影响一天则扣减梯田维护费2000元。在双方的权利和义务中，对应公司方主要是对景点进行基础设施的投资，第二份合同则新增了宣传销售活动、消防环保和公共设施的管理，以及对按要求支付梯田维护费做出了明确的规定。对应村民方面，一是对基础设施的管理，这在两份合同中均有体现；二是对于村民私自带游客进寨的规定，该条款已在第二份合同中的"违约责任"中专门提出，违者处以每人100元罚款。此外，第二份合同还对游客量统计、对景区工作的配合、建筑风格、建房的许可和流程、土地征收问题、生活垃圾及旅游秩序等方面做出了相对明确的规定。

关于管理与运营方面的具体规章制度，主要分为两类：一类是政府和龙脊风景名胜区管理局制定的相关规章制度；二是村规民约。对于规章制度，有《龙胜各族自治县人民政府关于进一步规范和加强龙脊风景名胜区建设和管理的通知》《龙脊风景名胜区管理规定》《平安村旅游管理暂行规定》《行李员管理规定》《龙脊风景名胜区户外灌高管理办法》《龙脊风景名胜区农家旅馆建设规范》《关于龙脊风景名胜区资源保护补偿费分配的暂行规定》《景区民居建设管理规定》《平安轿子队管理暂行办法》（图2.9）等。如在建筑方面，相关文件明确规定了村中建筑层数最多不超过三层，建筑层高不超过3米，总高度不超过11.6米，占地面积不超过150平方米，建筑面积不超过400平方米。而且农家旅馆建设必须经龙脊风景名胜区管理局审查同意后，办理好相关手续方可施工；在资源保护的补偿分配方面，则对公司和村民所签立合同的分成方式重新强调，风景名胜资源保护补偿费在门票收入中提取10%，平安大寨为核心景区，核心景区收入占总提成的70%。另外，所提出的轿子队、行李员管理规定由景区管理处负责监督。

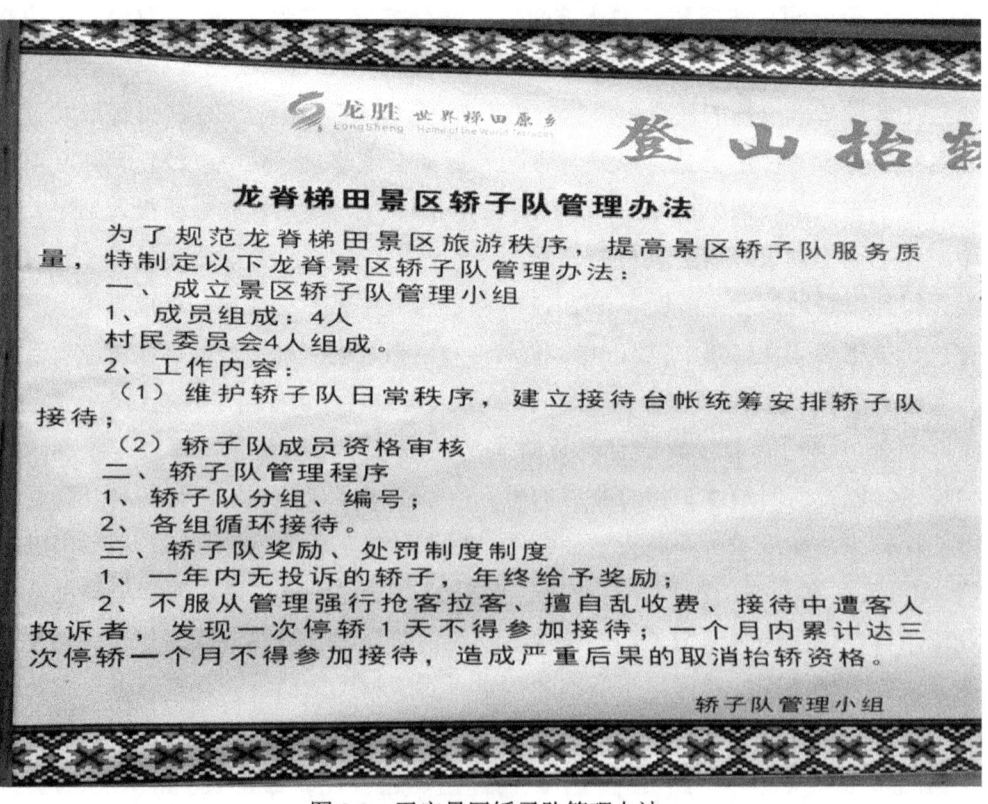

图2.9 平安景区轿子队管理办法

关于旅游发展的村规民约有《龙脊风景名胜区平安村旅游管理村规民约》《龙脊风景名胜区梯田耕作与维护管理办法》《平安村梯田耕种方案》《平安旅馆业消防整治工作方案》《平安村环境卫生保洁员管理制度》《平安村"门前三包"管理暂行办法》等。村规民约由平安村村委、和平乡（现为龙脊镇）乡政府和龙胜风景名胜管理局共同签署。平安村旅游管理村规民约对村风民俗梯田、维护房屋建设、村寨环境卫生、旅游秩序、消防安全和对违反规约的处罚都做出了明确的规定。规定指出了梯田的具体耕作和收割时间，至于景区卫生方面，凡景区中的规划建房户，必须交纳建设环境卫生保证金3000元给村委，村中旅馆每层需备有1至2个大于0.2立方米容量且装满水的储水桶，必须配有取水工具，并贴有消防用水标志。另外，村规民约对违规处罚条例相当严格，在观景区内不种植水田和不按统一规定种植水稻的农户，对公共卫生和景区道路造成污染责令不改的，建房材料乱堆乱放未及时处理的，都将取消该户享受当年村里旅游收益分成的资格，对景区农田丢荒两年的则取消该户当年参与旅游经营活动的资格。在罚款方面，农门前屋后卫生不达要求和乱丢垃圾的，发现指正后屡教不改的，每次罚款100元；违反旅游管理秩序，经教育不改的，第一次给予处罚100元，第二次处罚200元，第三次给予取消该户享受当年村里旅游收益分成及参与相关旅游经营活动的资格；对帮助游客逃票的村民和带游客逃票的村民，给予处罚票价2倍的处罚。

2.3.3 平安壮寨乡村旅游发展的特点

1. 农旅：制约与互动

平安壮寨是以梯田农业文化遗产和壮族风情为主要吸引力的民族村寨，农业和旅游的制约和互动是平安壮寨乡村旅游发展的一大特点。一方面，梯田稻作系统是平安壮寨的核心景观，是龙脊旅游发展的原动力，是平安旅游赖以生存和发展的基础。当地村民普遍认为，"梯田在当地旅游业中的地位和作用"非常重要。然而，旅游开发也给龙脊梯田带来了冲击和影响。调查发现，村民对于"梯田景观在旅游开发后会变得更好"这一说法普遍倾向于"不赞同"，陈述时往往出现"前言不搭后语"的复杂心情。旅游开发对梯田景观的影响（图2.10）主要表现在：一是梯田与旅游用水冲突，"保水田"面积逐渐减少。旅游开发以来，平安梯田的"保水田"面积已由最初的70%锐减到现在的10%，绝大部分季节处于"有梯无田"的状态，严重影响了梯田景观；二是梯田维护程度下降，梯田塌方、荒田面积增加。据村民反映，旅游开发以后，对梯田的维护远不如从前，梯田反复塌方，无人维护，已经成为荒坡或改种旱地，景区之外的梯田更是无人耕种；三是生活污水排入梯田，造成土壤污染，水质下降，无法耕种的土地增加，严重影响梯田景观[1]；四是在先进稻作技术、外来文化对梯田稻作文化的影响下，梯田文化景观的文化吸引力有降低的风险。此外，参与旅游经营使一些村民分身乏术，无暇顾及梯田耕种，于是出现了"代耕"大军，但是代耕的报酬较低，是临时性工作，能否保证梯田禾苗的健康发育？这也会直接影响到梯田景观的质量。总之，一旦梯田稻作景观发生变异或被破坏，其旅游吸引力会大大降低，平安壮寨的乡村旅游将呈现不可持续的状态。

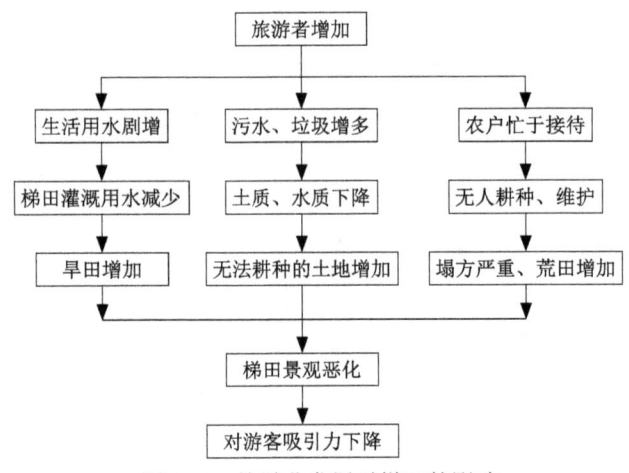

图 2.10 旅游业发展对梯田的影响

另一方面，旅游开发凸显了农业的经济价值，实现了农旅经济的协调发展，促进了农民收入的增加。具体表现在：一是旅游开发促进了平安壮寨农业生产结构的调整，多元化的农业种植得到发展。如今，村民除了种植水稻外，茶叶、辣椒、罗汉果、西红柿、竹笋、红薯、家禽等农产品也成为村民的重要经济来源。二是旅游带动了农产品、农特产品（龙脊茶叶、龙脊辣椒、龙脊水酒、龙脊香糯等）的就地销售，减少了流通和储存成本。此外，公司还建设了旅游土特产品销售长廊，无偿提供给当地村民使用；三是旅游彰显了梯田的经济价值，村民可以从门票、旅游经营户中获得分成，作为梯田维护费用，这些都是梯田的经济价值得到认可的具体体现。

---

[1] 吴忠军,张瑾.旅游业发展对山地少数民族村寨文化遗产保护的影响[J].经济地理,2008,28(5):891-896.

2. 利益：矛盾与均衡

平安壮寨在旅游开发过程中存在政府、旅游开发商、村民等多重利益主体。利益诉求的不同导致了一定程度上的矛盾与冲突，但在村寨可持续发展的共识下，这些矛盾和冲突同时又处于不断的均衡与协调中。由此，利益冲突与协调也是龙脊壮寨乡村旅游发展的一大特点。矛盾与冲突方面，主要体现在村民之间的矛盾、政府与村民之间的矛盾、开发商与村民之间的矛盾。

（1）村民之间的矛盾

龙脊风景名胜区内的农民是旅游发展的主体，充当着地方主人、旅游资源、人力资源和旅游产品的角色。村民之间的矛盾主要体现在：一是贫富差距，由于地理位置和参与旅游发展的时间、要素不同，在利益分配上有所差距，旅游资源核心区附近的村民往往能获得较好的收益，不同村民之间的贫富差距较大；二是村民间的竞争与排斥，当地村民认为邻寨村民抢夺客人财务等负面事件会影响平安的形象，也有部分村民认为邻近村寨村民来平安壮寨拉客、背行李、兜售工艺品等行为，带来了较大竞争，使他们减少了经济收入。这些表面矛盾产生的根源在于：一是旅游经济收益的不平衡；二是村寨间缺乏共识性协议。

（2）政府与村民之间的矛盾

龙胜县政府在龙脊梯田旅游开发中获得三方面收益：第一，2001年对龙脊经营权的转让获得500万元；第二，龙胜政府每年对景区经营税收大约为门票的6%，2011年，税收为260万元；第三，门票收入，龙胜政府作为国家权力的代理人，以利益分享者的角色出现，每年提取景区门票收入的20%，这些权益实现可以通过出台部门规章制度和执行相关政策等得以实现，而村民始终处于边缘化状态，旅游收益"蛋糕"的分享比例较低。另外，某些村干部在旅馆等旅游经营活动中，其资金筹集、人脉利用、客源争取等能力远优于当地村民。因此，这些宾馆和餐饮应拥有较大客源量，经营收入也是村寨中最高的。相对地，部分村民便认为自己的利益受到了侵占，对此颇有怨言。此外，房屋的改建问题也是政府与村民之间矛盾的一大表现。

（3）开发商与村民之间的矛盾

开发商与村民的利益冲突体现在以下几点。

第一，门票收入分成方面。龙脊公司与村民关于门票分成的冲突事件时有发生，村民则认为自己是梯田的主人，应该在门票收入中分成更高些。2005年3月8日，平安壮寨村民围堵大门事件，以平安壮寨村民的门票分成所得从2004

年的15万元增长到2005年的35万元告终；2007年平安壮寨的"4.13"事件，平安壮寨获得门票提成73万元，占门票收入的5.7%，村民认为门票分成比例过低，要求增加提成，开发商认为应依照合同执行，于是回绝了村民的要求，村民为此曾几次静坐或封寨以示不满；至2011年，整个龙脊风景名胜区从门票收入中提成7%作为资源使用费，第一次超过了100万元，达到115.6万元。其矛盾的根源在于：双方缺乏沟通与协商，开发商投入成本未收回，又有双方签订的合同在手，因此不会放弃自身的"合法"利益，村民对于在"信息不对称"和"决策不对称"的情况下签订的有失公平的合同，颇有不满，特别是在景区收入快速增长的情况下没有得到应有的收益，不满情绪更容易爆发。

第二，梯田维护费用方面。梯田每年需投入大量的人力物力进行维护，否则易出现塌方等问题。开发商利用梯田资源开发旅游，并未对梯田维护，村民认为祖辈的梯田与他人分享，还需自己掏钱维护，很不公平，他们指出："希望开发商或者政府能够提供多些资金给他们进行维护，否则就没有权利干涉他们种水稻或种植其他经济作物。"

第三，基础设施投资方面。合同约定门票收入的10%作为龙脊风景名胜区建设费（其中80%要投入平安的旅游基础设施建设），然而并没有很好地执行。这也是冲突产生的一大原因。

此外，在矛盾与冲突的均衡与协调方面，规章制度与合同是主体利益均衡与协调的重要途径。上文提到的龙脊风景名胜区内的规章制度，涵盖旅游开发管理、旅游经营管理、公司规章、村规民约、资源与生态保护等诸多方面，都在一定程度上起到了这一作用。其中，关于旅游收益分配的合同有助于各方根本利益的均衡。比较平安壮寨村民与桂林龙脊旅游有限责任公司签订的两份合同可以看出：一是村民的维权意识有所增强，在旅游合作范围、合作期限、分配方式、梯田维护管理、双方权利与义务、违约责任、共同约定等方面更为详细，在第二份合同中新增宣传销售活动、消防环保和公共设施的管理及按要求支付梯田维护费等细则。二是涉及主体明确和针对性更强，第一份协议一式七份，有龙胜县政府、和平乡政府、县建设局、县旅游局、龙脊风景名胜区管理局、桂林龙脊旅游有限责任公司、平安村村民委员七个主体，而第二份协议一式三份，只涉及桂林龙脊旅游有限责任公司、平安村村民委员、龙脊风景名胜区管理局三个利益主体。三是双方的权利义务在合同中得到了更加明晰的约定。

3. 分工：合作与竞争

为实现平安壮寨旅游的可持续发展和获得理想的旅游收益，在超出单个利益主体或集团能力范围的情况下，各利益主体在行动上会自觉或不自觉地相互配合与协调，实现有效的合作与分工。然而，乡村旅游可进入门槛低、产品同质化严重、经营秩序不健全、权力地位失衡等问题，易导致利益主体间的激烈竞争。

首先，合作方面。乡村旅游情境下，龙脊梯田风景名胜景区各利益主体的合作主要体现在以下几点。一是建立了健全的旅游管理体制，大体分为政府管理体制、旅游公司运营机制、村民自治管理机制，并通过规章制度厘清了政府、公司、村民的"权责利"，三大主体间分工明确、各司其职、相互配合，共同维护龙脊梯田旅游业的有序发展。二是差异化的发展定位，平安壮寨与金坑大寨、龙脊古壮寨在旅游形象、资源特色、商业化、游客市场上有一定差异。三是构建了较完整的旅游产业链，龙脊梯田风景名胜景内的旅游业态基本能够满足游客"食住行游购娱"等多种需求，各业态联系紧密、互相输送游客，形成了有机的乡村旅游产业体系。四是培育了较为和谐的旅游经营氛围，"轮流制"的工作模式是平安壮寨居民开创的参与旅游的经营项目，平安壮寨的背背篓和抬轿子便是这种模式的具体体现。可以说，"轮流制"是在长期博弈中形成的集体理性，如此便摆脱了个人理性下的"囚徒困境"。

其次，竞争方面。乡村旅游可进入门槛低，致使村民从事的旅游经营项目具有较高的相似性和竞争性。虽然经济联系已日趋紧密，但同时旅游竞争也更加激烈，具体表现有抢客、拉客、互相压价、恶性竞争等严重扰乱旅游市场秩序的行为和现象层出不穷；另外，村寨旅游精英的存在在一定程度上垄断了旅游市场，拥有较高经营与管理能力和话语权的旅游精英多与旅行社合作，这为他们带来了大量的游客，而进入一般旅游经营户的散客则相对很少。竞争的加剧也冲淡了邻里之间的人情味，村寨共同体的凝聚力有所衰减。

2.4 乡村旅游开发中的龙脊平安壮族农民生活概况

2.4.1 旅游经营活动

村民从事农业劳动的时间大概为120天，农作共分12道农活（图2.11），村寨旅游旺季为3月到11月，农忙时间基本不影响旅游的经营；平安壮寨的旅游经营以小规模的家庭式小本经营为典型特征，村民一般既是老板又是员工，属于管理者和员工并行的角色，可以理解为在村中旅游精英的示范效应影响下出现的自主创业者；旅游经营需求下，村民的住房面积目前多扩至100平方米~200平方米，多以旅游接待为主，自己居住为辅，大多为三层；如果有雇员的话，雇员数量一般为1~5个，且一般不与雇员签订劳动合同。雇员多为村中农民，经营者和雇员互相都很熟悉，一般仅在黄金周时才会多请一些临时工。

图 2.11 龙脊梯田的 12 道农活

2.4.2 工作情况

随着村寨旅游的发展，平安壮寨的村民对于自己的经营已经摸索出较为固定的模式，有自己的经营计划，但旅游经营的规范化、制度化及市场营销意识不强；旅游有着一定的季节性，对于劳动的负重度要求不高，可以将农民从完全靠地靠天吃饭的农业劳动里的繁重体力活动中解放出来，但在服务顾客的过程中仍会出现经常性的频繁移动身体的情况；村民都能够很好地均衡好做旅游经营与做农活的生产时间，基本上是半年做农活，半年做旅游，这样坐在家里干活就能挣到钱的同时，也能够照顾孩子和家中田地。但是，也有小部分村民因为完全从事旅游经营而在农业生产中彻底脱离出来，将自己的田交给别人耕种。

2.4.3　培训情况

感知方面，部分村民对于其从事的旅游经营，认为没有必要进行任何培训，认为掌握旅游相关技能只需要很短的时间，甚至几天。这也间接反映出村民目前所掌握的旅游经营技能不强、层次较低，仅局限于饮食、住宿和导游等一般性接待服务上，互联网时代下的旅游市场营销的意识淡薄。从村民技能获得渠道的调查发现，干中学的比例最高，其次是开发商及政府组织的相关培训、再教育，受采访的居民中没有人认为自己的经营能力是通过任何形式的技术教育、普通学校教育和高等教育得到的；从村民中旅游相关国家职业标准的职业资格认证情况来看，比例很低，且仅为导游证和厨师证等技能型工种。

2.4.4　日常生产生活消费情况

平安壮寨每户家庭每月的生活消费中，食品衣着等日常生活用品消费多为1500元~2000元，其次是500元~1000元；水电费为100元~200元；医疗方面的开支为2000元~5000元。有四成以上的家庭有教育方面的支出，一般高中以下为每人每年3000元~6000元不等，大学的教育开支则需每人每年15000元~20000元；养老保险的普及度较低（约20%）；农民享受梯田种植补助（30元/亩），茶油、种子补助和生态林补助（全村共有5800亩生态林，补助为9.2元/亩）。

2.4.5　对旅游发展的看法和认识

平安壮寨发展旅游二十多年来，龙脊平安壮族农民对旅游的发展也形成了自己的一些看法和认识。在希望政府能提供的支持方面，村民关于提高旅游资源维护费和提供教育或培训机会（如旅游相关知识培训、农业技术培训）的呼声最为强烈；而对于旅游开发对平安壮寨乡村环境卫生、资源破坏、旅游利益分配、贫富差距过大等问题，村民也比较关注。

第3章 乡村旅游发展与龙脊平安壮族的职业迁移

平安壮族的职业迁移，即乡村旅游开发后，从事传统农业的农民转移到旅游业就业。大量的农民从事旅游开发与旅游接待服务，这是乡村旅游对壮族人力资本最早最直接的影响。

迁移包括工作区域迁移和职业迁移，迁移被认为是人力资本的投资。舒尔茨曾经这样论述过迁移与人力资本投资的关系："经济增长要求工人经常进行国内迁移以适应就业机会的不断变化。……如果人们承认这种迁移的开支是一种形式的人力投资，那么这肯定会产生经济意义[1]""自由选择职业时存在着许多障碍。……使得人力资本形态的投资大大低于其最佳值"。但他没有对迁移作为人力资本投资的一种形式进行深入分析。Becker 认为"教育、培训、迁移、健康都是人力资本"[2]，但也没有进行深入的讨论。Barro 和 Martin 认为"迁移是一种使经济中的人口和劳动力供给发生变化的机制，在迁移过程中，移民带来了他们所积累的人力资本。因此，迁移意味着劳动力和人力资本的流动[3]"。Sjaastad 认为"迁移是资源配置的一种方式，由于它是一种需要耗费资源的活动。因此迁移是一种投资行为，而且是一种能够增加人力资源生产率的投资行为[4]"。唐家龙认为"迁移的收益幻觉＝人力资本的要素功能收益＋人力资本效率功能收益＋人力资本显性化收益＋人力资本价格增益＋人力资本充分就业收益。迁移只是影响人力资本回报的外在因素，迁移本身并不会造成人力资本"。所以他认为"迁移不是人力资本投资而是人力资本投资的伪形式[5]"。程广帅、吴涛不同意唐家龙的观点，他们认为"迁移提高了个体的自我意识；有利于移民获取更多有价值的信息；提高了移民的技能；同时促进了个体对自身及子女的人力资本投资[6]"。因此，迁移是人力资本投资的重要形式。他们认

---

[1] 西奥多·W·舒尔茨.人力资本投资：教育和研究的作用[M].蒋文武,张蘅,译.北京:商务印书馆,1990.
[2] Becker G S. Investment in Human Capital:A Theore Tical Analysis, The Journal of Political Economy,1962,70(5):9-49.
[3] Barro R J Martin X S I. Economic Growth , First MIT Press Edition 1999 , Originally Published by McGr aw-H ill, Inc., 1995.
[4] Sjaastad L A. The Costs and Returns of Human Migration , The Journal of Political Economy ,1962,70(5):80-93.
[5] 唐家龙.论迁移是人力资本投资的伪形式[J].人口研究,2008(5):26-31.
[6] 程广帅,吴涛.迁移是人力资本投资的伪命题吗?——兼与唐家龙先生商榷[J].郑州大学学报(哲学社会科学版).2010(1):54-57.

为唐家龙"忽视了人力资本的不可分性这一特点"。

笔者认为,迁移能够促进村民在干中学,从而使知识技能提高、学习能力提高、交流能力提高、获取和处理信息的能力提高,从而促进人力资本提升。本章主要从以下几个方面展开研究:传统职业与龙脊平安壮族传统观念的形成;传统观念对龙脊平安壮族农民人力资本提升的制约;旅游与龙脊平安壮族传统观念的改变;传统观念的改变对龙脊职业迁移的影响;职业迁移与龙脊平安壮族的干中学;职业迁移、农民增收与旅游新型农民的产生。最后总结了旅游发展与村民各种能力的提升,其中贯穿始终的核心是村民的干中学。

3.1 乡村旅游发展对职业迁移的影响

3.1.1 龙脊平安旅游转移就业情况分析

据统计,2011年平安壮寨有劳动力433(以8个村民小组计算)人,其中女性213人,劳动力人数占村寨总人数的49.19%;2012年12月月底,龙脊平安壮寨的旅游就业人数有710人,外出务工人数仅有16人,居民参与旅游经营的意愿强烈,参与旅游就业的人数占村寨总人数的87.3%;参与旅游经营的农民以青壮年为主体、参与旅游经营的村民整体受教育程度不高;全寨参与旅游自主经营活动的有116户。其中,旅馆和民居有108户,酒吧2户,壮药足浴3户。此外,村民还有以下就业途径:从事背背篓和抬轿子等旅游经营项目;农特产品(主要是龙脊辣椒和米酒)售卖;在桂林龙脊有限公司工作、在寨内经营效益较好的外来户和本地旅游精英所经营的餐饮店和旅馆打工。

1990年以前平安壮寨劳动力转移的特点有:在结构上以向外转移为主,就地转移人数较少。向外转移方面,转移目的地以广西境内的柳州、南宁、桂林,广东的深圳、东莞为主;转移方式以半工半耕为主;转移的行业有木工、搬运、建筑工、服装、电器等。就地转移方面,转移方式体现为半农半游的特点,以从事导游、住宿和餐饮接待为主。1990年以后平安壮寨劳动力转移的特点是:在结构上以就地转移、参与旅游经营和服务业为主,很少人向外转移,需要照料家人、子女教育问题和村寨内旅游形势良好是村民不再外出转移就业的最主要的三个原因。

3.1.2 龙脊平安壮族传统职业及其与此相适应的习俗和价值观念

旅游开发前,梯田农业是龙脊平安壮族的主要生计方式。人多地少,人均水田约 1.3 亩(1949 年)[1],所以龙脊平安壮族对土地非常重视。"即使是一块可种下 20 株左右禾苗,较为平坦的地方,也把它开辟成为一块狭而小的田[2]"。由于土地少,龙脊平安壮族对土地的利用格外珍惜,农业都是采用精耕细作的方法。龙脊平安壮族的农作物主要是水稻,每年的耕作顺序如下:"首先挖田,后碎土,注水入田,用人力来踩田,跟着用犁及耙,耙后加厚田基并将田基上的草铲入田中沤着,经过第二次犁耙后,便可插秧了。秧苗种后 1 个月便开始要耘田,用手拔去田中的草,一堆堆地推入泥中。耕了第一次田之后不久又用竹刀清除田塍草,以后相隔约一个月时间又耕第二次。收割时,若是粳米禾,便用禾剪将谷穗一穗穗地剪下,捆成谷把挑回;若是黏米禾便用镰刀割下,将谷桶抬至田边,就地将谷子打净再挑回家[3]"。此外,龙脊平安壮族对土地充分利用,每年二月,稻子已经收割,但还没到播种季节,龙脊平安壮族就在稻田里种上荞麦,收完荞麦就种稻谷。由于土地少,龙脊平安壮族还开垦了一些旱地,这些旱地大多处于海拔较高的山上,水源不足。龙脊平安壮族在旱地里主要种植红薯、芋头、苞谷等农作物。龙脊平安壮族对旱地也进行了充分利用。"在旱造苞谷粟种植后还未收成,又在两行距间种上红薯或黄豆;有的在种晚造苞谷的同时又在两行距间种上饭豆[4]"。精耕细作提高了劳动生产率,一个壮劳力耕种 1 屯田可收 75 千克谷子,1 亩地为 3 屯,算下来,在正常年份,龙脊平安壮族的 1 亩田每年的产量不到 250 千克,这也是龙脊平安壮族全年的收入。龙脊平安壮族全年的开支,如购买农具、种子、肥料,维持人际关系开支,抚养幼儿、赡养老人等都来自这些收入,因此龙脊平安壮族必须精打细算才能维持生存。中华人民共和国成立后至旅游开发前,随着卫生条件的改善,恶性传染病减少,龙脊平安壮族死亡率下降,人均寿命延长,龙脊平安壮族人口急剧增加。"壮族从 17703 人增至 29916 人,增长 68.98%[5]"。这使得人均耕地面积更少,1979 年龙胜县水田

---

[1] 黄润柏.守望精神家园:龙脊壮族生活方式变迁研究[M].南宁:广西人民出版社,2008.
[2] 广西壮族自治区编辑组,《中国少数民族社会历史调查资料丛刊》修订编辑委员会.广西壮族社会历史调查(一)[M].北京:民族出版社,2009.
[3] 同上。
[4] 同上。
[5] 黄润柏.守望精神家园:龙脊壮族生活方式变迁研究[M].南宁:广西人民出版社,2008.

面积下降到人均 0.75 亩，这使龙脊平安壮族难以维持生存。为了解决吃饭问题，龙脊平安壮族大量烧山开荒，破坏了生态环境，使水源更为缺乏，旱灾频现，人均收入下降更快。

龙脊平安壮族努力通过劳动来增加产出。龙脊平安壮族几乎将所有能够利用的时间全部用于农业劳动，思维全部放于农业劳动上，形成了重视农业的观念。

> **案例**
>
> 访谈对象：LCN，壮族，龙脊一楼老板娘
>
> 我老奶奶 80 多岁了，每天还嚷着"该去种地了，去种地呀！"在她们这一代人的思维里，农业就是他们的命根，每天都要去劳动。就是现在，她还要种一些地，我们都劝她不要种了，但她就是不听，其实也收不了什么。

龙脊一楼艺术酒店（图 3.1）主要以接待外宾为主，客房最低价格 480 元，最高 1888 元。每年旺季，客满为患，利润可观。但在老奶奶的眼里，酒店经营不重要，种地才是最重要的，所以每天都嚷着要家里人去种地。这是因为过去农业是他们唯一的生计来源，而农业收入低，只有每天早出晚归地去劳作，才可能维持温饱，所以他们形成了这样的习惯，也形成了"农业是最重要"的观念。

图 3.1 龙脊一楼艺术酒店

案例

访谈对象：LCN，壮族，龙脊一楼艺术酒店老板娘

别人都跟我说："你这酒店做得这么高端，为什么旁边还有个猪圈，不影响你酒店的形象吗？"说实话，确实影响，但没办法。因为那块地不是我们的，是一位老人的，我们也曾经和他商量将那块地买过来或租过来，但不管我们出多少钱，他就是不同意，每年他在那块地里种些韭菜等，也卖不了几个钱。在我们村，有些问题不是用钱能解决的。

龙脊一楼旁边有一块地，面积很小，种庄稼几乎收不了什么，出租反而能有更多收入。但因该地的主人是老年人，他认为土地是衣食来源，土地是最重要的，所以不愿意出租。

因为收入低，所以龙脊平安壮族尽可能压缩开支。比如，建房等活动需要很多人手，但又雇不起人，于是便采取互相帮助的方式。谁家建房，只需要在人多的地方说一声，大家都会主动去帮忙，这称为打背工。

案例

旅游开发前，我们有打背工的习俗。谁家建房子，大家都去帮忙。有的帮助挖地基，有的帮助砍树，有的帮助背木头，不需要给钱，只需要请吃一顿饭。

不仅建房，其他事情也是经常互相帮助。农忙季节，谁家的庄稼先收割完了，就会去主动帮助那些没有收割完的，不需要去请，也不需要管饭。由于经常相互打背工，龙脊平安壮族之间的关系非常融洽，谁家来客人了，都会热情接待，所以龙脊平安壮族又形成了热情好客的习俗。

龙脊平安壮族为了减少开支，采取自给自足的方式，即自己所需要的物品，尽量自己生产，而不是购买。比如龙脊平安壮族的衣服几乎全部由本族妇女自己制作，纺织、做衣服等是龙脊平安壮族妇女的最重要的技能，否则嫁不出去。肥料也极少购买，而是用牛粪草，即从山上割来青草喂牛，牛吃不完的任由其践踏，然后与牛粪堆放在一起发酵，经历数月之后形成粪肥。

旅游开发前，由于生产力落后，龙脊平安壮族没有资金经商；当地封闭的自然条件也限制了他们经商；龙脊平安壮族深居深山，老实厚道，很少出门，很容易受人欺骗，如果被小偷盯上，财产将会被盗一空。"据说，有一次，一个壮族农民到桂林买东西，结果被扒手扒得精光，后来连吃饭的钱也没有了，因而他们心中都有恐慌情绪，每次出去，都是成群结队以免受骗[1]。"龙脊平安壮族历来以农业为生，如果气候稍有变化，如温度偏高或偏低、降水偏多或偏少等都会造成粮食的减产，甚至会造成减收或绝收。龙脊平安壮族在长期的农业劳动中也形成了追求稳定的观念，这与商人通过低买高卖，通过价格波动赚取利润的行为是相反的；龙脊平安壮族在长期的农业劳动过程中也形成了安土重迁的思想，这与商人四处游走来获取最高利润的行为是相抵触的。商业风险很大，有时利润很高，有时血本无归。龙脊平安壮族收入低，如果经商赔了本钱，一家人都要忍饥挨饿。所以，龙脊平安壮族不敢为追求商业的高利润而冒风险，经商的也很少。

龙脊平安壮族村民只有在购买物品时才会与商人打交道，但这却会增加龙脊平安壮族的开支，与他们尽量压缩各种开支的观念是矛盾的。有一些不法商人还欺侮龙脊平安壮族村民不懂得市场价格，将商品高价卖给他们，低价收购他们的产品，使其遭受很大的损失。

"货郎担来这些担子，将商品价格提高，甚至以次充好，农民只因担上门来得东西方便，不需到远处购买而影响生产，也就甘受商人的不等价剥削。例如，在光绪二十年前后，12两大米方能换1小盒火柴；12斤～16斤辣椒干只能换1匹粗糙的白布（只能制1套衣服）；10把禾秆草（值8斤谷子）只能换1斤盐，而当时外地的辣椒干、茶叶等土特产的价格当然要比这里高得多。可见，在商品交换中，壮族人民吃很大的亏[2]。"

所以龙脊平安壮族并不欢迎商人，甚至贬低商人，而且经商不能直接增加粮食产出，只有农业劳动才能增加产出，所以龙脊平安壮族形成了重农轻商的观念。自给自足和重农轻商的观念使龙脊平安壮族封闭在自己的空间里，与外界接触很少，不了解外面世界，难以吸收外面的知识和技能。因此，一直以来，龙脊平安壮族只掌握了梯田耕种技术，对其他知识和技术知之甚少，龙脊平安壮族只能继续耕种梯田，但种田收入低，限制了龙脊平安壮族对人力资本的投资。梯田农业劳动强度大，对龙脊平安壮族身体造成了很大的伤害，危害龙脊平安壮族的身体健康。所以龙脊平安壮族的人力资本一直以来都难以提升，始终维持低效率的梯田农业，表现为严重的内卷化。

---

[1] 广西壮族自治区编辑组,《中国少数民族社会历史调查资料丛刊》修订编辑委员会.广西壮族社会历史调查(一)[M].北京:民族出版社,2009.
[2] 同上。

3.1.3 旅游开发与龙脊平安壮族的职业迁移

1. 热情好客和重农轻商观念的变迁

旅游开发前，龙脊交通不便，始终处于较封闭的状态。因为当地风景秀丽，民风淳朴，带有浓郁的民族风情，所以一些登山爱好者、摄影爱好者及一些文人常常来到龙脊。因为龙脊平安壮族热情好客，所以当地村民热情接待他们，从不收费，但由于龙脊平安壮族本身贫穷，技能不足，所以只能拿现有的最好的物资条件来招待城市来客，虽然在龙脊平安壮族看来那已是最好的，但对于习惯了城市生活的城市来客来说条件又过于简陋。

> **案例**
>
> 我们这边是1998年开始开发的，在之前只有一些登山爱好者、摄影记者来过这里。那时候没有酒店，我们这边的村民比较淳朴的，都会热情招待他们。当然，当时只是过去的房子比较破旧，卫生条件肯定没法与现在的酒店比，床也是我们以前睡的那种木板床，至于吃的，也是拿我们最好的来招待他们。那时，我们都不怎么会炒菜，都是按照我们日常的饮食习惯做。因为不是酒店，当然也不会向客人收费。后来一位桂林的摄影记者拍摄龙脊的照片在国际上获得了大奖，电视台又接连进行广告宣传，我们这边就出名了，很多人慕名而来，游客不断增多，接待便成了问题，有些游客就劝我们："你们可以开酒店呀！能够挣钱，还能改善你们的起居条件，既然是游客，花钱是次要的，关键是要有好的条件。"于是有些人就开始利用自己的房子来接待游客，那时候条件很简陋，后来我们才通过慢慢摸索，有了我们现在这样的酒店。

随着龙脊逐渐出名，到龙脊旅游的游客越来越多，这既让当地村民无力接待，又给游客带来很大困难，有些游客就劝当地村民开设酒店，但村民囿于传统文化观念，不愿意经营酒店。

> **案例**
>
> 访谈对象：游客
>
> 我很早就来过这里，那时候这里还没有开发，当地人不愿意经商。有一次，我劝一位村民："未来这里旅游肯定会发展起来，你怎么不开酒店呢？"那位村民瞪了我一眼说："什么旅游，我不懂，我要去耕田了。"

从现在来看，不愿意开设酒店的村民可能没有眼光，但从当时龙脊平安壮族的风俗来看，又是十分正常的，因为开设酒店与龙脊平安壮族重农轻商的观念相冲突，也与龙脊平安壮族热情好客的传统相抵触。那么，龙脊平安壮族后来为什么又纷纷开起了酒店？

事实上，在龙脊平安壮寨正式开发之前，特别是始有以摄影家、采风者、徒步游客、登山者等为代表的精英游客进入时，游客主要与当地村民同吃同住，甚至同劳动，村里基本上不存在向游客收钱的现象，这期间以村干部接待的外来游客居多。而精英游客以吃苦耐劳、物质需求低、容易满足、注重精神层面的自然和乡村生存体验为特征。游客的这一特点，也相对使得平安村民的服务效用最大化。因为龙脊平安壮族农民的收入可以用于自己消费，这能提高自己的效用，也可以用于免费接待游客。因为免费接待游客与热情好客的风俗习惯是一致的，所以免费接待游客也能获得效用，但是效用的大小与游客的满意度相关，游客越满意，龙脊平安壮族的效用越高。

案例

访谈对象：平安村支书弟弟

那个时候，我们吃什么，他们（游客）就吃什么；我们到哪里，他们也喜欢跟我们到哪里。我们不收他们钱的，给我们钱也不要的，收钱不好，会被其他人看不起，自己良心上也过不去。但是，那时候他们的心是跟我们在一起的，大家都很淳朴，有时候他们走了，我们才发现有人偷偷留下一些钱和东西，都是把钱放在枕头下，东西放在门后面。

从经济学的边际效应理论来看，这说明当把一元钱用于消费所带来的边际效用与用于接待游客所带来的边际效用相等时，龙脊平安壮寨村民的效用最大化，由此而决定了龙脊平安壮寨村民用于接待游客的资金数量。

随着游客的增加，龙脊平安壮寨村民只好将更多的收入用于接待游客，而用于自己消费的资金比例却下降了。因其收入本来就少，消费的资金下降就意味着他们已经很难维持温饱，这说明用于自己消费的边际效用很大。游客一般来源于城市，收入较高，生活习惯与龙脊平安壮寨村民完全不同，因此将资金用于接待游客并没有使游客的满意度显著增加，即接待游客的边际效用很低。所以，随着游客的增加，龙脊平安壮寨村民接待游客的热情度慢慢下降，最初是消费边际效用最高的人不再接待游客，慢慢地其他人也不再热情地接待游客，热情接待游客的习俗渐渐退化。

> **案例**
>
> **访谈对象：平安村支书弟弟**
>
> 　　游客慢慢多了，来看风景的多了，"资产阶级"来的多了，他们跟最早的游客不一样，他们想吃得好，住得好。我们干了一天活，回来给他们做饭，他们不爱吃，有的睡觉都嫌我们被子脏。可能就是这个原因，慢慢地大家都不太喜欢让游客来自己家住了。

　　大众游客的到来增加了平安村寨和普通村户家庭的经济压力，也使得村民与游客的关系开始紧张起来。大众游客实际上愿意通过花钱来享受更好的食物、更完善的住宿条件、更卫生的如厕设施、更独立的休闲度假空间等。慢慢地，一些村民开始接受游客的建议，接待游客，并收取费用，这样不仅能够增加收入，而且还提高了游客的满意度，于是他们放弃了重农轻商的传统观念。观念的变迁具有传染性，实际上发生观念变迁的村民比例经历了一个先递增上升后递减上升的过程，如今平安村俨然已演化成一个现代旅游特色村寨，以农耕为主要生计来源的家庭几近不在。

2. 观念变迁与龙脊平安壮族的职业迁移

（1）职业迁移影响因素

　　龙脊平安壮族的职业迁移受职业预期收益、进入该职业的困难程度、该职业与传统文化的冲突的影响。第一，在其他因素不变时，职业的预期收益越高，人们越偏好选择该职业。为便于比较，将收益标准化，即用某种职业的收益除以可转移的各职业的最高收益，即可得到该职业的收益得分，收益得分越大，则人们对就业转移收益的预期越大，偏好程度越高。第二，进入职业的困难程度既与该职业对知识和技术的要求有关，又与龙脊平安壮寨村民的知识、技能储备有关。在其他条件不变时，该职业对知识和技能的要求越高，进入越困难。龙脊平安壮族村民储备的知识与技能与该职业要求越一致，进入就越容易。反之，如果龙脊平安壮族村民储备的知识和技能与该职业要求差异越大，进入该职业越困难。第三，少数民族的传统文化观念对于人们的职业选择具有重要影响。如果该职业与传统文化观念的冲突越大，社会越不赞同、不鼓励村民从事该职业，龙脊平安壮族也越不愿意选择该职业。综上，一般地，龙脊平安壮族是在综合衡量以上三种因素的基础上，做出是否进行职业迁移的选择。

（2）职业选择

旅游开发前，龙脊平安壮族有重农轻商的观念。他们轻视商人，商人职业与龙脊平安壮族的这一传统观念有很严重的冲突。由于深居山中，龙脊平安壮族所能知道的商业机会很少，只是小批量的货物买卖，利润有限，因交通不便，运输成本很高，因筹资渠道有限，导致运输成本和筹资成本很高，所以龙脊平安壮族预期从事商业的回报很低。由于村寨比较封闭，村民对外界了解不多，受教育水平低，只掌握梯田农业的相关知识，而对经商相关的知识了解不多，即龙脊平安壮族进入商业领域非常困难。相反，梯田农业与重农轻商的观念完全一致。龙脊平安壮族从小就从父母那里学习和掌握了梯田农业的耕种技术。所以虽然梯田农业的收入不高，但龙脊平安壮族对其评价却很高，远远高于对商业的评价，所以龙脊平安壮族主要从事梯田农业，经商的并不多。

旅游开发后，龙脊平安壮族重农轻商的观念渐渐变化，从轻视商人逐渐转化为敬重商人。旅游开发后，龙脊平安壮族只需利用现有的住房、民族文化等资源就能从事旅游服务业，不会消耗很大的成本。游客出手大方，尤其是外国游客更是如此，有的还经常给小费。

> **案例**
>
> 有很多大学生想到我们这边做义工，因为他们不仅可以向外国人学习英语，而且能挣到小费。比如我怀孕的时候，给一位外宾倒了一杯咖啡，他便给了我400元小费。

这使龙脊平安壮族预期经营旅游服务业的收益很高，一些先行者的高收益给了其他村民强烈的示范作用，更加强了经营旅游服务业能够获取高收益的预期。旅游开发后，很多外来投资者前来投资经营酒店等，龙脊平安壮族发现从事旅游服务业所需要的知识和技能并不是非常复杂，所以他们预期通过学习也能掌握这些知识和技能，即预期进入旅游服务行业的困难程度小。所以他们预期经营旅游服务业的收益比较大，于是便选择从事旅游服务业。

乡村旅游的迅速发展及高潜力的预期，现代化农业生产技术的引进，以及村寨旅游行业的低门槛，使得龙脊平安壮族转移到旅游行业就业的迁移成本较低，这大幅降低了龙脊平安壮族的劳动量，有效避免了高强度农业生产劳动对自身健康造成的损害。由于龙脊平安壮族农民所掌握的知识和技能各不相同，每位村民进入旅游服务行业的切入点也各不相同，每位村民都可以根据自己的特长选择相应的岗位，有的经营酒店，有的抬轿子，有的经营小商店，有的售卖竹筒饭，有的售卖民族工艺品。

3.2 职业迁移对龙脊平安壮族增收的影响

如果说职业迁移是人力资本的一种投资形式，那么从收益与回报上看，乡村旅游发展显著促进了龙脊平安壮族的农民增收。从乡村旅游就业与乡村旅游收入上看，平安壮寨的龙脊平安壮族不再是纯粹意义上的农民或少数民族群体，也不是完全意义上的旅游人力资源，而是旅游新型农民。在持续的田野调查中，依托笔者主持的国家社科基金重点课题"乡村旅游与西南民族地区农民增收问题研究"所开展的调研[1]，可以将壮族农民置于家庭旅游经营性收入、旅游工资性收入、旅游财产性收入、旅游转移性收入的框架下考察。

3.2.1 家庭旅游经营性收入

平安壮寨的家庭旅游经营性总收入包括宾馆民居的住宿收入、餐饮的经营收入，背背篓和抬轿子的旅游项目收入及土特产品的收入（主要为龙脊辣椒、水酒的收入）。有家庭旅游经营性收入的壮族农民：（1）剔除外来投资者和经营者所经营的宾馆外，平安壮寨共有旅馆和民居108家，且几乎同时兼营餐饮，没有只从事餐饮店的本寨居民；（2）壮族农民在家庭旅馆和餐饮的经营中，存在层次和等级差异，2011年平安壮寨家庭旅馆和餐饮店的等级分类如表3.1所示，中等经营户和一般经营户居多，好的及最好的经营户很少，经营效益好坏的决定因素有地段（风雨桥至"七星伴月"观景点为平安壮寨的黄金地段，从山形宾馆经学校到民歌堂的地段则次之，其余为普通地段）、物质资本、壮族农民的旅游技能与经营管理水平，以及市场营销能力等人力资本；（3）在背背篓和抬轿子的旅游服务收入方面，理论上每个家庭都参与，6个村民小组划分为三个大组，每家每户出一个人，三个大组轮流进行，每个组一个月轮10天，抬轿子路线是从景区门口到二号观景点七星伴月，但是由于劳动力不足等被动不参与和主动不参与等原因，实际上真正参与到背背篓项目的有132位村民，抬轿子的有96人。按照抬轿子单程150元，双程260元的标准，抬轿子农民的此项年收入为7300元/

---

[1] 本节出现的相关数据如没有特别说明，均指2011年的横截面数据。

人，背背篓农民的此项年收入为4000元/人；(4) 如果加上估算得来的全体村民出售初级农副产品得来的29.28万元，龙脊平安壮寨的壮族村民在2011年共获得的家庭旅游经营性收入2477.58万元。

表3.1　2011年平安壮寨家庭旅馆和餐饮店的等级分类

	分类	户数/家	房间数/间	入住率/%
家庭旅馆	好的经营户	6	177	70
	中等经营户	24	366	60
	一般经营户	78	546	/
餐饮店	最好的经营户	2	340	90
	好的经营户	5	400	70
	中等经营户	24	—	—
	一般经营户	78	—	—

3.2.2　旅游工资性收入

旅游工资性收入包括在桂林龙脊有限公司就业的工资收入和在景区餐饮和宾馆打工的当地居民的工资收入。有旅游工资性收入的壮族村民，包括在桂林龙脊有限责任公司就业、在村寨经营效益较好的宾馆和餐饮店做工的。其中在公司就业的有6个协管员、10个梯田维护员和10个清洁工，以及一个在公司从事办公室工作的人员。协管员的工资为600元/月，梯田维护员的工资为600元/月，清洁工的工资为400元/月，公司办公室工作人员为2000元/月左右。在村寨餐饮和宾馆打工的分为固定员工和黄金周的临时员工两种。固定员工有53人，工资平均每月约1000元（以一年10个月计），而黄金周时上岗的临时员工有100人左右，为期5天，平均工资50元/天。汇总得知，龙脊平安壮寨的壮族村民在2011年共获得旅游工资性收入约76.22万元。

3.2.3　旅游财产性收入

旅游财产性收入则是不动产资源性的收入所得，由梯田资源的门票收入分成、宾馆租金及手工艺、农产品店的租金收入所构成（由于手工艺、农产品店大多为外地人所开，所以在收入统计上界定为租金收入）。有旅游财产性收入的壮族农民：(1) 龙脊平安壮寨的财产性收入由梯田资源的门票收入分成、宾馆租金及手工艺、农产品店的租金收入所构成。(2) 资源使用费方面，按照合同约定，2011年平安壮寨从梯田门票收入中提成7%，共115.6万元（历年的分成情况见

表 3.2），作为资源使用费。然后村委会对全寨居民将这笔钱按照当年修建公路时出的人力（60%）、每户人数（20%）和家中田地亩数（20%）等系数进行分成。（3）餐饮和住宿的租金方面，目前平安壮寨共有 11 家外来经营者，其中四家经营餐饮，五家住宿餐饮兼营，两家经营咖啡馆。统计得知：2011 年龙脊平安壮族村民从外来经营者那里获得了 63 万元的租金收入；手工艺品和农特产品门面共 65 家，抽样调查得知，规模较大的有 12 家，租金为 960 元/月；中等规模的有 23 家，租金为 612 元/月，小型的有 30 家，租金为 471 元/月。（4）汇总得知，龙脊平安壮寨的村民在 2011 年共获得旅游财产性收入约 225.67 万元。

表 3.2　平安壮寨历年门票收入分成　　　　（单位：万元）

年份	1999	2000	2001	2002	2003	2004	2005	2006	2007
分成	2	2.5	3	15	15	15	35	35	73
年份	2008	2009	2010	2011	2012	2013	2014	2015	
分成	66.6	79.4	83.8	115.6	—	122.26	141.35	170.74	

注：数据来源于桂林龙脊旅游有限责任公司。

3.2.4　旅游转移性收入

旅游转移性收入则由上级政府拨款的用来投资和建设旅游相关基础设施及扶助的历年总资金的折旧所构成。有旅游转移性收入的壮族农民：（1）龙脊平安壮寨农民获得的旅游转移性收入有公私或显性、隐性，直接、间接之分。（2）村民直接获得的转移性收入及各种农业补贴、搬迁、危房改造、古宅保护等政策性转移性收入，构成了显性、直接的转移性收入。（3）政府及桂林龙脊旅游有限责任公司用于建设、完善平安壮寨基础设施和旅游服务设施的投资，如对道路及停车场、消防等防灾工程、饮水、村寨大门、售货休闲长廊、观景台、农田灌溉系统、休憩处等的维修投资。这种投资以间接、隐性的方式作用于农民增收、村寨的旅游效益，甚至壮族人力资本的提升。（4）估算得知，2011 年龙脊壮寨的转移性总收入约为 44.55 万元。

3.2.5　平安壮族旅游总收入及增收分析

我们令平安壮寨的旅游收入为 Y，家庭旅游经营性总收入为 X_1、旅游工资总收入 X_2、旅游转移性总收入 X_3 和旅游财产性总收入 X_4，其中，X_1=2477.58，X_2=76.22，X_3=44.552，X_4=255.67，于是得到 2011 年龙脊平安壮寨的旅游收入为

$Y=X_1+X_2+X_3+X_4=2824.02$ 万元。其中 $Y_1= X_1+X_2+X_4=2809.47$ 为平安壮寨中居民的显性收入，也就是 2011 年平安壮寨的人均收入为 3.42 万元（但是由于旅游精英的存在，平安壮寨的贫富分化情况较为严重，若剔除旅游经营大户的收入，人均收入为 1.50 万元/年）。$Y_1=X_3=44.552$ 为平安壮寨中居民的隐性收入。2011 年，龙脊景区的进入人数为 50.1 万人，平安壮寨景区的进入人数为 38.13 万人，平安壮寨景区的进入量占整个平安景区的 76%，即龙脊景区每增加 1 人，则平安壮寨的景区人数则增加 0.76 人；人均旅游消费者对龙脊平安壮寨的消费贡献率（按显性收入计）为 72.89 元，于是我们可以理解为，每增加一个游客，则龙脊平安壮寨的农民总收入增加 72.89 元。综上，2011 年平安壮寨旅游具体收入情况如表 3.3 所示。

表 3.3 2011 年平安壮寨旅游收入明细情况

项目	收入明细	金额（万元）
家庭旅游经营性总收入	旅馆住宿收入	1414.6
	餐饮收入	910.82
	背背篓收入	52.80
	抬轿子收入	70.08
	农产品收入	29.28
旅游工资性总收入	村民在公司就业的收入	18.72
	村民在村内就业的收入	57.5
旅游转移性总收入	政府拨款折旧	10.8
	开发商投资折旧	33.752
旅游财产性总收入	门票收入分成	115
	宾馆租金	63
	特产店的租金收入	47.67
平安壮寨的旅游总收入		2824.02

总之，平安壮寨是龙脊景区中投资力度最大的区域，对其的投资可以分为政府投资、企业投资、村集体投资和村民投资三方面。其中，村民的投资形式主要体现为人力资本投资。村民中以民居、土地、门面、劳动力、技能等生产要素从事自主性家庭旅游经营的农民最多。相应地，家庭性旅游经营收入是平安壮寨村民收入的最大来源旅游开发后平安壮寨的年人均收入变化（如表 3.4 所示）、2011 年平安壮寨收入构成（如表 3.5 所示），其次是财产性收入、工资性收入。

表 3.4 旅游开发后平安壮寨的年人均收入变化

年份	1992	1995	1998	2002	2007	2011
年人均收入/元	800	1269	2130	1972	4400	15000

表 3.5 2011 年平安壮寨收入构成

收入构成	收入/万元	比例/%
粮食作物	74.4	2.53
经济作物	45	1.53
旅游经营	2824.02	95.94
总收入	2943.42	100

为鼓励平安壮族农民种植梯田的积极性，2013年起，龙脊旅游有限责任公司对种植梯田的壮族农民补贴1000元/亩；为保证冬季梯田有水有景观，使龙脊景区旅游淡季不淡，龙脊旅游有限责任公司实施梯田亮化工程，实行梯田亮化补贴（表3.6），大大增加了村民的收入；2015年平安壮寨进入游客36.17万人次，公司门票收入2238.94万元元。其中，平安梯田维护费170.74万元；梯田稻谷种植补贴37.80万元；梯田亮化补贴7.52万元，共计216.06万元，按平安壮寨841人计，人均分红约2569元。

表 3.6 2013—2015 年对平安壮寨村民的梯田种植与经营补贴

项目	2013	2014	2015
梯田稻谷种植补贴/万元	35.52	36.98	37.80
梯田亮化补贴/万元	—	8.15	7.52

注：数据来源于龙脊旅游有限责任公司财务部，其中梯田亮化补贴仅指由公司拨付的部分。

3.3 职业迁移与龙脊平安壮族的"干中学"

旅游开发后，龙脊平安壮族进入旅游服务行业，这是壮族村民以前从来没有经历过的职业。新行业需要新的知识和技能，之前龙脊平安壮族只拥有传统梯田农业所需要的知识和技能，这显然不能满足旅游发展的需要。龙脊平安壮族在"干中学"的过程中，逐渐掌握了旅游服务业所需要的知识和技能。所谓"干中学"，是指人力资本所有者亲自参加劳动，在劳动中通过模仿和其他人的示范、帮助（即边工作边学习），而获得人力资本的一种途径[1]。

3.3.1 "干中学"模型

转移到乡村旅游业后，平安村民人力资本的积累主要是通过"干中学"途径实现的。显性地看，村民"干中学"的成本为零，其实不然，时间其实是人力资本投资的一个重要变量，即"干中学"的投资成本，只不过时间成本很难追踪罢了。Chul-In Lee 认为，工作时间中有很大一部分，大约20%是用于获取技能的[2]。

下面以时间为切入点建立"干中学"模型，即将时间看成是提高人力资本的一种投资，将"干中学"人力资本看成是时间的函数。

时间分为闲暇时间和劳动时间（非闲暇时间），劳动时间指劳动者从事有酬性社会劳动所花费的时间。鉴于劳动者会将部分劳动时间用于获取工作所需的知识、技能等，因此可将劳动时间可分为生产时间和"干中学"人力资本投资时间（假设在劳动时间内不存在因怠工、停电等消耗掉的时间），生产时间指劳动者真正用于生产产品和提供服务的时间，"干中学"人力资本投资时间（可称学习时间）指的是劳动时间内，即劳动者在工作中用于模仿学习各种技能、积累经验所花费的时间。劳动总时间是一定的，故生产时间和人力资本投资时间（学习时间）之间存在替代关系，即学习时间的增多意味着生产时间的减少，反之亦然。

Chul-In Lee 在 2008 年构建了一个在多时期环境下个体生命周期劳动力供给行为的模型

$$V(F_t, HC_t, PS_t) = C_t, P_t, S_t^{max} \left\{ U(c_t, l_t, PS_t) + \frac{1}{1+\rho} E_t V(F_{t+1}, HC_{t+1}, PS_{t+1}) \right\}$$

F_t 为财富，HC_t 为人力资本存量，PS_t 是偏好的转变，ρ 为时间偏好，r_t 为利率。

假设：$F_{t+1} = w_t p_t + (1+r_t)F_t - c_t + e_t$；$W_t = w(HC_t)$；$HC_{t+1} = H(s_t, HC_t, t, \delta_t)$；$l_t = p_t + s_t$

C_t 代表 t 时间的消费，劳动时间 l_t 由村民从事旅游经营的生产时间 p_t 和"干中学"投资时间 s_t 组成，即 $l_t = p_t + s_t$。w_t 代表生产时间的价值，而员工收入 $W_t = w_t l_t$；e_t 为非劳动收入，$H(s_t, HC_t, t, \delta_t)$ 为人力资本生产函数，是人力资本投资 s_t、人力资本存量 HC_t、村民工龄 t 和随机变量 δ_t 的函数。

---

[1] 李雪峰.人力资本理论研究及其对中国的启示[D]. 西安:西北工业大学, 2002:31.
[2] Lee C I. On-the-job Human Capital Investment and Intertemporal Substitution:New Evidence on Interemporal Substitution Elasticity[J].Journal of Economic Dynamics &Control, 2008(32):3350-3375.

由以上可知，人力资本随着投资时间 s_t 和"干中学"的连续积累（表现为人力资本存量 HC_t 的提高）而增多，而用于人力资本的投资时间在另一方面则意味着放弃了一定量的生产，即"干中学"形式的人力资本投资也会产生机会成本。

1．"干中学"人力资本投资的成本与收益分析

（1）机会成本分析

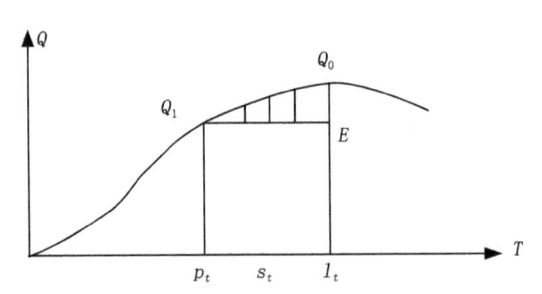

首先考察"干中学"人力资本投资的机会成本。设生产函数 $Q=f(L,\bar{K})$，假设村民或龙脊旅游有限责任公司投入的资本量 K 不变，生产函数便演化为 $Q=f(L,\bar{K})$，劳动投入量 L 为一种可变生产要素。此时，Q 便取决于 L。回归到"干中学"人力资本投资的问题上来，假设村民个体或村寨人力资本存量不变，那么，提供产品和服务的数量则取决于村民在旅游业中投入的劳动时间。

假设平安村民将所有的劳动时间用于旅游经营，即 $s_t=0$，则提供给游客的产品和服务的数量为 Q_0。但在平安壮寨乡村旅游发展实践中，村民总是会花取 $s_t>0$ 的时间在"干中学"上。由此，Q 便从 Q_0 下降到 Q_1，图 3.2 中阴影部分 $\triangle SQ_0Q_1E$ 为旅游产品和旅游服务数量的损失。假设旅游产品或服务的价格 P 不变，则村民或村寨损失的旅游收益便为 $P \cdot \triangle SQ_0Q_1E$，此即"干中学"人力资本投资的机会成本。

图 3.2 "干中学"人力资本投资的机会成本

（2）收益分析

"干中学"人力资本的生产函数为：$HC_{t+1}=H(s_t,HC_t,t,\delta_t)$。在一定时期内，村民个体或村寨整体的人力资本存量是一定的，由此，在 $t+1$ 时期的人力资本存量则主要取决于"干中学"人力资本的投资时间 S_t。投资时间越长，则村民个体的人力资本存量和村寨的人力资本总量越大。

假定村民和村寨投入的资本量不变，生产函数仍为 $Q=f(L,\bar{K})$，旅游产品和

服务的数量还是取决于村民的劳动投入量 L。但在村民进行"干中学"人力资本投资以后，村民的人力资本存量便不再是一定的，而是发生了改变。在这种情况下，平安旅游产品和旅游服务的供给数量不仅取决于村民的劳动时间，还取决于人力资本存量的大小。假设劳动时间不变，村民人力资本存量提高，则劳动投入量相应增大，此时的生产函数曲线也会发生变化（图3.3）。

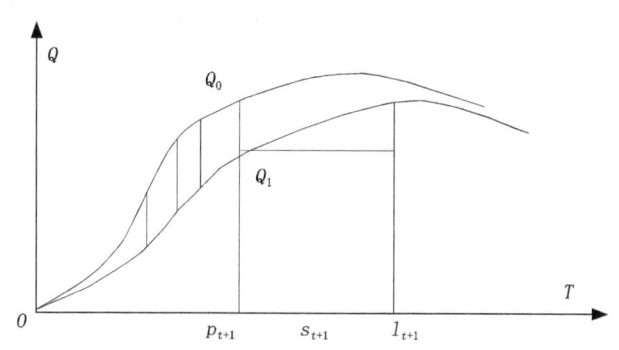

图 3.3 "干中学"人力资本投资后人力资本的增加量

图中的阴影部分代表：村民或村寨人力资本存量提高后，在实际生产时间内增加的旅游产品和服务供给数量。假设平安旅游产品和服务的价格 P 不变，则村民或村寨增加的旅游收益为 $P \cdot \triangle SQ_0Q_1O$，即进行"干中学"人力资本投资后村民或村寨由于人力资本存量的增加而增加的旅游收益。

另外，引入劳动生产率来看："干中学"人力资本投资以后，劳动生产率得以提升，即由 v 提高到 v_1，村民创造的价值便由 $w_t = v \cdot l_t$ 变为 $w_{t+1} = v_1 \cdot l_{t+1}$，即 $w_{t+1} > w_t$。溢额 $\triangle w = w_{t+1} - w_t$ 即"干中学"人力投资后由于生产效率的提高而为自身乃至旅游公司、村寨增加的旅游收益。

综上，村民"干中学"人力资本投资的收入便为 $P \cdot \triangle SQ_0Q_1O$ 与 $\triangle w$ 之和。

2. "干中学"人力资本投资决策模型

由以上成本与收益分析，可知村民"干中学"人力资本投资的净收益为

$$V_{LBD} = (P \cdot \triangle SQ_0Q_1O + \triangle w) - P \cdot \triangle SQ_0Q_1E$$

假设村民是理性的，只有在净收益大于零的情况下，村民才会主动进行"干中学"人力资本投资，村寨和旅游公司也才会积极鼓励村民多学习，并营造良好的"干中学"环境。

由上式，多个时期的"干中学"人力资本投资决策模型为

$$PV_{LBD}(0, n) = \int_0^n e^{-rt}[P \cdot (\triangle SQ_0Q_1O - \triangle SQ_0Q_1E) + \triangle w]dt$$

其中，$PV_{LBD}(0,n)$代表"干中学"投资在n年内带来的收益增加值现值，n为预期收益年限，0为当期。只有$PV_{LBD}(0,n) \geq 0$，平安村民才会做出"干中学"的人力资本投资选择，而鉴于平安村寨总的人力资本存量与村民个体的人力资本存量存在正相关关系，而人力资本存量又与旅游收益紧密相关，故平安村寨、龙脊旅游发展有限责任公司才会选择和鼓励村民开展"干中学"形式的人力资本投资，并积极通过合理扩大市场竞争等措施优化整个村寨的"干中学"环境（村寨内合理的旅游市场竞争程度能加快"干中学"的速度），激发村民边干边学的动力。如此，不仅村民在学习中、模仿中、"干中学"中才能积累自身的知识和经验，扩大旅游收益，同时也可以使别的村民以较低的成本或无成本提高知识储备，积累旅游经营经验。

3.3.2 "干中学"与龙脊平安壮族的沟通能力

沟通能力包括语言表达能力、观察能力、理解能力、应变能力等，旅游开发后，龙脊平安壮族广泛吸收各方面的知识，知识增加，沟通能力明显增强。

1. 普通话表达能力

旅游业是服务行业，向游客提供的是旅游服务。旅游服务是无形的，很难标准化；旅游服务是生产和销售同时进行的，服务生产的过程也是服务销售的过程。旅游服务的这种特点决定了旅游服务的差异性，沟通能力越强，越能及时准确地了解顾客的需求，越能按顾客需求提供相应的旅游服务，越能提高顾客的满意度。因此，沟通能力对于旅游业来说是非常重要的能力，任何从事旅游服务业的人都需要具备沟通能力。

旅游开发前，龙脊平安壮族生活在较为封闭的空间中，主要与村寨的人打交道，因此他们主要讲壮话。但壮话只有当地人听得懂，外地游客听不懂，因语言不通，龙脊平安壮族刚开始经营旅游服务业就面临很多困难，更无法与外来商人竞争。为了了解顾客需求，增强自己的竞争力，赢得顾客，龙脊平安壮族在经营中不断学习普通话，语言表达能力逐渐增强。笔者调查时发现，经营酒店的壮族人不仅普通话标准，而且语言丰富、条理清楚。

案例

访谈对象：HLB，平安酒店老板娘，30多岁

  平安酒店是平安壮寨经营最好的酒店之一，由一号楼（图3.4）、二号楼（图3.5）、贵宾楼（图3.6）三栋楼构成。①一号楼有27间房、57张床；②二号楼有17间房，共有36张床。贵宾楼有17间房、34张床。酒店接待的主要是中高端客户，房价最低的300多元，最高的1280元；客人有国外的，也有国内的。平安酒店主要由HLB经营和管理。当得知我们的来意，HLB沏了一壶茶，坐下来耐心地接受了我们的访谈。

图3.4 平安酒店一号楼

图3.5 平安酒店二号楼

图3.6 平安酒店贵宾楼

> 笔者：你的普通话很标准，是通过专门学习的吗？
> HLB：没有专门学习，我以前主要说壮语。我们开设酒店，要经常与客人打交道，如果听不懂普通话，就不知道顾客需要什么；如果我们不会说普通话，客人也不会理解我的意思，就不会来我们酒店，所以我们只好慢慢学习。与客人交流多了，普通话自然就会说了，不过与村里人交流主要还是说壮语。
> 笔者：你经营这么大的酒店，经营得又这么好，文化水平应该很高吧？
> HLB：我没什么文化，我是从大山里的村寨嫁过来的，不是从古壮寨，而是比古壮寨更封闭的地区嫁过来的。我们小时候家里穷，没钱读书，所以我小学没毕业，那时候主要说壮语，普通话说不好。我老公就是这个村子里的，他也是小学没毕业。

HLB 出生于大山里面封闭的山村，没上过几年学，但全程都用流利的普通话与我们交流。酒店就是一所学校，龙脊平安壮族在经营酒店的过程中不断学习普通话，语言表达能力显著提高。

不仅经营酒店的语言表达能力强，就连老人们的语言表达能力也非常强。笔者调研期间，卖烤红薯的、土鸡蛋的、竹筒饭的老年人都是用流利的普通话招呼我们购买。由于天寒地冻，调研路上看见一老人在烤火，于是凑过去取暖。

> 笔者：您好，您在这边烤火呀！您家在哪边呀？
> 老人：这就是我的房子（用手指着旁边的一栋别致的小楼），我家有三个孩子，两个儿子，一个女儿，这房子是儿子的。我闲着没事，就出来卖点东西，这就是我卖的（指着旁边的辣椒和野山菌）。今天天气太冷了，游客少，没人买，你们买一些吧，10元一袋。辣椒不是我种的，是我儿媳妇种的。我老了种不动了，野山菌是从山上采摘下来的。
> 笔者：您高寿呀？
> 老人：我今年90多了。
> 笔者：您身体很好，普通话也很好，是专门学习的吗？
> 老人：没有专门学，以前说壮语客人听不懂，旅游开发后卖东西跟着客人学，慢慢就学会了。

但是，并非所有的壮族人语言表达能力都很强，笔者调查了一些没有从事旅游服务业的老年人，他们主要说壮语，不会说普通话，有的虽然会说一点点，但发音很别扭，别人很难听懂，而且他们也不善言谈。这说明龙脊平安壮族在经营旅游业的过程中不断学习，逐渐提高了语言表达能力。

2. 英语表达能力

旅游开发前，龙脊平安壮族很少有人懂英语；旅游开发后，龙脊平安壮族普遍懂一些英语，经营酒店、餐饮、酒吧、咖啡馆等服务行业的都会说一些英语，能够用英语与外国游客进行交流，门外的招牌、墙上张贴的广告宣传都用中英文标注（图3.7）。

图3.7 中英文对照的宣传牌

> **案例**
>
> 访谈对象1：LSJ，草木生活酒吧（图3.8）老板，平安壮寨前村支书
>
> 笔者：你这店有很多方便外国客人的英语标示，是你自己写的吗？
>
> LSJ：不是，是儿子和儿媳妇写的。
>
> 笔者：他们接待外国客人时也是用英文交流吗？
>
> LSJ：是的，接待外宾肯定要用英文交流，不然他们听不懂。我儿媳妇英语要强些，她是大学毕业的，我儿子是自学的，经常与外国人打交道，慢慢就学会了。
>
> 笔者：如果你儿子和儿媳不在店里，这时有外国客人来，你是怎么接待的，用英语吗？
>
> LSJ：我也会一点点英语，像 Hello 等，一般都能应付。有些实在听不懂的，我就打电话给他俩，然后让他们跟老外进行交流。不过外国人在菜单上点餐，我就知道了，有很多外国人也会说一点中文。

图 3.8　草木生活酒吧

访谈对象 2：LYL，丽晴酒店老板娘

笔者：外语这一块你现在到什么程度了？可以熟练交流吗？

LYL：我懂得不多，我妹夫（也是平安村壮族村民）基本上都懂了。

笔者：他是外面学的还是经过培训的？上过什么学校吗？

LYL：他是自学的，没培训过英语，书写方面没有口语那么好，口语还可以，很流利。

笔者：如果能回邮件那就更好了。

LYL：对，现在外宾都通过网上订房，他也自己回邮件跟客户交流，回邮件时有些单词不懂的要查字典，口语就不用查了。

访谈对象 3：民族酒店（图 3.9）老板，平安壮族人

酒店员工多为文化程度较低的农民，有些甚至不会写字、不会说普通话。酒店现在也没有正规、长期和系统的培训，招聘来的员工多通过前人传授和边干边学的方式进行业务学习。酒店客源丰富，除了直接接待散客，与相关旅行社签订协议接待旅游团以外，还通过去哪儿、携程等网络平台销售客房，同时也接待外国客人，酒店前台的接待和收银人员目前均能用英语与国外客人沟通交流。此外，在外国旅游团入住酒店时，随团的全陪和导游大多能熟练用英语对客人进行交流，他们也在对客人交流方面给予酒店很大的帮助。

图 3.9　民族酒店

访谈对象 4：民族工艺品商店老板，女，25 岁左右，平安壮寨壮族人

中国的旅游淡季对外国人来说是最好的旅游时机。所以，在旅游淡季的时候，生意虽不怎么好做，但主要来店铺购买商品的以外国人居多；而旅游旺季的时候，购物者则以国内游客居多。在景区，很多人的英语是通过自学或向外国人学习的，即使是 80 岁的老奶奶也能用英语简单地销售自己的产品。现在，我们这里 3 岁左右的小孩子都开始学习英语了，我现在也一直在学习英语。

随着旅游业的发展，龙脊平安壮族老年人也学会了一些简单的英语对话。

案例

笔者调研时路过风雨桥，四个龙脊平安壮族老年妇女热情地向我们推销他们的烤红薯、土鸡蛋，于是笔者买了红薯和土鸡蛋，边吃边与她们聊天。

笔者：你们是壮族人吗？

老人：是的，我们都是平安壮寨的，我们都 60 多岁了。

笔者：有外国人买你们的东西吗？

老人：有。

笔者：你们怎么与外国人交流呢？

老人：我们也会说一些英语，一块钱就是 one yuan，二块钱就是 two yuan，十五块钱就是 fifteen yuan。

笔者：你们的英语是怎么学的呢？

老人：以前我们不会英语，老外来了我们就用手比画，有时导游就告诉我们怎么说，慢慢地我们就会了。

笔者：国内游客你们怎么招呼呢？

老人：男的我们就称呼帅哥，女的我们就称呼美女。

笔者：旅游开发前你们就这样称呼吗？

老人：旅游开发前没有这样称呼的，那时候我们讲壮话，不会普通话，这些话都是后来学的。

随着旅游业的快速发展，大量的外国游客涌入龙脊。龙脊平安壮族接待外国游客时都要用英语，于是在龙脊形成了英语交流的环境，在这种环境下成长起来的壮族孩子对英语一点也不陌生，而且是很自然地在学习；龙脊平安壮族的孩子从小就知道英语的用途，所以在学校时英语学习兴趣很浓；龙脊平安壮族的孩子从小就与外国人接触，相互沟通交流，促进了龙脊平安壮族孩子英语水平的提高。

案例

访谈对象：LCL，女，龙脊一楼老板娘，30岁左右，平安壮寨壮族人

我孩子小的时候，看见黑皮肤的客人，一点不胆怯，都会主动去打招呼。例如，Hello，Nice to meet you 等，外国人也很喜欢他，经常逗他玩儿。

3.3.3 "干中学"与龙脊平安壮族餐饮技艺的提升和相关观念的转变

旅游开发前，龙脊平安壮族比较贫穷，能够吃饱饭就很不错了，所以龙脊平安壮族日常饮食都比较简单，只有在节日时才丰富一些。旅游开发后，大量游客涌进龙脊，吃喝是游客最基本的需求，这为龙脊餐饮业的发展提供了巨大的市场。游客对饮食有自己的要求，只有满足游客的需求，才能吸引游客，获取收入。为此，龙脊平安壮族开始对饮食加工感兴趣，通过各种途径学习烹饪和食品加工技术。于是村委会购买了相关的书籍，设立农村书屋，满足村民的需求。

案例

村部设有图书屋，图书共有两万多册，价值20多万。我们以前到县里培训过如何去管理图书屋、摆放图书、借书等。以前的图书全部是文化局送的，书法局也给过几

百斤的书，前几年村民都喜欢去看，各类书都有，看得最多的是关于炒菜的、酒店经营方面的。为了满足村民需要，村里每年也会订图书和杂志，放在下面停车场。近几年看书的村民少了，因为现在家家都有互联网，有什么不会的就上网查找，通过网络学习，比如炒菜的知识，过去看书只能看个大概，现在通过看视频就可以了解到每个细节。

旅游业的发展激发了龙脊平安壮族学习中式餐饮技艺的兴趣。为了满足外国游客的需要，龙脊平安壮族学习了西餐、奶茶、调酒的知识和技术。他们大多是通过看书、互联网学习及向导游、外宾请教，逐渐摸索学会这些的。

案例

访谈对象1：LSJ，男，草木生活酒吧老板，平安壮寨壮族人

笔者：这些外国客人是来自哪些国家的？

LSJ：哪个国家的都有，我们提供酒、西餐、中餐，还有奶茶、咖啡也有。

笔者：酒、咖啡是你自己调吗？

LSJ：以前是儿子或儿媳妇调，现在我也会调。儿媳妇把调配的方法记在了本子上，万一我忘记了，我就再看看。你看，就是这个本子（图3.10），都记在上面。现在更方便了，我可以上网查调制的方法。

图3.10　平安草木生活酒吧调酒料理笔记

访谈对象2：LYL，丽晴酒店老板娘

LYL：我们经常做西餐，平时跟客人和导游学，有些不懂的就跟外国人学，像我们现在西餐比中餐做得还好，也是跟外国人学的，他们教我们把菜慢慢学起来的。

访谈对象3：YZ，女，25岁左右，龙脊国际青年旅舍（图3.11）前台，汉族，老板是平安壮寨壮族人

笔者：你好，我们想做一个调查。

YZ：我们老板现在正在做饭，给客人做的。

笔者：老板亲自下厨呀！你们酒店做西餐吗？

YZ：做！西餐很简单的，比做中餐简单。通过看书，我按照书上的做法做，如果还做不好，也可以请外宾指导，像我都会做一些比萨这类的饭菜，有时候老板不在，我也给顾客做西餐。

图3.11 龙脊国际青年旅舍

　　旅游业的发展还改变了龙脊平安壮族的饮食观念。旅游开发前，龙脊平安壮族常常认为本地的食物是单一的，而向往城市里品种多样的食物。旅游开发后，龙脊平安壮族发现游客非常喜欢当地的不起眼的美食，而对外地食物不感兴趣，于是龙脊平安壮族逐渐改变了饮食观念，更注重本地饮食和传统做法，同时吸收现代科学技术改进传统饮食的做法，使龙脊美食保持其传统风味。

> **案例**
>
> 访谈对象：HLB，平安酒店老板娘，30多岁
>
> 　　我们一般都用本地食材，因为本地食材没有污染。客人都喜欢吃本地产的粮食、蔬菜。

　　龙脊平安壮族将过去自己消费的食物和饮料如龙脊云雾茶、龙脊辣椒、龙脊水酒、龙脊香糯当作宝贝销售给游客。

　　在旅游旺季时，由于游客过多，当地的食材往往不能满足游客的需要，恰巧附近有几个自然村没有旅游景点，收入较低。于是，旅游公司就与这几个自然村签订蔬菜供应与采购合同，由这几个村按旅游公司的标准种植蔬菜。旅游公司按合同价进行收购，这既保证了当地蔬菜的供应，又使村民增加了收入。

3.3.4 "干中学"与龙脊平安壮族市场经营知识和技能的积累

　　旅游开发后，龙脊平安壮族人纷纷开设酒店。经营酒店需要各方面的知识和技能，这刺激了龙脊平安壮族对相关知识和相关技能的学习。

　　龙脊平安壮族首先学会了酒店管理的有关知识和技能。旅游刚开发的时候，龙脊平安壮族只是利用现有的木楼和家庭设施接待游客，条件简陋、管理简单，游客满意度较低。后来中国台湾地区、桂林、阳朔等地的商人纷纷到此投资开设酒店，他们拥有专业的经营管理经验和人才，所以游客，特别是高端客户纷纷投宿外地商人开设的酒店，龙脊平安壮族面临严峻的竞争压力，于是开始学习酒店经营管理知识和技能，一是向当地先进的酒店学习，二是自己摸索，三是到外地学习。

> **案例**
>
> 访谈对象：HLB，平安酒店老板娘，30多岁，平安壮寨壮族人
>
> 　　经营管理都是在做中慢慢摸索出来的，顾客有什么要求，我们都尽量满足他们。他们指出存在的问题，然后我们就逐渐改进。我们也到外面学习，通过住别人的酒店进行观察和体验，然后根据当地的特点改进我们的经营管理。

　　旅游刚开发时，龙脊平安壮族主要利用家庭设施接待游客，有的人家甚至只有一间客房，还不能称为酒店，依靠家庭成员经营，没有明确分工，顾客很不满

意。后来，龙脊平安壮族在经营中慢慢摸索，规模扩大、设施改善，对工作进行明确的划分，管理工作划分为战略管理、营销管理、接待和售后管理、客户管理等，日常经营工作又划分为前台、客房服务、餐饮等工作任务，每一项工作任务由专人负责，酒店服务质量明显提升。

> **案例**
>
> 访谈对象：LCL，女，30岁左右，平安壮寨壮族人，龙脊一楼艺术酒店老板娘
>
> 　　2008年之前，我们做得很粗糙，也不想有那么大的压力，也没有到外面调查，就是在做的过程中慢慢摸索；现在我们的工作划分得很细，我主要负责客户的接待和售后管理，我姐主要负招徕责客户这一块，她联系客人过来，一旦与客人联系好，就由我来招待。我姐夫在广州工作，他是记者，我们店的设计大多是我姐夫做的，我们做这个事情，还没有真正把心思放在上面。我现在在带孩子，孩子这么小，需要有人带。我老公如果回来，他要全面负责管理工作。

龙脊平安壮族刚开始做经营工作时，往往由家庭成员独自经营管理，管理水平差、效率低下。后来，龙脊平安壮族逐渐学会了授权管理，将不同工作授权给擅长该工作的人去管理，自己从繁杂的事务中解脱出来，专门负责酒店发展战略等核心业务，从而提升了酒店服务质量。

> **案例**
>
> 访谈对象：HLB，平安酒店老板娘，30多岁，平安壮寨壮族人
>
> 　　小珍是雇的前台，一个小姑娘，酒店一般由她打理，我20天不在家都没问题。

在龙脊，只要缴纳5000元的加盟费，就能使用国际青年旅社的品牌和标识，由国际青年旅舍联盟按照其标准指导旅社的经营管理，使之与国际标准接轨，确保旅舍质量，并提供经营管理方面的培训。凡是加盟的，员工可以在国际上的任何加盟旅舍自由流动。这也促进了龙脊平安壮族经营管理水平的提升。

　　一些扶贫基金会开展旅游扶贫也促进了龙脊平安壮族经营管理水平的提高。如利得酒店与香港乐善行基金会合作开展旅游扶贫，即对有旅游资源的贫困地区的村民进行培训，指导村民利用家庭设施开设酒店、旅馆等方式进行扶贫。近年来香港乐善行基金会停止该项合作，利得酒店又开始与中国扶贫基金会合作开展旅游扶贫。

案例

访谈对象：LLB，女，汉族，30多岁，广西河池人，毕业于大连外语学院日语专业，利得酒店老板

一开始，我们是想做一个旅游扶贫基金项目。因为我们基金会从创会开始就是做教育扶贫的。我们一开始也搞特种旅游，然后发现很多贫困地区有很好的旅游资源，于是就想通过做民宿的方式扶贫，就是在当地选择一个比较贫困的家庭做民宿，它有劳动力，愿意接受我们利得的培训，愿意在店里面提供24小时仿真家庭式服务。过去这个项目由香港乐善行基金会提供资助，这个捐助方有一笔基金，专门做教育扶贫的。后来捐款方走了，这个项目就停止了，我们自己就坚持了下来，要不然我们就不只有6家店了。现在中国扶贫基金会就找到我们，他们想把我们这个项目继续下去，上月底我们才做完方案给他们，他们搞了几个试点，一个在贵州台江法台村，一个在四川。我们刚刚开始接触，还不算正式合作。因为我才把合作方案提纲发给他们，我们要求他们使用利得商标进行网上销售，进入我们的销售渠道，我们对店长进行培训，龙脊店为培训基地，培训期限半个月到6个月不等。现在有些民宿已经开始装修了，因为很多农民没有什么文化，能签个名字就不错的，新的店长至少要培训一年时间，半年学习，半年实习，一对一。来这里的村民回去后都知道了该怎么做，开始的时候我这个寨子的服务员包括房东都来我们这学习，在这个过程中他就学到了怎么样去经营一家民宿、餐厅，怎样接待客人。

龙脊平安壮族在经营中逐渐学会了顾客需求管理，他们通过摸索、观察和上网了解顾客需求，并根据不同顾客的需求对旅游市场进行细分，然后选择合适的细分市场作为自己的销售市场。例如，他们了解了外国游客一般注重环境卫生、安全，喜欢安静的环境，愿意为高端的服务支付高价格，国内的高端游客也有类似需求，于是有些酒店以该细分市场作为自己的销售市场，并推出高档服务。

案例

访谈对象：LCL，女，30岁左右，平安壮寨壮族人，龙脊一楼老板娘

就是在做的过程中慢慢摸索，后来觉得我们是大学毕业生，应该给我们的市场进行定位，于是就把我们的市场定位于外宾这一块，因为我们有优势，懂外语，但也不是专门做外宾，因为做外宾有其局限性。以前我们很少与旅行社合作，都是外宾通过Email与我们联系，订房很简单，但他们会问很多其他问题，我们再给他们回邮件。后来，也就是从前年开始我们也做网上订房。我们一般不给人随便看房，如果你要看的话，只能去一个人，而且要换一下鞋再上去。外宾旅行社主要是与唐朝国际旅行社合作。唐朝的外宾很多，这

> 边与唐朝合作的有三家,最高端的客人比较少,一般在理安山庄,中高端的就住在我们这里,低端的就住在心愿。你多做几年,就会慢慢了解外宾的习惯,什么样的客人有什么样的特点,等等。这些都是在经营过程中慢慢摸索出来的。

梯田是龙脊的主要景观,只有站在高处俯视梯田才能感受到该景观的神韵,所以游客一般都喜欢住在地理位置较高的酒店,以便随时感受梯田美景,尤其高端客人更是如此。龙脊平安壮族在经营中敏锐地捕捉到该需求,于是选择位置较高、风景较好的地段开设酒店,并以高端客户作为自己的细分市场,推出针对高端客户的服务,如安装了设计合适的落地窗,以便游客欣赏梯田美景。

案例

访谈对象:HLB,平安酒店老板娘,30多岁,平安壮寨壮族人

> 1995年我就开始做了(做酒店生意),就在下面,自己的房子,只有一个房间,后来慢慢做到两个房间。因为下面风景不好,条件差,游客不满意,高端客户都跑上面去了,于是2004年我和老公就筹集了20多万租了这个地方,主要是看中这里风景好。我们定位于中高端客户,房价最低的300多元一晚、最高的1280元一晚;客人有国外的,也有国内的,与很多旅行社都有合作。旅行社订房,就按我们的价格给他们分配房间,我们也接散客。

龙脊平安壮族在经营酒店的过程中逐渐摸索,及时把握顾客需求变化,针对顾客需求及时调整服务的品种,提高服务质量。

案例

访谈对象:PNS,女,30岁左右,微辣酒店、揽月阁老板娘,广西医科大学毕业,老公毕业于广西工学院(现已更名为广西科技大学)

> 我的家公家婆是自己在家里开酒店的(揽月阁),那是很早的客栈,是通铺模式(房间大一点的可住3到5人),类似青年旅馆租床位的模式,当时条件是很简陋的,不过在当时来看揽月阁在平安壮寨也是数一数二的。后来(2004年)确实有改建过,把原来的模式改了,改成了有独立洗手间,因为当时在平安也很少有独立洗手间的,然后我们在那里(揽月阁)经营了有十年吧。就像你刚说的那样,在那时候的基础上,你要做高端的酒店是很难做得出来的。你就算再改也没有多大的意思(游客引导市场走向和人的思维),后来才到这个地方建了微辣酒店。可能很多人会觉得这个酒店叫"微辣"会有主

题或者故事在里面，其实没有，我们想法很简单，什么都没有。但是我们建这个酒店最开始的唯一的一个理念是：我怎么做才能让来到这里的客人感觉比较舒心，也就是说不觉得在山区里面很多东西有障碍，当然干净这一点肯定是必须要做到的。其实我们在做揽月阁的时候就接待过形形色色的客人，包括内外宾，不同的客人，高中低端的客人都有，但是也就停留在当时的水平上。到了这个店之后我们就发现，我们现在做到的很多小细节就是在老店（揽月阁）积累的经验。

还有一个细节，我忘了跟你们讲了，就是东方人个头都比较矮，所以我们的床就只有两米长。整个龙脊景区，我相信，目前也只有我们家的这个店有定制的加长床，我们用的所有的东西都是定制的，没有买现成的，因为加长床市场没有，这就是个优势，不过大部分人是用不到的，但我觉得但凡有一个人用得到，我们这么做也还是值得的。我们刚开始起步，无论内宾外宾，住宿的或者用餐的，我都会问他们："你是怎么找到我们这个店的？我们哪里有做得不好的？哪里你觉得好的？"客人都很愿意分享自己的感受。其中就有客人跟我讲过，他们也住过很好的酒店，比如星级酒店，他跟我讲，他在阳朔就睡不好，然后我就问他："那你来这里睡得好吗？"他说"好！""睡得好是因为我们这里安静啊，还是环境还是其他因素？"他说："不是的，安静当然是有，但主要是你们这里的床上用品用着很舒服。"他特别跟我讲我们家这个床垫很好，所以这就是一个细节。

访谈时，虽然龙脊平安壮族说他们没有与村寨的其他酒店互动交流，但他们对村寨里的所有酒店，包括外地投资者和由外资开办的酒店的情况，如经营者、员工、市场定位、定价、服务、管理方式、经营收入等都了若指掌。这说明他们在经营中不断地相互学习，吸取他人的教训，借鉴他人的长处，弥补自己的不足，改善自己的经营管理水平。

案例

访谈对象：PNS，女，30岁左右，微辣酒店、揽月阁老板娘，广西医科大学毕业，老公毕业于广西工学院（现已更名为广西科技大学）

佰客（在平安村入口）你知道不？他是我们家小姨子的妹妹（表妹）开的，他们做得非常好，接待的外宾很多。她刚开始经营这个店的时候，因为她做得比较早，我就讲："这个店你们喜欢不喜欢，反正我是不喜欢。"经营了一段时间之后她就跟我讲："客人都说床垫太硬，该怎么办呢？"你们也知道酒店耗损的东西换起来的话确实是很不容易的事情，没有那么雄厚的资金作后盾搞不得！那怎么办呢，他们只能用客栈以前用的大被子，就是人工加工的被子往床垫上缝，然后又加了一层海绵垫，这样勉勉强强过了两三年，这个冬天就把原来的床垫都换了，没办法，这就是一个不注重细节的例子。

> ×××酒店，你们去的时候感觉出来没有？可能现在你没感觉出来，因为现在是冬天，但客人有跟我讲过，他们那里一到梅雨天气就有很浓的发霉的味道，因为那里的空气是不流通的。
>
> 还有一个，我不知道你们有没有去过XXX山庄，过去很辉煌，原来真的是无人能敌，但是现在就不是这么一回事了，为什么龙脊一楼生意那么好？因为XXX山庄（老板是美籍华裔）流失的大部分客人都到龙脊一楼去了，我听很多导游说，他们的服务之类相对来讲，比不过龙脊一楼。
>
> 你要知道，现在客人的品味已经提升了。我2004年回来的时候揽月阁的客流非常大，像黄金周一天最多时酒店要接待200到300位客人，但我一天只能接待50位，剩下的客人怎么办呢？我就分散到其他家。那时候通铺都无所谓，后来就逐渐上升到要求有独立洗手间，慢慢又要隔音好的、风景好的，跟那个马斯洛原理一样，人的需求在不断地增加。
>
> 有一个真理，那就是如果你的服务不到位，你的客流量就等着慢慢降低，这就是服务行业的王道。

龙脊平安壮族在经营中发现游客更喜欢壮族传统文化。所以，他们在经营中就更多地突出民族文化的因素，如酒店装修采用木质结构或仿木结构，请龙脊传统木匠将反映壮族传统生活的场景雕刻于大门或墙壁上，几乎每家酒店都设有火塘，将传统的农具如犁、耙等制成模型或图片用于酒店的装修；请龙脊老年人穿着传统民族服饰表演壮族传统歌舞或静坐于酒店，以突出酒店浓郁的壮族文化。一些龙脊平安壮族村民还搜集龙脊平安壮族传统的农具、家具、日常生活用品、服饰、饮食用品等自建壮族传统文化博物馆，收取门票。这说明龙脊平安壮族在经营中逐渐学会了顾客需求管理，并能根据顾客需求推出相应的产品和服务。

案例

访谈对象1：LYL，丽晴酒店老板娘，平安壮寨壮族人

外宾一般入住两个晚上的居多，国内游客一般一晚的多。国外游客停留的时间长，比如一两个客人（散客）一起来的，入住三天、四天、一个星期的都有。团队过来的一般停留两晚三天。我爸爸妈妈以前做过导游，他们不懂外语，与游客交流就打手势，或拿个纸条去问游客，例如："是吃饭还是住宿呀？"我爸爸带去的是大寨，我妈妈带的是青山。以前我们村里养牛，人们放牛时就在山上踩出一条小路来。我爸爸妈妈就是带游客沿着这些小路旅游，老外也很喜欢。后来都用机器耕种，大家不养牛了，山上就没路了，因为不好走，就不再去了，现在青山路都不通了，要走古壮寨、大寨、矮弯（古壮寨后面那边有几个寨子）。矮弯 20 多户，风景比较优美，房子比优美。现在大寨的房子变了，老外不太喜欢了。老外就是喜欢看一些很传统的东西，比如老房子里面有火堂的，老外就很奇怪了："木房子里面怎么能生火呢？"他们就喜欢这个。

访谈对象 2：LCL，女，30 岁左右，平安壮寨壮族人，龙脊一楼老板娘

像我 80 多岁的老奶奶也要做事呀，她往这边一坐就是一个人文文化，体现的是我们这边的一种人文文化。现在这个季节，你们可能感受不到太多的民族文化，因为现在天气太冷了。你如果想要感受民族文化的气氛，可以在蔬秧节来。像我婆婆，外国人有时来开 party，她就唱我们当地的山歌，把当地文化融在歌里面。生活在这里的人都会唱山歌，这种山歌是即兴的，张口就能唱。

旅游开发前，龙脊平安壮族文化水平较低，他们没有接触过互联网。旅游开发后，龙脊平安壮族边干边学，在经营中逐渐学会了电子商务和网络营销，通过与著名的旅游网络公司和影响力较大的旅行社合作，开展网络营销和电子订房业务。

案例

访谈对象：LCL，女，30 岁左右，平安壮寨壮族人，龙脊一楼老板娘

我们在 tripadvisor（图 3.12）上有专门登记的，我们与他们合作，他们帮我宣传，就这样慢慢做起来的。如果外国客人觉得好，他们也会在上面写评论，外宾也会向他们的家人、朋友介绍我们的店，我们就是这样发展起来的。我们真正在 tripadvisor 上合作了一下。现在我们主要与各网站合作就可以了，携程、booking、agoda，没与"去哪儿"合作，因为我们的房间太少了，如果与太多的网站合作，客户可能订不到房。

图 3.12 tripadvisor 标识及二维码

案例

访谈对象：HLB，平安酒店老板娘，30多岁，平安壮寨壮族人

我们通过网络营销，与携程网、艺龙网都有合作，但主要与携程网合作，外国客户主要通过网络预定。我们正在建设自己的网站，现在快完成了，网站维护由小珍负责。

龙脊平安壮族与国内外游客广泛交友，通过朋友介绍顾客，形成了稳定的顾客群。

案例

访谈对象：LYL，丽晴酒店老板娘，平安壮寨壮族人

笔者：你们的营销是怎么做的？旅客是怎么知道你们这个酒店的啊？

LYL：有朋友介绍的，有回头客，也有旅行社介绍的，旅行社的人居多，但是朋友介绍的回头客也挺多。

笔者：都有哪些旅行社啊？

LYL：国外的旅行社（monkeyking 美猴王），旅游公司还没有卖门票的时候，村里面不是自己卖了两年门票了吗？那时候就有客人找到我了（大概在1992到1993年的样子），我们自己装修一号楼的时候，我和我老公在旁边古壮寨那边有个桥的地方挑沙子，然后在路上就碰到一个老外（女的懂一点中文），那时候我已经接旅客，我就问她："你是不是来这里旅游啊？"她说："是的。"她问我哪里有可以吃饭的地方，然后我就叫她和我一起回到一号楼这边吃饭，那时我们这里也没有哪家可以接待客人，她那时候已经是带了团的，吃完饭就回去了，我也不觉得她会帮我介绍客人。当时我也没有名片，也没有电话，只写了一个我的名字和地址给她，她回去之后就把我的地址和名字给了那个（monkeyking）旅行社。那时候旅行社要来也不像现在一样先打电话，而是邮寄信件。他们写信过来定房，那时我们和平一地方还没有路，有一些是信先到，有一些是客人到了信还没到。那时候一年也就4到5个团，他们的门票也是我帮着买，所以现在我都跟旅游公司讲："不管是否给其他的团优惠，这个团一定要给优惠价，我比你们还先做，你们都还没有来做的时候，他们就是我的客人了。"我去年才开始与网络公司合作，与"携程"合作是2014年，与"去哪儿"合作是2015年。外宾的那个网是我妹夫管，做了有几年了。老外散客手上经常有一本书《孤独星球》（Lonely Planet），总拿着这本书说我们的价格不对，但那已经是我们两三年前的价格了。

本章小结

旅游开发前，龙脊平安壮族以梯田农业为生，封闭的自然环境、低下的生产效率，要求龙脊平安壮族必须全身心投入梯田农业才能维持生存，并因此形成了与梯田农业相适应的文化观念，如重农轻商观念，这些观念将梯田农业放在至关重要的地位，反过来又使低效率的梯田农业得以维持。随着人口的增加，人均梯田开始减少，龙脊平安壮族只能到更高的山上开辟更为贫瘠的梯田，这一方面增加了劳动强度，另一方面又进一步拉低了生产效率。人均产出下降，同时还破坏了生态环境，使水源地减少，洪涝灾害更为频繁。

旅游开发后，龙脊平安壮族虽然试图保持传统的重农轻商观念，热情接待游客不要钱，但越来越多游客的涌入使龙脊平安壮族没有足够的财力接待，落后的物质技术条件也使游客多有不满，龙脊平安壮族面临出力不讨好的尴尬境地。旅游开发吸引了一些外来投资者，游客纷纷涌入外来投资者开办的酒店、饭店，龙脊平安壮族发现游客虽然花了钱，但都很高兴。游客也劝说龙脊平安壮族收取费用，同时改善接待条件。于是，一些壮族人开始向游客收费，并用收取的费用改善接待条件。他们发现虽然向游客收了费，但随着接待条件的改善，游客的满意度反而提高，游客与他们的关系更好了，于是他们逐渐改变了传统的观念。示范效应和攀比效应使观念的变迁具有传播性，越来越多的壮族村民改变了传统观念。旅游行业的高收益性使龙脊平安壮族开始重视旅游业，并根据自己所掌握的技能，学习新技能的程度财力和融资能力，选择相应的旅游服务细分行业，于是龙脊平安壮族的职业开始迁移。

旅游服务业需要的知识和技能完全不同于梯田农业，为了获取更多的收入，增强自身的竞争能力，龙脊平安壮族必须学习经营旅游服务业所需要的各种知识，掌握相关的技能，这增强了龙脊平安壮族的学习动力。旅游开发后，龙脊平安壮族边干边学，向其他村民学习、向外地投资者学习、向游客学习、向导游学习、向外来务工人员学习。旅游开发还使龙脊平安壮族的学习工具不断更新，他们最初通过图书杂志学习，后来通过网络学习；过去自己摸索，现在可以向有这些知识和技能的外来人员学习；过去通过口传心授的方式学习，后来通过笔、本记录学习，再通过网络视频、多媒体互动学习；过去无人传授知识，现在政府部门、旅游公司、金融机构等基于相关利益会主动宣传传授相关知识。旅游开发增加了龙脊平安壮族学习知识的途径，提高了学习的效果，降低了学习的成本。旅游业的发展使龙脊平安壮族富裕起来，有能力购买相应的设备学习相关知识。旅游开发开阔了龙脊平安壮族的视野，使他们逐渐学会了如何学，并且学习能力逐渐增强。因此，随着旅游业的发展，龙脊平安壮族表达能力增强、餐饮技艺提升、学会了经营管理，能够通过合适的途径了解顾客需求，会进行市场细分，能够准确进行产品定位，向目标市场推出相应的旅游服务。

旅游业，特别是乡村旅游服务业，不像其他行业一样需要全面的技术培训。主要在外力、示范效应的影响下，加之旅游业的跨产融合能力及乡村旅游转产成本低的特点，龙脊平安壮族只以很小的成本便完成了自己的职业迁移，从纯粹的小农经济转移到乡村旅游经济。"干中学"机制下（乡村旅游经营与服务所需要的技能型人力资本和组织管理型人力资本的形成都更多地来自"干中学"），职业迁移对龙脊壮族增收具有显著影响，龙脊平安壮族的收入构成中农业直接收入只占很小比重，而家庭旅游经营性收入、旅游工资性收入、旅游财产性收入、旅游转移性收入类别开始出现并占极大比重，在收入来源与收入比重的意义上，龙脊平安壮族成了典型的有文化、懂技术、会经营的旅游新型农民。他们的专业化和职业化通过旅游收入占总收入的比重可以直观地表现出来，如表3.5所示，2011年平安壮寨的旅游收入占总收入的96%；从人均收入来看，2011年平安壮寨的旅游总收入为2824.02万元，人均旅游收入达3.47万元，即使在考虑到贫富差距，剔除掉几个旅游经营大户的收入数据后，平安壮寨的人均旅游收入仍达到了1.5万元，这远远大于2011年龙胜县农民人均年纯收入水平（3920元）。从经济角度来看，龙脊平安壮寨已形成了一个微型"旅游社会"或者说一种"旅游文化"。

第4章　乡村旅游发展对龙脊平安壮族学校教育的影响

乡村旅游的开发使平安壮寨农民转移到旅游就业，促进了壮族农民的增收，使得平安壮族有资金投入到教育、培训与健康事业，为人力资本的积累与提升打下了坚实的经济基础。

4.1　教育与人力资本开发

教育是人力资本开发的重要途径。在经济学领域，资本常指生产要素，如投入生产的资金、物资、设备、厂房等资源。在金融学和会计领域，资本通常是指金融资产。不管在哪一领域，资本最重要的特征就是能够实现增值。资本最初表现为一定的货币。在生产领域，投入一定量的货币资本，购买机器、厂房、设备等，于是货币资本转化为生产资本，再经过生产环节，生产资本又转化为商品，通过商品的销售，收回资本，并实现资本的增值。在金融领域，投入一定量的货币资本，购买股票、债券等，于是货币资本转化为金融资产，再通过金融资产的销售，收回货币资本并实现增值。因此，通过一定循环，能够实现增值的就是资本。同样，人们投入一定量的货币，购买学习用品、支付学费，从而享受教育服务，习得知识和技能。人们可以凭借知识和技能能够挣得更多的货币，也就是实现了增值。因此，这种投入也具有资本的性质。于是，生产领域形成生产资本，金融领域形成金融资本，教育领域形成人力资本。

1776年，亚当·斯密在《国富论》中首次提出人的才能与其他资本一样，都是重要的生产手段。他认为，接受教育才能获得才能，所以接受教育实际上是一种投资。"学习一种才能，需受教育，需进学校……学习的时候，固然要花费一笔费用，但这种费用，可以得以偿还，赚取利润。" 19世纪40年代，德国经济学家李斯特也研究了才能在生产中的作用，他提出物质资本与精神资本的概念，认为"精神资本"是由智力方面的成果会聚而成的，一个国家生产力的高低，取决于精神资本的运用。为此，他主张把教师列入生产者之列，因为教师"能使下一代成为生产者"。他还主张"一个国家的最大部分消耗，是应该用于后一代的教育，应该用于国家未来生产力的促进和培养"。舒尔茨运用美国1929—1957年的统计资料，分析认为各级教育投资的平均收益率为17.3%，教育对国民经济增长的贡献为33%。舒尔茨认为贫困国家经济之所以落后，其根本原因不在于物质资本的短缺，而在于人力资本的匮乏。这一论断与传统经济理论完全不同。舒尔茨格外强调增加教育投资、发展教育事业对贫困国家人力资本形成、经济持续发展的重要意义。振兴教育事业是落后国家从根本上摆脱贫困的唯一出路。人们用在教育、卫生及为获得更好的就业机会而进行的国内迁移方面的直接费用，乃至为了高层次教育而放弃的收入，构成了人力资本投资。人力资本的主要成分是教育资本，它提高了人们的生产能力，是经济增长的源泉，也是真正解决农村贫困问题的有效途径。人们用单纯增加物质资本和劳动力数量来促进生产发展，不如通过教育提高农民子女的个体能力，进而通过科学技术提高整个社会生产发展能力。

4.2 乡村旅游发展对龙脊平安壮族受教育年限的影响

4.2.1 旅游开发前龙脊平安壮族的教育情况

旅游开发前，龙脊平安壮族十分贫穷，没有能力送子女上学。那时龙脊平安壮族村寨没有公路通向外面，只有山间小路，外出上学非常辛苦。所以，龙脊平安壮族上学的成本非常高，很多小孩子很早就辍学在家。

案例

访谈对象：民族工艺品店老板，女，25岁左右，平安壮寨壮族人

"这里在旅游开发之前是不通路的，我小的时候，都是爸妈背着我去外面上学的。从这里走路去县城，需要步行两个多小时。现在条件好了很多，道路通了，山上的村子里也有了一个幼儿园，小孩子年龄稍微大一点的时候就到外面的乡镇或县城去上学了。"

据村支书 LYZ 介绍，旅游开发前，当地村民以耕种梯田为生。村民收入低，没有钱给孩子缴学费，在生存与求学的权衡之下，当地村民只好选择生存。所以，旅游开发之前，绝大多数村民从小就辍学，帮家人做农活，以维持生存。村民没有其他知识和技能，外出找不到工作，只能向祖辈学习耕种梯田的技能，但梯田有限，每亩产量很低，维持生存都很困难。所以开发前，壮族村民就陷入了"耕种梯田—收入低—无钱接受教育—没有其他知识和技能—继续耕种梯田"的怪圈。随着人口的增加，土地更加稀缺，村民生活更为艰难。为了维持生存，当地村民只好翻山越岭，到更高的山上开垦梯田，但这些梯田没有水源灌溉，只能种一些红薯等杂粮。村民每天需要花很多时间和精力爬上山才能耕种，收获时只能依靠人力用背篓从高山上背下来。人力消耗量大，但人均产量更低，这使当地村民更加陷入前述怪圈不能自拔。为了打破该怪圈，在农闲季节，很多村民便外出寻找工作。然而，村民知识和技能有限，只能帮人砍树或砍竹子，收入很低，无法打破该怪圈，只能继续耕种梯田。所以旅游开发前，当地村民接受教育的时间都比较短，大多数在初中毕业之前就辍学了，读过高中的都很少。

4.2.2 旅游业发展对家长教育决策的影响

孩子的教育是由家长决定的，所以研究教育问题，首先要研究家长的教育决策。

据平安村支书 LYZ 介绍，旅游开发后，当地村民对教育都很重视，80%～90% 的孩子都上大学。如果说乡村旅游开发对促进教育有影响的话，那么，旅游是通过什么途径来实现的呢？

从经济学的视角来看，投资于教育，不仅要支出学费、书本费、杂费等以货币表现的直接成本，还要付出相当多的精力。教育的年限越长，耗费的教育成本和精力越多，即教育成本和投入精力的现值是关于教育年限的增函数。教育投资的内涵报酬率是未来投资收益的增函数，是教育成本和投入精力的减函数。如果内含报酬率（也即内部收益率）高于筹资利率，继续投资于教育是有利的。理性的人会继续投资于教育，即受教育的年限会延长。反之，如果内含报酬率低于筹资利率，则投资于教育是不利的，理性的人会减少教育投资，即受教育的年限会缩短。所以，理想的受教育年限是教育投资的内含报酬率等于筹资利率时所决定的受教育年限。

乡村旅游开发前的平安壮族，如果只是读了小学和初中，几乎仍然不能在外面找到工作，只能继续在家耕种梯田。即使能够上大学，但由于当地基础教育阶段的设施条件所限、师资力量薄弱、读书氛围不浓，多数也只能就读于广西壮族自治区内一般的大学，即教育投资的预期报酬很低。这就决定了在同样的受教育年限下，平安壮族教育的内含报酬率较其他地区低，即旅游开发前平安村民教育的内含报酬率随着受教育年限的延长而下降。

案例

访谈对象：廖某，48 岁，平安壮寨壮族人

"那时候我们这边不重视小孩子的教育，主要还是家里没钱吧，没那么多钱供上学。村里大家都是这样的，（家长）也没见过世面。一般读到小学很多人就不上学了，读到初中的就比较少了，女孩子更不用说了。"

前述可知教育成本由两部分构成，一是直接支付的成本，另一部分为支出教育成本对家庭其他成员的影响。旅游开发前，村民收入很低，很多人连温饱问题都无法解决，增加教育投资，就要减少口粮，生存就会受到威胁，即教育成本很高。同时，教育条件落后，师资力量薄弱，学到同样的知识和技能，平安壮寨村民必须付出更大的努力，即努力成本（付出精力）很高。所以随着受教育年限的增加，平安壮族教育的内含报酬率下降得很快。

旅游开发前，村民不知怎样向金融机构贷款。因为比较贫穷，贷款收回的风险很大，村民又没有什么抵押物，金融机构也不愿意向村民贷款。村民如果增加教育投资，就只能四处借贷，甚至借高利贷，这就导致教育筹资的利率非常高，由此决定的受教育年限比较小，说明旅游开发前，当地村民的受教育年限都比较短。

旅游开发后，大量游客涌入龙脊，还有很多外国游客，当地迫切需要掌握旅游相关的知识和技能的人才，如掌握英语、电子商务、做西餐、咖啡制作、酒店经营管理、酒店装修设计等知识和技能的人才。受教育年限越多的人，其综合素质也较高、学习能力也较强，从而也越容易掌握旅游管理的知识和技能，越能够满足游客的需要，收入也就越高。这方面的典型代表有龙脊一楼艺术酒店、微辣酒店等，这些酒店的老板或经营者为大学生回乡创业者，他们往往都有自己独特的经营理念，效益非常好，已经成为当地知名的酒店。另外，在外地就业的本地大学生收入也很高。平安壮寨村支书 LYZ 介绍说他儿子大学毕业后在南宁工作，月薪 6000 多元，这就显示了教育的价值。

为了弄清楚教育对预期旅游收益的影响，下面以酒店经营为例，对教育的预期收益作进一步分析。

根据经济学理论，游客愿意为酒店住宿支付的价格等于服务的边际效用。酒店的服务水平越高，对游客来说，其边际效用越大，即服务的边际效用，是服务水平的递增函数。一般来说，收入水平越高的客户，越追求高品质的服务，对价格越不敏感，即货币的边际效用越小。所以酒店服务质量越高，游客的边际效用越高，越能吸引高端客户,而货币的边际效用也就越小,游客愿意支付的价格(消费水平)也就越高,也就是说,价格是服务质量递增的函数,但增加的速率是递减的。

旅游服务质量越高,其提供服务的单位质量成本越高。比如,提供低档服务,只需使用廉价的设施,雇用廉价的劳动力,则成本就较低,而提供高档服务,则要使用昂贵的设施、雇用高素质的劳动力,则成本就越高。所以提供的服务质量越高,成本越高,提供一定质量的服务需要支付的成本的高低与酒店方掌握的教育程度与知识储备有关,即教育水平越高、知识越丰富的人,越能设计合适的方法掌握客户的需求,提供的服务也就越接近客户需要,而对于知识不足的人来说,他们无法准确了解客户需求,也无从提供满足顾客需求的服务,可以认为该项成本无穷大。

案例

访谈对象:PNS,女,30岁左右,微辣酒店、揽月阁老板娘,广西医科大学毕业,其老公毕业于广西工学院(现已更名为广西科技大学)

说实在的,人家第一次到山里,心里肯定没底!只要我们能拿到客人的联系方式,我们都会跟客人提前沟通,全天24小时无论你什么时候到停车场,我们都会免费去接。这个事情做起来并不复杂,但只有我们做到了。你们也看见了,刚才我在陪顾客吃饭,这些客人不是第一次来我们这家店。她第一次过来的时候,就住在一家以前的通铺,住了一晚上,一醒来就恨不得马上就冲出去往外走,找酒店住,真的不能在那儿再多待一晚,她就是那种感觉!后来在我们这里住了两个晚上,那时还在揽月阁,她这次还能再来,证明我们的服务到位了,她觉得以后还有再来的价值。

游客有时需要随时办公的,需要用电脑上网。如果没有这个条件,那么游客就没法办公。但揽月阁做到了,揽月阁是第一批有网线的酒店,也是到目前为止还保留着网线的酒店,有时候WI-FI速度不够,就可以用网线,就这个细节目前微辣酒店也有。

还有就是中西方文化差异的问题。中国人不太喜欢坐马桶,而喜欢蹲坑。但外国人就不一样,他们没有蹲坑这个习惯,喜欢坐马桶。因此,我们现在的设计就更加人性化和理想一些。只要房间空间允许,我们都是做两个洗手间的。它们彼此分开,一个用蹲坑,一个用马桶。其他酒店接受不了,说太浪费了!

用心做就好了,其实我也没学过怎么做菜。如果是散客,你可以跟他沟通,是偏素的还是偏荤的,是偏辣的还是不辣的,是偏咸的还是淡的。每个地方的人都不一样,不管中国人还是外国人差异都很大。我们可以做得很仔细,比如辣味,我将辣味分成10种程度,问游客喜欢吃几分辣。

另外，酒店旅游经营的效益与其广告宣传也存在一定联系。一般地，有效广告宣传越多，越能吸引游客入住，即接待游客的数量是有效广告宣传的递增函数，但递增的速度是递减的。值得注意的是，广告宣传成本与知识掌握程度有关，知识越丰富的酒店方掌握的宣传渠道越多，越知道如何进行广告宣传，在什么渠道上宣传。宣传的针对性和有效性越强，单位有效广告宣传的成本也越低。

教育程度与知识储备丰富的店方会向游客提供高质量的服务，收取高质量的费用，而知识不足的店方向游客提供服务的质量是相对低的，也只能收取较低的费用。这与调查的结果基本一致，在龙脊平安村，回村创业的大学生和外来投资者一般做中高级酒店，将市场定位于中高端客户。而普通村民则做低端酒店，他们将市场定位于低端客户。

广告数量与广告收入的增加，理论上意味着酒店接待游客数量的增加和旅游收入的相应增加，但增加的速度是递减的。酒店预期收益最大的必要条件是广告宣传的边际收益等于边际成本。

如此，知识越丰富的店方有效广告宣传数量越多，每年接待的游客数量也越多，而知识越不足的店方有效广告宣传的数量越少，每年接待游客的数量越少。这与调查的结果基本一致，回村创业的大学生和外来投资者一般都与携程网、agoda、去哪儿等网站及各大旅行社合作，每年接待的游客数量很多。而普通村民开设的酒店，很少做广告宣传，每年接待的游客也不多。很明显，教育程度越高、知识越丰富的店家，其预期旅游收益就越高。而知识的储备量与丰富程度与教育有关，故教育的预期收益增加，所以其内含报酬率曲线会发生向上平移。

案例

访谈对象：平安壮寨壮族人

"肯定不一样。他们平安（平安酒店）啊、龙颖（龙颖酒店）啊、一楼（龙脊一楼艺术酒店）啊，都是有文化、受过教育、有背景、见过世面的人在经营，家里人在外面做其他生意的也有。他们懂得宣传，跟旅行社有联系，在网上就能把房订出去了。像我们这样不行的，只想着把孩子养好、教育好，长大了他不用种田，做生意也不会亏。"

旅游开发后，游客越来越多，门票收入也越来越多，村民分得的门票收入也水涨船高。2015 年，进入平安壮寨景区的游客共 407036 人，一次进入景区游客门票收入 22052855 元，二次进入景区门票收入 2338400 元。另外，村里按 7%

的比例计提梯田维护费 1707387.85 元 [1]，平安壮寨人口 820 人，仅此一项，每年人均收入 2082.18 元。平安壮寨人均水田大约一亩，耕种一亩水田，旅游公司还补助 1000 元。这样，平安壮寨人均收入已达 3000 多元。这些只是收入的一小部分，平安壮寨几乎家家都开酒店，当地村民凭借开酒店，卖"龙脊四宝"、门票分成、抬轿子（图 4.1）、背背篓等使收入大大增加。

图 4.1　平安壮寨人力轿子

案例

访谈对象：LYZ，男，1968 年生，平安壮寨支书

我们这边游客很多，在旺季住不下，每个房间 100 元以下的那种旅游团没人愿意接待。好的酒店，如龙脊一楼，最贵的房间 2888 元／晚，也是人满为患，做得好的每年有几十万、一百多万的收入。黄金地段生意很好做，30 间房，仅十一黄金周就可以赚 10 万～15 万。

2011 年以前有 80 顶轿子，现在最多 20 顶。因为抬轿太累了，人们收入高了，不愿意受这个累了。另外，几乎家家开酒店，酒店的生意都忙不过来，没时间抬轿子了。2008—2009 年，每顶轿子收入 1 万～2 万。以前一顶轿子上山和下山一个来回收费 160 元，现在收费 280 元～300 元。

---

[1] 数据来源于桂林龙脊旅游有限责任公司编制：《2015年1-12月份进入平安点游客人数统计计提梯田维护费汇总表》。

平安壮寨离龙胜县城还有很远的山路,到此旅游的游客基本上都要在平安壮寨里食宿,如果按每名游客消费 200 元计算,407036 名游客就能为平安壮寨村民带来 81407200 元收入,人均收入近 10 万元。当地村民的收入因旅游开发而大大提高,教育支出占收入的很小部分,延长教育年限,对家庭成员生活的影响极小,即教育成本大大下降。

旅游开发公司对景区进行统一规划和管理,旅游开发公司收取门票费作为回报。村民的受教育水平越高,越能够满足游客的需求,就能够吸引更多的游客到此旅游,旅游开发公司收取的门票收入就越多。为了获取更多收入,同时也为了与当地村民搞好关系,旅游开发公司就鼓励当地村民接受高层次的教育,对考上大学的学生会给予一定的资金鼓励。旅游开发,当地财政收入增加,当地政府对教育越来越重视,当地政府对考上大学的本地村民都会给予一定的奖励。

> **案例**
>
> 访谈对象:LYZ,男,1968 年生,平安壮寨支书
>
> 从 2015 年开始,凡考上大学的,旅游公司都会补助每人 2000 元。村里从 2008 年开始补助,考上专科的,每人补助 1000 元;考上普通本科的,每人补助 2000 元;考上重点大学的,每人补助 5000 元。区里还实施雨露计划,考上本科的补助 5000 元(图 4.2);考上高职、中职的补助 3000 元。

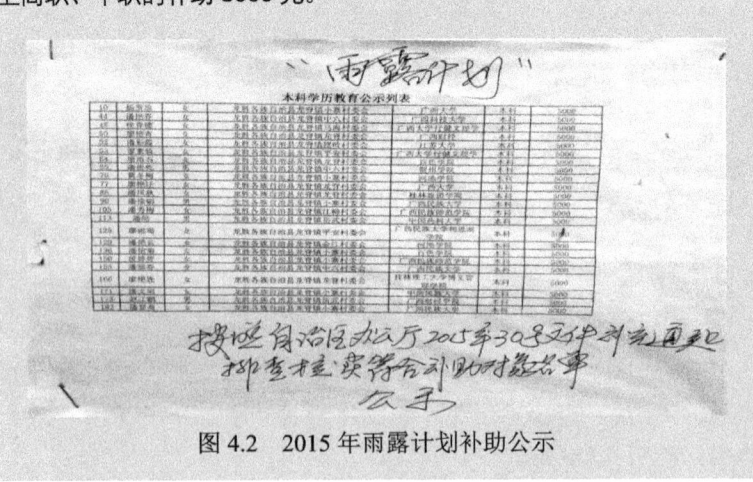

图 4.2 2015 年雨露计划补助公示

旅游公司和当地政府的教育资助也使村民支付的教育成本下降。

下面分析学生的努力成本。

教育不仅是一种投资品,也是一种消费品。一方面,村民要消费日常生活用品,

消费量越大，给消费者带来的效用越大，但效用的增加量是递减的；另一方面，村民还要消费教育用品（或服务），但教育用品（或服务）消费量有限，比如一人只能在一所学校、一个班级学习，但教育用品（或服务）的质量等级是不同的，等级越高，带来的边际效用越大，但边际效用的增加量是递减的。

在乡村旅游开发前，平安村民的经济来源单一，家庭收入很低，劳动力匮乏的家庭（特别是无劳动力外出打工的家庭），只能勉强温饱。在这种情况下，村民们绝大部分的收入被用于购买日常生活必需品（此时日常生活必需品的边际效用较高），恩格尔系数很高，而由于投资于教育用品的边际效用很低，村民选择的教育等级也很低，因为如果要选择接受高等级、系统的、多年限的教育，则意味着要减少家人口粮，损害家人健康。

旅游开发后，村民在经营旅游服务业的过程中收入迅速增加，村民预算增加，投资于教育的边际效用发生变化。即与旅游开发前相比，村民不仅日常生活必需品的消费量增加，而且教育用品（服务）的消费等级也提高了。教育属于高等级需要，即自我实现需要，在收入达到一定程度时，它的边际效用增加幅度大，所以教育用品（服务）的消费等级增加比较多。

旅游开发使当地的教育条件大为改善，很多村民还把送孩子送到桂林市、龙胜县城等城市读书，孩子从小就能享受高质量的教育。

案例

访谈对象：LAY，揽月阁老板娘，60多岁，壮族人

我儿子去龙胜（县城）喝喜酒去了。他开了两家酒店，揽月阁是普通酒店，微辣是高端一些的酒店。女儿开了两家酒店，月亮湾和佰客酒店。我平时在桂林带孙子，我有两个孙子，小的才5岁，都在桂林泓文实验学校（桂林民办重点学校）上学，我们这边有很多孩子都在那里上学。

案例

访谈对象：HLB，平安酒店老板娘，30多岁，壮族人

我有一个女儿，现在在临桂读高中。她是艺术生，主要是学习舞蹈。我对女儿的学习比较重视。小学四年级前是在我们村读的，之后到县城读书，初中、高中都是在临桂读的，我爸妈在那边照顾她。

旅游开发前，当地村民以耕种梯田为生，使用粗糙的农具，主要依靠人力和畜力。村民几乎在任何年纪都可以帮家里做一些事情，很小的时候可以放牛、放羊、打猪草等，大一点时就可以帮着洗衣、做饭等，再大一点就可以帮着做一些农活。即年龄越大（指幼年到成年），能够帮家庭做的事情越多。因此，上学的年限越长，放弃的收入就越多，即机会成本越大，上学的内含报酬率下降得也就越快，表现为内含报酬率曲线 r 比较陡峭。

旅游开发后，村民纷纷采用机器耕种梯田，这主要是出于如下原因：一是环境卫生原因。如果采用牛耕，牛的粪便会污染环境，影响旅游业的发展。二是相对收入原因。农忙季节，也正是旅游旺季，耕种梯田的收入大大低于从事旅游服务业的收入，村民希望缩短梯田耕种时间，于是便采用高效率的机器来代替低效率的牛耕，以便挤出更多从时间事旅游服务业。三是占地原因。采用牛耕就要养牛，这就会占用很多空间。平安壮寨建在半山坡上，土地空间有限，旅游开发后，村民尽可能地利用每一寸土地建酒店等旅游服务设施，村民不愿意让牛占用有限的空间。四是旅游业的发展使村民富裕了，村民有能力购买机器进行耕种。五是旅游业的发展使村民视野开阔，村民了解了耕种田地的新技术、工具等。正是出于这些原因，当地村民不再使用牛耕，而是采用机器耕种。这就使得当地村民在成年之前不能帮家里做任何事情，即接受教育而放弃的收入接近于零，接受教育的机会成本很低。

综上，教育的预期报酬率上升、教育成本和努力成本的下降，使得平安壮寨村民接受教育的内含报酬率得到明显提高。

再看村民获得贷款的筹资成本。

第一，旅游开发前，村民收入低，储蓄较少。在银行看来，贷款不能收回的风险很大，所以要求的规定的贷款的风险补偿率很大。旅游开发后，村民纷纷开设酒店接待游客，也有些销售当地刺绣、土特产，或从事抬轿子、背背篓等旅游服务工作，这就使村民每年的收入快速增长，很多村民购买了小汽车，村民的财富增长，无法还贷的风险大大下降，所以要求的风险补偿率大大下降。

第二，乡村旅游业发展以后，村民需要通过银行存款、取款，银行根据这些记录就可以判断村民的收入状况，大多数村民都有酒店，从酒店的规模也可以判断村民的收入情况。旅游公司每年都会公布当年游客数量、门票收入，银行从这些数据也可以推算出村民的收入状况。因此，银行发放贷款的调查成本、管理成本都有所下降，即管理成本比率也得以下降。

第三，旅游业的发展使当地资金周转量大增，这也引起广西龙胜农村商业银行、中国农业银行、桂林国民村镇银行等金融机构的关注，相关金融机构为了开展自己的业务，在平安壮寨纷纷宣传相关金融知识。例如，中国农业银行桂林分行在平安壮寨张贴了《中国农业银行农村小额现金周转点经营规则》《中国农业银行农村小额现金周转点业务操作流程图》等宣传画。广西龙胜农村商业银行张贴了《打击非法集资，共创诚信和谐》《保护自己，请您远离洗钱》《广西农村信用社（农村商业银行、农村合作银行）桂盛通及 POS 业务客户服务价目表》《桂盛通便民服务客户须知》等宣传画。中国人民银行桂林市中心支行、中国人民银行龙胜县支行张贴了《中国人民银行支农再贷款业务简介》等宣传画。桂林村镇商业银行也在平安壮寨广泛宣传自己的业务。平安壮寨村民从中了解了相关金融知识，当需要贷款或其他金融服务时，很容易找到相关的金融机构，咨询有关问题，并获得有关金融服务，即村民获得贷款的信息成本率得以下降。

另外，旅游业迅速发展，游客越来越多。每年有 40 多万的游客来到平安壮寨，仅 820 人的平安壮寨淹没在 40 多万游客的洪流中，平安壮寨村民从游客的金融活动中了解了有关的金融知识。旅游业的发展也吸引了外地人投资开办酒店，如利得酒店、理安山庄、神龙堂、丽然酒店等，当地村民也从外地投资人的金融行为中学到了一些金融知识。村民获得贷款的信息成本率下降。

第四，为了开展自己的业务，金融机构向平安壮寨村民提供各种创新型金融服务。一是设立便民服务点。例如，广西龙胜农村商业银行在龙胜县广泛设立便民服务点，即广西龙胜农村商业银行与当地商户合作，当地商户履行该行的一些职能，当村民需要现金时，不必到县城支行取钱，而是直接把钱转到当地合作商户的账户。当地商户将等额现金支付给该村民，具体流程如图 4.3 所示，信息来源为广西龙胜农村商业银行在平安壮寨张贴的宣传画。

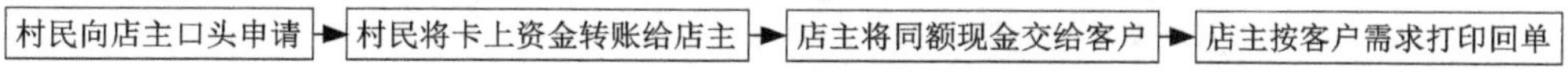

| 村民向店主口头申请 | → | 村民将卡上资金转账给店主 | → | 店主将同额现金交给客户 | → | 店主按客户需求打印回单 |

图 4.3 取款流程

同样地，当地村民也不必到县城支行存钱，而是直接到当地合作商户存钱就行，具体流程如图 4.4 所示。

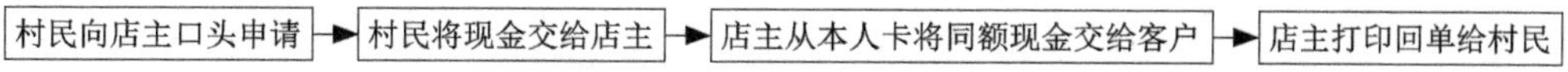

| 村民向店主口头申请 | → | 村民将现金交给店主 | → | 店主从本人卡将同额现金交给客户 | → | 店主打印回单给村民 |

图 4.4 存款流程

这就使当地村民的筹资成本大大下降。

二是中国人民银行龙胜支行向广西龙胜农村商业银行等银行提供支农再贷

款，鼓励这些银行以优惠的利率向当地村民提供贷款，这也使村民筹资的成本下降。

> **案例**
>
> 自 2009 年以来，人民银行龙胜县支行向龙胜农村商业银行累计发放支农再贷款 8.05 亿元。支农再贷款限额由最初的 2500 万元增加到目前的 1.1 亿元。在支农再贷款的支持下，广西龙胜农村商业银行各分支机构适时降低再贷款利率，执行比一般涉农贷款利率低 10%~20% 的优惠政策，不断加大信贷支农力度。涉农贷款由 2009 年年末的 5.14 亿元增加到 2014 年年末的 18.73 亿元，惠及农户 7147 户，涉农企业 67 户。目前，龙脊镇平安特色旅游产业在支农再贷款资金的引导下，2014 年全村接待游客达 40 万人次，全村实现旅游收入 3795 万元，特色旅游产业已成为平安村的"致富路"。

三是很多银行信贷员主动上门为村民提供银行的贷款服务。笔者走访了多家酒店，很多酒店老板，如平安印象酒店、微辣酒店、平安一楼等酒店老板都说向银行借过款，借款手续简单、方便，银行还提供上门服务。

> **案例**
>
> 平安村是金融扶贫乡村旅游示范村和人民银行支农再贷款支持特色产业示范村（图 4.5），村内多数家庭均有贷款，少则几十万，多则上百万，全村贷款总计 1000 多万元。其中大多为发展旅游的建筑费用，有些贷款项目属于地区旅游扶贫项目。地区信用社的贷款利息为 5%~6%。桂林村镇银行主动上门寻求贷款，其利率相对于信用社要高，平均年利息为 10%。村内村民的贷款主要用途多为发展旅游项目。

图 4.5 平安金融扶贫乡村旅游示范村示意图

金融机构之所以愿意上门提供贷款服务，是为了争夺客户、争夺市场，而这正是旅游业发展使村民收入得以增加的结果。

随着旅游业的发展，当地村民快速致富，为了发展旅游业，几乎家家都开办有酒店，村民申请贷款一般用于开办酒店，用自己的积蓄加上部分借款投资，村民贷款实际上是以酒店及酒店收入作为抵押，这种抵押物的价值远远超过贷款金额，抵押比率较高。

收入增加和抵押比率增加还使村民违约的概率大大下降。即使出现违约，有酒店等资产可以进行处置，即残值比率较高。

因此，当地村民的融资成本大大下降，由较低融资成本决定的受教育年限大于借高利贷融资所决定的受教育年限，即与旅游开发前相比，龙脊平安壮族的平均受教育年限大大提高了。

旅游影响了当地村民的婚姻观念，而婚姻观念也影响了当地村民的受教育年限。

案例

访谈对象：LNS，女，平安壮寨壮族人，30岁左右，售卖旅游纪念品

我从很小的时候就开始学习这些手工了，到现在，像做鞋、刺绣、打布等技术活基本都会做。过去，在我们壮族，女孩子从小就要学习刺绣、打布等手艺，不会做手工的女孩子没人要，很难嫁出去的。

在平安壮寨有一些工作仅仅依靠家庭是不能完成的，如建房等。壮族村民通过互惠合作来完成，即一家有事，全村人都去帮忙，不需要去请，也不要任何报酬，当地村民称之为"打背工"。

平安壮寨壮族人的房子是杆栏式建筑，材料主要是木材，分上下两层，上层住人，下层养猪、牛等牲畜，这些木材是从山上砍下来的，建一处房子需要很多木材。旅游开发前，谁家建房子，全村人都去帮忙砍树，并搬运回来。平安壮寨壮族的房子都建在山坡上，选好建房子的地块，然后全村人都会帮忙挖地基，即在山坡上挖一块平地用于建房。建房同样需要很多人帮忙，当地男性村民，几乎都会木匠手艺，他们自发地分工合作，共同建房子。

旅游开发前，当地没有养老机构，当地村民年老时都要依靠子女养老。由于当地村落的封闭性，村民很少与外界通婚，即使邻近的壮族与瑶族也不通婚，他们只在村庄内通婚。所以平安壮寨壮族，40岁以上的人，无论男女，几乎都姓廖，只有一些年轻的妇女是从外地嫁过来的。由于通婚范围狭窄，如果结婚过晚，优秀的对象都会被别人挑去。因此，旅游开发前，壮族人们普遍结婚较早。

> **案例**
>
> 访谈对象：PDS，女，40多岁，在平安壮寨卖旅游纪念品
>
> PDS：我女儿在南宁上大学，读的是会计专业，现在已经毕业了，正在找工作。
> 笔者：您看起来年纪也不大呀？
> PDS：以前我们这边结婚早，一般十三四岁就结婚了。
> 笔者：您多大结婚的？
> PDS：我很小就结婚了，我现在都不好意思说。

  旅游开发前，当地村民几乎都是依靠手工劳动来维持生存的，而这种生存技能是通过孩子与父母共同劳动时由父母传给孩子的。如果上学时间过长，就失去了向父母学习生存技能的机会，没有这种技能，就很难物色到中意的对象。所以旅游开发前，很多人最多读完初中就放弃学业了。

  旅游开发后，为了发展旅游，盘山公路修到了村口，村民活动的范围迅速扩大，与外界的交流增多，旅游业的发展也使当地人富裕起来。壮族的通婚范围因此而扩大，不再局限于村内通婚，与邻近瑶族也开始通婚。一些外地人也嫁到村里，村民不用再担心找不到中意的对象。旅游业的发展使年轻人不再依靠耕种梯田为生，不再担心学不到生存技能，上学学到的知识，如英语、网络、计算机等知识在旅游业的发展中大有用途。旅游业的发展促进了《婚姻法》的传播，当地村民已经知道法定结婚年龄"男方结婚年龄不得早于22周岁，女方不得早于20周岁"。这些因素促进了村民早婚观念的改变。村民不再早婚，清除了阻碍壮族村民继续接受教育的一大障碍，促进了他们受教育年限的延长。

  教育使人具备一定的能力，当机会出现时能够凭借该能力抓住机会。然而，如果没有接受相应的教育，那么即使出现机会，也没有能力抓住，所以教育等于获得一张期权。

  村民支付一定的学费，获得了一定的能力。当没有出现机会时，村民继续从事传统农业活动，获取一定收益。因从事传统活动不需要多少知识，看别人怎么做，自己跟着做就行了。所以，在这种情况下村民不需要支付学费。当机会出现时，村民放弃传统活动，用所学知识抓住机会，虽损失农业经营收益，但获得了机会收益。只要达到了传统农业经营收益与旅游经营机会收益的盈亏平衡点，则

村民净收益为零，便不至于亏损。

旅游开发前，平安壮寨是一个封闭的山村。山村机会少，即使有机会，收益也非常低，所以村民预期教育的收益是负值，因此村民受教育的年限比较短。旅游开发后，受过较好教育的村民抓住了旅游开发的机会，比如经营酒店等。旅游开发使村民开阔了视野，他们也经常走出山村，会发现社会上存在各种各样的机会，而且机会的收益很高。比如，受过较好的教育容易找到好的工作，受过较好的教育比较容易获得别人的尊敬。当遇到事情时，受过较好教育的人更容易找到解决的办法，更容易与受过较好教育的人结婚等。不仅如此，现在的年轻人不再耕种梯田。村民担心，如果未来旅游业萎缩了，没有受过教育的就很难有出路，而受过较好教育的，即使打工也比较受欢迎。村民预期教育的净收益大于0，并且会逐渐提高，因此村民愿意支持孩子去上学。

4.2.3 旅游业发展与学生教育需求

从学生学习的效用角度来看，其接受教育的学习行为不仅能够提升个人形象，而且能够为未来创造收入，这其中包括因教育而带来的未来收入的现值和个人形象提升等方面的收益。受教育程度越高，知识越丰富，收益越高，即二者是一个增函数的关系，但增加的收益是递减的。学习要付出努力，知识掌握得越多，努力成本越大。从效用来说，当最后一单位知识所带来收益的边际效用等于为获得最后一单位知识而付出努力成本的边际效用时，学习所带来的效用达到最大。

在平安乡村旅游开发前，学习所带来的边际收益曲线向下倾斜，是递减的；学习所带来的边际学习成本曲线向上倾斜，是递增的。旅游开发后，游客经常问及孩子的教育问题，因游客多来自城市，很多研究显示，城市居民对子女的教育非常重视。所以，当孩子在好的学校学习、成绩比较好时，游客对此赞赏有加。调查时，有些村民孩子学习成绩比较好，有的孩子上过大学，这些村民会滔滔不绝地谈及他们孩子的教育，自豪的表情溢于言表。随着旅游业的快速发展，虽然本村面貌日新月异，但相比而言仍然是一个相对封闭的山村，长期生活在该村落中会感到枯燥乏味。

案例

访谈对象：旅游纪念品商店老板，桂林人，汉族

我没有招聘员工，其实我很愿意招，也愿意教他们，但年轻人在这里待不住，这边没有游玩的地方，也没有多少年轻人。年轻人喜欢在一起玩，喜欢聚会什么的，这边没有那个条件。

随着旅游业的发展，孩子从游客身上也感受到了外面的精彩，这与当地单调乏味的生活形成了鲜明的对比。孩子也希望走出大山，感受外面精彩的世界，接受教育是走出大山的最好方式。因此，旅游业的发展不仅使教育的预期收入增加，而且学习的边际收益增加，边际收益曲线向上平移。同时，村民在开展旅游服务经营时收入迅速提高，很多人送孩子到优质学校读书。

4.3　旅游开发背景下龙脊平安壮族教育的特点

4.3.1　教育具有较强的外部性

20世纪初，马歇尔和庇古提出了外部性的概念[1-2]。外部性是指一个经济主体的经济活动对他人的影响，而他人并没有因此得到补偿的情况。外部性分为正的外部性和负的外部性，经济活动对他人带来有利影响，就称为正的外部性，该经济活动主体无法要求受益方给予补偿。经济活动给他人带来的不利影响称为负的外部性，该经济活动主体不会补偿受损方。

教育本身就具有很强的正的外部性。在旅游开发的背景下，这种外部性更为明显，即自身的教育能够给他人带来更多的利益。受过良好教育的人更遵纪守法，减少了冲突的发生，促进了当地社会的和谐，减轻了游客的顾虑，吸引了更多的游客到此旅游。当地村民通过经营酒店、抬轿子、背背篓等获得更多收入，旅游公司获得更多门票收入，政府获得更多税收。受过良好教育的人更加注重环境卫生，他会采取科学的方法改善卫生条件，如重视食物加工、垃圾处理、饮水工程等环节的卫生，这就减少了疾病，尤其是流行性疾病的发生。受过良好教育的人更加注重环境保护，会主动宣传保护生态环境的重要性，这促进了人与自然的协调发展。受过良好教育的人，游客很容易与他们沟通，这就提高了游客的满意度，游客增加，所有人都会从中受益。受过良好教育的人知道传统文化的重要性，他们明白游客不仅是游山玩水，而且需要体验当地的民族传统文化。于是，他们会在经营中主动融入传统文化因素，这提高了游客的满意度，自身收入也得到增加。其他村民纷纷效仿，同时也促进了传统文化的保护和传承。由于意识到传统文化的重要性，所以学校也会主动教孩子当地的传统文化。

---

[1] 马歇尔. 经济学原理[M]. 北京：商务印书馆，1964.

[2] 庇古. 福利经济学[M]. 北京：商务印书馆，2006.

> **案例**
>
> 访谈对象：一小朋友，男，4岁，壮族
>
> 一小朋友正在唱壮族民歌，于是前去访谈。
>
> 笔者：小朋友，你唱得真好听，谁教你的呀？
>
> 小朋友：是老师，平时学校（幼儿园）广播放山歌，老师也教，我就学会了几句。

教育促进了当地村民素质的提高，当地村民能够运用更科学的方法了解游客的需求。游客的满意度得以提高，游客增加，当地村民、旅游公司、政府都从中受益。受过良好教育的人自身就有很多外部性，如拥有知识、技能、经营管理理念等，周围的人也可享用，其他人才为了获得这种外部性，会主动流入，这就吸引了人才聚积，进一步促进了当地旅游业的发展。

> **案例**
>
> 访谈对象：青年旅社前台服务员，女，汉族，广东人，大学毕业
>
> 笔者：你为什么会到这边工作呢？
>
> 前台：这边有很多酒店经营得很不错，风景也好，还有很多大学生返乡经营酒店，到这边工作可以欣赏风景，也可以向外国人学习英语、酒店经营管理等知识。

如图4.6所示，横轴为教育的投入，如投入教育的时间、精力、资金等，记为 G，教育总的边际收益为 MR_1，由于存在外部性，私人所获得的边际收益小于总的边际收益，表现为私人边际收益曲线 MR_0 在总的边际收益下方。教育的边际成本曲线为 MC，边际成本曲线与总边际收益曲线 MR_1 相交于 A 点，由此决定的教育投入为 G_1，边际成本曲线与私人边际收益曲线 MR_0 相交于 B 点，由此

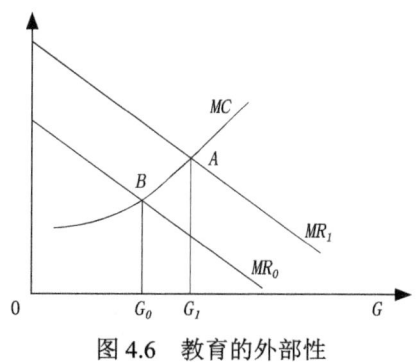

图4.6 教育的外部性

决定的教育投入为 G_0。由此可见，由于外部性的存在，私人对教育的投入 G_0 小于社会最优的教育投入 G_1。在旅游业快速发展的背景下，教育的外部性越来越强，私人教育投入与社会最优教育投入的差距就越来越大。

为使教育投入达到社会最优水平，主要解决方式有三种，一是将外部性内部化，即将外部性受益方合并为一个整体。这样，教育的收益全部为该整体所有，不再存在外部性。但是，由于龙脊平安壮族教育的受益方很多，旅游公司、当地政府、社会都会从中受益，这些主体执行的社会功能不同，无法进行合并。二是界定明确的产权，在交易成本为 0 时，通过谈判收回教育的外部收益。但是，由于教育的外部效应的存在，受益者非常多，交易成本非常大，所以通过界定产权，也无法使教育投入达到社会最优水平。三是对教育进行补贴（图 4.6），如果对教育进行补贴，使边际收益曲线由 MR_0 移到 MR_1，则均衡的教育投入为 G_1，达到了社会最优水平。目前，旅游公司、当地政府对考上大学的学生都会给予一定的奖励，这也激励了村民对教育的投入。然而，由于对中小学的教育没有给予补贴，所以村民对教育的投入虽然增加了，但是仍然没有达到社会最优水平。

4.3.2 旅游业的发展打破了教育与经济的恶性循环

过去，当地村民以耕种梯田为生，由于梯田产量低，收入只能维持基本生活，没有资金修路，而且当地处于大山之中，村民只有翻山越岭才能见到外面的世界。因此，即便梯田产量提高了，也无法销售出去，村民仍然没有资金投资于教育。过去村民很早就辍学了，由于学历低，知识和技能不足，无法找到好的工作，也没有能力创业，只能继续耕种梯田。于是，传统梯田农业与教育形成了一个恶性循环，如图 4.7 所示。

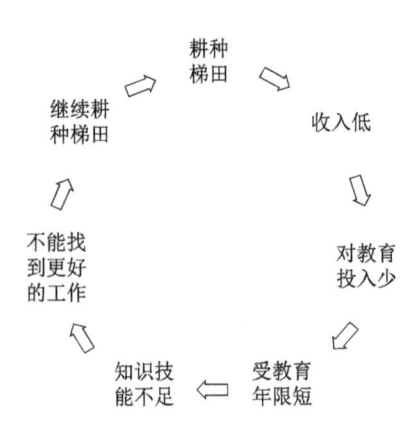

图 4.7 传统梯田农业与教育的恶性循环

旅游开发以来，游客越来越多，村民通过经营旅游业赚取的收入也越来越多，村民有能力投资于教育。旅游业的发展使村民意识到教育的重要性，村民也愿意投资于教育，于是村民对教育的投入增加，村民的知识和技能也随之提高。他们既可以在城市找到好的工作，也可以在家乡用所学知识和技能经营酒店，这反过来又促进了当地旅游业的发展。这样，原来的恶性循环被打破，被旅游发展与教育的良性循环所取代，如图4.8所示。

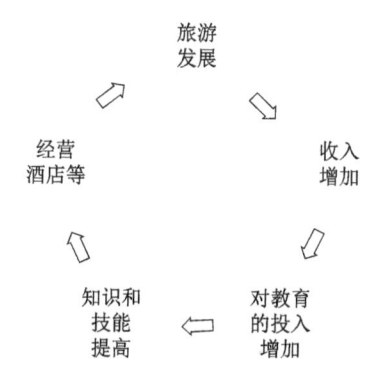

图 4.8　旅游发展与教育的良性循环

4.3.3　教育与旅游的不对称

旅游业的发展虽然刺激了村民对教育的投入，使村民的受教育年限延长。但是，当地村民所学知识和技能与旅游并不直接相关。调查发现，当地中小学教育与普通中小学教育在内容和方式上与其他地区大体相同，专门讲授旅游相关知识的很少，教育的目的还是为了升学。当地大学生就读的专业也是五花八门，有计算机专业的，有汉语言文学专业的，有农林经济管理专业的，有机电专业的，有会计专业的，但专门读旅游管理相关专业的却相当少，这说明当地村民的教育观念并不是让孩子学习相关知识，以便将来更好地发展旅游业。究其原因，一是村民凭借地理优势处于垄断地位，没有专业的服务也有客源，也能获得丰厚的收入，这导致当地旅游服务业整体上还处于一个较低的水平，不需要丰富的知识和专业的技能，只要跟着别人做就行了。学习其他专业可以有更多的职业选择，如果找不到合适的职业，也可以回来经营酒店，不会影响收入。二是旅游业是一个波动性很强的行业，当地旅游业虽然现在发展很快，但是将来发展是不确定的。十年树木，百年树人，人才培养是一个漫长的过程，村民担心，学习旅游管理专业，未来旅游发展不行了怎么办。

案例

访谈对象：龙脊一楼老板娘，平安壮寨壮族人

我们这个店实际上是我们一大家子在经营，我们是从2008年开始建的房子。这是我老公家，他们有俩姐弟，他和他姐姐，我们都是大学生。但是，刚开始都没有专门从事旅游管理工作，我们大学毕业后都在外面工作了一段时间。他姐姐是老师，学的是文学专业。我老公学的是火电专业，在火电公司工作，我学的是工商管理专业，在深圳的大公司做HR（人力资源）。我姐在广州做老师，后来我们为什么回来呢，一是外面工作压力大；二是2008年，旅游已经发展起来，旅游业的前景越来越光明；三是父母也需要我们回来。我们都是80后，你们没在大山里生活过，不知道我们上学的艰辛。父母年纪大了，也需要我们待在身边。我们这边的人很淳朴，从来没想过赚什么大钱，只是想回家来，家里人能亲近一些，就这么简单。

本章小结

旅游开发前，受收入低和封闭环境的影响，龙脊平安壮族上学时间较短。旅游开发后，上完学要么能够在外地找到好的工作，要么能够在当地很好地经营旅游服务业，即教育的边际收益增加。旅游开发促进了交通运输条件的改善，外出接受教育的成本下降。金融机构提供创新型金融服务使融资成本下降。收入增加使教育的机会成本下降。教育条件改善使龙脊平安壮族接受教育的努力成本下降。旅游业的发展也激发了龙脊平安壮族孩子的学习兴趣，他们都希望到外面去发展。在这些因素的影响下，龙脊平安壮族接受教育的年限延长。旅游发展改变了龙脊平安壮族族内婚和早婚的习俗，这也促进了龙脊平安壮族受教育年限的延长。

龙脊平安壮族的教育具有很强的外部经济性，教育能给其他村民、游客、旅游公司等主体带来收益，但却没有获得足够的补偿，这种情况制约了龙脊平安壮族受教育年限的进一步延长。旅游业的发展打破了传统经济与教育的恶性循环，被旅游业与教育的良性循环所取代。然而，龙脊平安壮族教育与经济发展存在不对称性，这里的学生很少专门攻读旅游相关专业，反过来可能又会制约龙脊旅游业的发展。

第5章　乡村旅游发展对龙脊平安壮族培训的影响

为了在乡村旅游发展中获得更多的收益，旅游企业、政府采取措施对壮族旅游从业人员进行培训，以提升壮族旅游从业人员的素质。作为人力资本开发与投资的一种重要方式，培训按方式可分为一般培训和特殊培训。一般培训是指培训的内容为通用的知识或技能，在任何行业都有用途，如英语、计算机知识等。特殊培训是指培训的内容为企业所需要的特殊知识或技能，该知识或技能不能用于其他行业。按培训主体可分为自我培训、公司培训、酒店培训及政府培训等。

5.1　旅游开发与自我培训

自我培训是平安村民以提高个人自身盈利能力为目的而进行的培训，没有明确的组织培训机构，也没有系统的培训内容和固定的培训时间，多集中在旅游淡季，以自我培训、培训形式不一（各取所需）、自我提高、自我发展为特征。在平安村，村民自我培训的动机很突出，积极主动性高，且培训的目的性很强，即为了解决其在日常经营中遇到的困惑，弥补自身不足，而学习外地先进的管理、服务、市场营销等经验，从而提高自己从事旅游业的经营效益。

自我培训需要耗费村民一定的精力、时间、资金等要素，即成本。在旅游开发前，村民开展自我培训的成本是很高的，阻力也很大，观念变迁是不太现实的。这体现在以下几个方面：第一，平安村民过去以耕种梯田为生，而梯田农业耕作所需要的专门知识和技能不多，农业生产知识的习得途径主要是代际相传，村民从小耳濡目染，不需要有脱离农田实操之外的培训，几乎没有培训的概念；第二，村民对培训的预期很低，与从事其他经济活动相比，培训不仅不能为未来扩大收入，而且还会被同村人笑话，因为在旅游开发之前，庄稼活被认为是衡量一个人成熟、能干、睿智的标尺；第三，客观地讲，从经济学的角度来看，自我培训对于平安村民来说，几乎不能产生任何新增收益，即自我培训的边际收益很低，甚至等于零。同时，平安村交通闭塞，现代化程度很低，村民寻求自我培训的成本很高，他们只能几乎把所有的时间、精力、资金用于农业生产，没有参加任何培训。

案例

访谈对象：

> 过去我们耕种梯田，不需要什么知识，有一句俗语："庄稼活，不用学，人家咋做我咋做。"肯定不会自己去培训，因为没什么效果，还被人笑话。

旅游开发后，村民利用自己的房屋开办酒店、咖啡厅和工艺品店等，村民从单纯的农民转化为旅游行业从业者，他们要学习很多旅游相关知识，如酒店的装修、酒店经营管理、酒店营销、外语、旅游电子商务、财务等知识，虽然能够观察其他人的做法，但在经营中仍然还有很多困惑，制约了村民收入的增长，如果能够外出培训，以便改进经营思路和方法，收入估计能在很大程度上得到提高，即这时村民自我培训的边际收益得以提高。

为了发展旅游业，公路已经修通，平安壮寨与龙胜县城也已经通了公共汽车，当地很多村民还买了小汽车，外出培训消耗的出行时间、精力、资金大幅度下降。同时，金融机构向村民提供了很多创新型金融服务，村民融资成本也下降，即培训的单位成本下降。

综上，旅游开发对平安村民开展自我培训有很大的影响，扩大了自我培训的边际收益，降低了自我培训的单位成本。

案例

访谈对象1：龙脊一楼酒店老板娘

> 我们经营酒店，需要新的经营理念和方法，这里太封闭，限制了发展的观念，是应该出去看看别人是怎样经营的了。如果有空，我就到阳朔一些大酒店学习他们的做法。

访谈对象2：微辣酒店老板娘

> 我没有接受过专门的培训。不过，当我外出住宿的时候就会留意外面的酒店是怎么经营的，学习他们的装修、经营管理等。

访谈对象3：村支书

> 近几年旅游公司不组织学习了，我们就自己出去学。到云阳梯田等景区学习别人是怎么做管理的，什么都学，炒菜呀，酒店管理呀，等等。

在旅游旺季，将时间、精力、资金用于经营旅游业的边际收益很高，自我培训的投入就很低。在旅游淡季，游客很少，将时间、精力、资金用于经营旅游业的边际收益很低，自我培训的投入就很高。因此，在平安壮寨，当地村民一般在5月份之前或10份之后外出培训，而在旅游旺季的5~10月份则不外出培训。

另外，从培训项目或培训内容上看，在其他条件不变的情况下，哪些培训项目的边际收益高，村民就会选择哪些项目。由于酒店经营管理、网络营销等旅游相关项目培训的边际收益高，所以村民选择的培训项目一般都与旅游相关。相反，由于农业的边际收益很低，所以村民选择进行农业知识、技术培训的就很少。

村民自己选择培训机构和培训方式，哪个培训机构效果好、培训方式合适，村民就选择哪个，所以村民选择的培训机构和培训方式各有不同。

5.2 旅游开发与旅游公司培训

旅游公司负责对景区进行开发，以收取门票获取收入。显然，在景区开发后，增加一名游客所增加的边际成本几乎为0，但却能够增加一份门票收入。因此，旅游公司希望游客越多越好，而游客的数量与风景状况、传统文化保护状况、旅游服务质量密切相关。游客到此主要是来欣赏梯田风光的，在其他条件不变时，梯田风景保护得越好，游客就越愿意到该景区旅游，于是游客的数量也就越多。游客到此，对当地村民的传统文化也非常感兴趣，尤其是外国游客，他们总是喜欢探寻当地传统文化，搜集当地传统文化要素。所以，传统民族文化保护得越好，就越能够吸引游客到此旅游，游客的数量也就越多。游客旅游，除了欣赏壮丽的梯田风光外，还要享受优质的旅游服务，如住宿、饮食等服务。在其他条件不变时，旅游服务的质量越高，越能吸引游客。游客数量是关于梯田风光、传统文化保护程度、旅游服务质量的递增函数。然而，当地村民受传统梯田农业文化的限制，思维方式跟不上旅游业的发展，制约了游客数量的增长。例如，因为经营酒店等旅游服务业的收入相对较高，所以有些村民将时间、精力全部用于经营旅游服务业，放弃了耕种梯田，很多梯田因此而塌方，影响了梯田风光，游客满意度下降，制约了游客数量的增长。有此村民认为当地传统文化是贫穷、落后的象征。他们极力摆脱传统文化的束缚，追求现代文化。传统文化因此而消解，游客看不到传统文化而感到失望，这也制约了游客数量的增长。因此，从自身利益考虑，旅游公司会对村民进行培训。据龙脊旅游有限公司提供的财务数据，公司2012年组织龙脊平安村干部及协管员到云南元阳梯田景区、贵州西江苗寨景区考察培训，开支8.48万元。2013年，龙脊平安村干部及协管员组织外出考察培训，开支0.39万元。2014年，龙脊平安村干部及协管员组织外出考察培训，开支2.036万元。2015年，龙脊平安村干部及协管员组织到福建厦门、桂林阳朔考察培训，开支3.26万元。

案例

访谈对象：LYZ，平安壮寨村支书，壮族人

旅游公司每年都会给我们培训，培训的内容很多，比如炒菜、维护环境等。从2006年开始，我每年都会带人至少出去考察一次。费用基本由旅游公司支付，去过张家界、香格里拉、丽江、三亚和九寨沟等地，了解过福建土楼的建筑知识、贵州芭莎苗族文化等。以前每次出去一周左右，费用公司全包，现在不给这么多费用了，公司给每人2000元左右，2000年以前是2000—3000元／人。在这个过程中，我们学习到很多东西（建筑、管理、餐饮、卫生等），主要还是从和村里木楼建筑相似的景点学到更多的东西。梯田的管理难度很大，需要协调好政府、公司、村民三方的关系。

从旅游公司的角度看，如果培训的净收益非正值，那么在这种情况下，旅游公司不会对村民进行培训。旅游开发前，村民以梯田农业为生，培训的收益很低，低于培训成本，所以旅游开发前，没有企业愿意对村民进行培训。旅游开发后，对村民进行培训能够使游客数量增加，培训的收益超过成本，培训的净收益大于零，这个时候，旅游公司才开始具有对村民进行培训的主观意愿。

从村民的角度看，涉及收益和成本的概念。村民的收益是指村民接受培训后使生产效率提高而带来的新增收益，村民接受培训需要付出时间、精力。如果不去接受培训，而将这些时间和精力运用于经营，便能够获取一定的收益。所以，村民接受培训是需要付出成本的，这一成本就是接受培训的机会成本。如果村民接受培训的净收益是非正值，在这种情况下，村民不愿意接受培训。旅游开发前，村民耕种梯田不需要多少技术，培训不能增加收益，所以那时村民也没有动力接受培训。旅游开发后，到外地学习经验和技术能够改进酒店经营管理的水平，促进收益的增加，即接受培训的收益大于成本。不过，随着培训时间的延长，培训新增收益是递减的，所以培训的净收益是先增加后减少。随着培训时间的延长，培训的成本开始增加，而且是以递增的速度增加。净收益曲线呈倒U形，即村民接受培训的净收益曲线先递增、后递减。

理性假设下，培训预期收益与培训次数、培训时间存在正相关的关系。旅游

公司培训收益随着旅游业的发展而增加。因此，如果推进旅游业快速发展，则旅游公司对村民的培训时间也会增加，反过来又进一步提升了村民的素质。培训成本包括培训费、交通费、保险费等，政府如果能够出台有关措施，降低旅游公司的培训成本，则旅游公司对村民的培训时间也会增加。但是，如果在一定培训次数与一定培训时间的情况下，村民接受培训的净收益为负值，村民还是不愿意接受培训。在这种情况下，旅游公司所确定的培训时间并没有达到自己培训收益最大化的水平。因此，提升村民接受培训的收益是至关重要的，这直接决定了村民接受培训的时间长度。为此，就要求选取最合适的培训方式，以使村民接受培训的收益增加。目前，旅游公司一般组织村民到湖南张家界、云南香格里拉、海南三亚、四川九寨沟、云南丽江和元阳梯田等旅游地直接学习。因为村民直接到旅游地参观学习，既能学到有关的旅游经营管理方式，能够直接运用到日常的经营管理中，不仅提高经营收益，还能在旅游地放松身心。所以，这种培训方式在现阶段是有效的。但是，随着时间的推移，年轻一代会逐渐接替上一代村民经营旅游服务业，年轻一代受教育年限较长，知识较丰富。如果还只是采用到旅游地参观学习的培训方式，那么年轻一代就无法掌握现代的旅游管理的理论和方法，就会制约村民接受培训的收益。因此，随着世代更替，培训方式应当适时地转换。

对于一般的村民，虽然外出培训能够提升旅游服务质量，增加游客数量，但这种培训的效果不太明显，且成本很高，即培训的收益小于成本，所以旅游公司并非对所有的村民都进行外出培训。对于普通村民，一般是在村里集体培训，这种培训方式，由于参与人员众多，每人分担的培训成本很低，所以旅游公司愿意为村民提供培训。村委会人员负责管理村庄的所有事务，如梯田维护和管理、环境卫生的维护、建设规划的制定、矛盾和纠纷的调解等。协管员负责梯田灌水、维护环境卫生等，这些活动对整个景区有很大的影响，直接决定游客的满意度。所以，旅游公司会组织村委会人员和协管员到外面参观学习。

因为与旅游相关内容的培训才能提升当地旅游服务的质量，游客数量才能增加，旅游公司的收入才能提高，所以旅游公司培训的内容都与旅游相关，如梯田的维护、环境卫生的管理、生态环境的保护、炒菜、景区建筑等。

每年 5~10 月是旅游旺季，这时村民接待游客的收入很高。如果村民在这段时间外出培训，那么就要放弃很多收入，即培训的成本很高，远远超过培训的收益，所以这段时间没有村民愿意外出培训。对于旅游公司来说，在旅游旺季，如果组织村民外出培训，那么游客可能面临没有足够的人员接待而不满意的情况，也有可能出现混乱而没有人管理的情况，比如争抢客源等。这无疑都会降低游客的满意度，使未来游客的数量下降。所以旅游公司一般不会选择在旺季对村民进行培训，一般都是安排在旅游淡季。

5.3 旅游开发与酒店培训

随着旅游业的快速发展，当地村民也开始开设酒店，接待来自四面八方的游客。酒店需要各类服务人员，如前台、厨师、客房管理人员等，所以龙脊平安壮族的每家酒店都雇用了一定数量的员工。龙脊虽然是旅游胜地，但毕竟是山村，各种基础设施和条件比较差，所以外地民工不愿意到龙脊寻找工作。游客除了需要感受壮观的梯田美景之外，更希望能够感受龙脊平安壮族的传统文化，龙脊平安壮族的酒店更希望雇用一些懂壮族民族传统文化的员工。附近村寨的村民了解当地民族传统文化，他们在当地务工还能照顾家庭。因此，龙脊平安壮族的酒店招聘的员工多是附近村寨的村民。然而，他们过去以务农为生，对酒店经营所要求的相关知识掌握不多，因此龙脊平安壮族的酒店往往都会对他们进行培训。

由于龙脊平安壮族开办的酒店规模比较小，所以招聘的员工数量普遍比较少，员工分工不是很明显。每一个员工都需要做多方面的工作，酒店对他们的培训是综合性的，主要是以老板亲自培训或轮岗培训的方式进行。

案例

访谈对象：LCL，女，30岁左右，平安壮寨壮族人，龙脊一楼老板娘

这边请服务员与其他的地区完全不一样，这里有它的局限。第一要求人品好，人品是最关键的，不会我可以教你，一两个星期基本上就都会做了，但人品不好就会严重影响游客的感受和酒店的声誉。第二要身体好，因为我们主要与游客打交道，如果身体不好，有什么传染病的话影响就大了。第三要热情，接待游客嘛，当然要热情厚道。第四要懂得当地民族传统文化，我们请的服务员一般就是当地的，家不是很远，当地人也懂得当地的文化。我们也招收义工，但他们达不到我们的要求；有时也有大学生来，但我们是做高端的，他们也达不到我们的要求。我想为我们的客人提供一对一的接待服务，我们知道想往哪个方向发展，但我们现在还没达到那个水平。我们也有自己的规范，房间卫生怎么做等，要求服务员具备综合素质，因为我们就做这些事情，不可能每件事都找专人来做，这就要求每位服务员都要会做关联的各种工作。我们有制度，但执行得并不严格。我们采用人性化管理，到什么山就唱什么歌。如果过于苛刻，可能连服务员都招不到。

龙脊平安壮族酒店制定了相应的管理规章制度，对新招聘人员进行相关制度的培训，也对员工进行英语和计算机方面的培训，以便更好地接待游客。有时老板的知识和技术水平较低，酒店就让懂得英语、计算机等知识的员工培训其他员工。

> **案例**
>
> 访谈对象：HLB，30多岁平安酒店老板娘
>
> 1号楼（图5.1，图5.2）雇了14人，贵宾楼雇了18人，都是附近村寨的人，一般要求都不高，会点菜、懂一点英语就行，对学历没有过高的要求。厨师有4个，要求有一定的经验，会做中餐、西餐，都是龙胜县的。老板对他们的管理很人性化，制定了管理制度，上午7点到下午3点上班，每个月休息3天，在旺季加班有加班费。两个年轻人负责接待外宾，他们懂一点英语。我们每隔一两个月就培训一次，主要培训内容为卫生要求、接待礼仪等，平时也要求员工自觉学一些英语，主要由两个小姑娘来教。政府有时也进行培训，由小珍组织员工去学习。图5.1、图5.2为平安酒店（1号楼）餐饮场所一角。

图 5.1　平安酒店（1号楼）餐饮场所一角（1）

图 5.2　平安酒店（1号楼）餐饮场所一角（2）

龙脊平安壮族非常希望招聘一些素质较高的员工，既能帮助老板处理有关事务，满足顾客需求，又能对员工进行培训。

案例

还有一个就是前台（图5.3），我们这里没有办法提供24小时的前台服务，客流量不是很多，房间数量也不多。如果要请一个前台，一定要有较高的英语水平，又要做其他兼职，真的很难找。我倒是愿意请一个前台，愿意有人帮我处理邮件，照顾客人。揽月阁有18间客房，最常用的有15间。2004年到2006年我们请了3个员工，2006到2010年请了6个员工（全职），不包括自己家人，忙的时候还会请一些兼职。微辣酒店平时就请2个，最忙时请过5个。

图5.3 平安酒店（1号楼）前台

外地投资者开办酒店，招聘的也多是当地员工，他们有自己的管理理念、管理技术和方法，会制定相应的规章制度，也会不定期对员工进行多方面的培训。

案例

访谈对象：LLB，女，汉族，广西河池人，利得酒店老板

笔者：你们通过什么途径招聘员工呀？

LLB：这里附近的人啊，或者我到龙胜人才招聘网招聘。在当地，我发现比较好的员工我就会征求他的意愿，问他愿意不愿意来这里工作。员工主要还是附近的人。

笔者：你们会对员工进行培训吗？

LLB：培训，都是按照我们的标准，比如卫生怎么做，家具怎样摆放，房间的各种

用品如何摆放，待客礼仪等。我们有一整套的标准，就按照这个标准去培训，然后老员工带新员工。

　　笔者：可以让我们看一下你们的规章制度吗？

　　LLB：不好意思，这是我们公司的内部材料，涉及公司利益，一般不外传。

　　笔者：每个月都有培训吗？

　　LLB：有新内容我们就培训。比如，客人的消费新趋向，然后我们就告诉员工在这样的情况下该怎么做；房间有新东西要添置，为什么要配置这些新东西，哪些旧的配置要取消等。

　　笔者：顾客的新动向你们是怎么把握的？

　　LLB：我们经过观察总结，然后进行网上搜索，或者根据来店客人的一些反馈。

　　笔者：你们会对员工进行英语培训吗？

　　LLB：前台要培训的，年纪比较大的服务员，可能就比较难学了。

　　笔者：招人有没有什么具体标准？

　　LLB：也没有什么具体标准，关键是身体健康，热爱工作。

　　龙脊平安壮族招聘的员工多是附近的村民，他们文化程度不高，有的甚至不会写字、不会说普通话，所以对他们的培训大多比较简单。

案例

访谈对象 1：LXS，男，40 岁左右，民族酒店老板

　　旅游旺季时会根据酒店的住客量招聘服务员，以短期为主。酒店聘用的服务员多为附近村民和自家的亲戚朋友，最多时招聘长期工 10 人左右，短期工数人，主要用于餐饮服务。酒店员工多为文化程度较低的农民，有些甚至不会写字、不会说普通话。酒店现在没有正规、长期和系统的培训，招聘来的员工多是通过前人传授和边干边学的方式进行业务学习。

访谈对象 2：LQY，男，龙脊平安壮寨壮族人，银河湾度假酒店老板

　　全村一般做酒店的都是没有学过旅游专业知识的。我们酒店有 4 名员工，没有到外面参加过培训，只是内部给他们培训。在工作中实地培训，酒店对清洁工要求是要保证桌面无灰尘。前台是年轻人，客房工作人员是年纪大的，厨房员工是中年人以上。工资不固定，有提成，入住率达到一定数量之后就给清洁工加工资。

5.4 旅游开发与政府培训

龙胜县政府部门作为龙脊国有资产的管理方，以国有资产入股，在旅游公司享有一定的股权，每年可以按股权比例享受分红。经济发展也能增加地方政府的税收收入。因此，旅游业的发展既是当地政府的职责所在，也是其利益所在。所以，龙胜县政府对龙脊旅游业的发展非常重视。旅游业的发展也为龙胜县政府带来丰厚的财政收入。龙胜县政府既有动力也有能力对龙脊平安壮族进行相关培训。因此，龙胜县政府每年都会组织相关人员进行培训。

5.4.1 旅游服务培训

龙胜县政府首先对旅游相关人员进行培训。有时组织相关专家对村民进行培训（2014年平安村乡村旅游、农家乐培训，如图5.4所示），有时组织村民到桂林旅游高校培训，培训的内容包括旅游服务礼仪、餐饮技能、客房服务技能等。

图 5.4　2014 年平安村乡村旅游、农家乐培训

案例

2012年金江村"农家乐"旅游从业人员培训安排表
（一）培训时间：2012年10月24—26日
（二）培训地点：桂林市龙胜各族自治县金江村会议室
（三）培训内容及课程安排（表5.1）

表 5.1 培训内容及课程安排

日期	活动内容	主讲人
10月24日	培训班报到、开班仪式	
10月24日	乡村旅游基本知识和发展趋势	CTM
10月25日	旅游服务礼仪	WCH
10月25日	餐饮服务技能	CTM
10月25日	农家乐菜品知识	WJ
10月26日	餐饮（红案）技能	WJ
10月26日	客房服务技能	WCH

龙胜各族自治县旅游局
2012年10月24日

龙胜县政府还通过新闻媒体等对培训项目进行广泛宣传，以吸引更多的旅游从业人员参加培训，以提高他们学习的积极性。

案例

泗水：排坊屯乡村旅游从业人员集中"充电"

（记者：韦吉阳 通讯员：吴克文）

在接受乡村旅游培训后泗水乡排坊屯的周元淑深有感触地说，"真想不到旅游接待的礼仪还有这么多，听了老师的培训课很受用"。2012年9月27日，泗水乡排坊屯举办了一期乡村旅游培训班，就旅游服务基本礼仪、旅游职业道德规范、客房服务与管理、餐厅服务与管理等方面的知识进行了培训。本次培训由县旅游局专门邀请了市职业教育中心的老师，针对我县乡村旅游的特点及排坊屯的实际情况，开设了乡村旅游发展趋势专题、食品卫生与环境安全、餐饮服务、接待礼仪等培训课程，主要讲授了乡村旅游从业人员如何在吃、住、行、游、购、娱、咨询、医疗、安全等方面为游客提供热情、规范、细致、周到的服务，以及满足游客需求的各种技能技巧。

（此文发表于2012年10月7日《今日龙胜》70期）

5.4.2 农业培训

龙脊古树茶是龙脊四宝之一，到龙脊旅游的游客非常喜欢该地的茶叶。它不仅可以个人消费，还可以作为礼品赠送亲朋好友。传统的制茶方法从品质到包装往往无法满足游客的需要，龙胜县政府组织专家对村民进行培训。培训内容包括茶树种植和管理、病虫害防治、茶叶加工方法、茶叶包装等。

5.4.3 管理培训

旅游业的发展需要与此相适应的新型的管理模式，传统的管理方式显然已经不适应目前旅游业发展的需要。龙胜县政府对基层组织积极进行了培训。培训内容包括社会服务管理、民族文化保护、生态保护、法律法规、相关的会议精神、网络技术等，既组织进行集中培训，也通过电视、网络等进行培训。

> **案例**
>
> 访谈对象：
>
> 　　旅游局每年组织一两次培训，内容涉及厨艺、客房清洁、管理、卫生、服务、语言等方面，有的时候是镇政府组织，培训效果还是不错的。一般培训两三天，补助20—30元餐费。政府还组织新技术培训，他们之所以会上网，就是在政府组织的培训中学会的。培训的方式有集中培训，也通过电视、网络进行的培训。

本章小结

旅游开发前，龙脊平安壮族主要以梯田农业为生，对传统的知识和技术，在农业劳动中自然就学会和掌握了，不需要另外培训。然而，梯田农业效率低，培训产生的效益低下，接受培训却需要付出很高的成本。培训的收益低于培训的成本。所以，旅游开发前，龙脊平安壮族对培训没有兴趣，同时也没有机构愿意对龙脊平安壮族进行培训。旅游开发后，龙脊平安壮族开始从事旅游服务行业，旅游业对服务质量要求较高，服务质量高就能获得更多的利润。培训能够使壮族村民掌握相关的知识，提升相应的技能，能够显著提升旅游服务的质量。因此，培训的边际收益也较高。旅游开发后，当地的基础设施得以改善，外出学习付出的时间、精力成本等都下降了。旅游开发后，龙脊平安壮族成为金融机构的优质客户。为了赢得客户，各金融机构纷纷上门提供金融服务，所以培训的融资成本也随之下降。培训的边际收益远远高于边际成本，所以龙脊平安壮族愿意接受培训，在旅游淡季纷纷外出学习。旅游旺季，外出培训就会减少旅游收入，即培训的机会成本很高，超过了培训的边际收益。所以，龙脊平安壮族在旅游旺季一般不外出培训，而是在旅游淡季才外出培训。

　　龙脊平安壮族村民是梯田景观的重要组成部分，龙脊平安壮族的经营活动也直接影响游客感受，即龙脊平安壮族的活动直接影响旅游公司的收益。所以，出于对公司利益的考虑，旅游公司愿意对龙脊平安壮族进行培训。同时，对龙脊平安壮族培训也能改善公司与村民的关系，赢得村民的理解和支持。因此，旅游公司常常会对龙脊平安壮族村民进行培训。培训的方式：一是组织村民到外地景区参观、考察、学习，主要学习其他景区的规划、景区管理、生态环境保护、民族传统文化保护等。由于外出培训的成本很高，所以旅游公司常常会组织与公司利益直接相关的村民参加培训学习。例如，村委会干部、环卫工人等。二是在村内进行培训，培训的内容包括旅游服务的方方面面，受众是所有的龙脊平安壮族村民。然而，龙脊平安壮族村民是否接受培训则取决于培训的收益和成本。由于培训的内容完全与旅游服务相关，学习的知识和技能能够直接用于经营实践、产生效益，所以龙脊平安壮族村民也愿意接受培训。培训时间的长短取决于培训的边际收益和边际成本。龙脊平安壮族如果能够加快旅游业的发展，就能够使培训的收益迅速增加，且就能延长培训的时间。

　　很多壮族村民都在经营酒店，酒店需要留得住、懂得当地民族传统文化的员工，所以酒店常常雇用附近的村民。龙脊平安壮族的酒店大都规模较小，没有能力雇用很多工人，所以酒店员工的分工并不细致，这就要求员工做多方面的工作。酒店常常对员工进行多方面的培训，培训方式主要是老板培训和轮岗培训。培训的内容包括多个方面，如卫生知识、接待礼仪、网络技术及英语等。但由于附近村民的文化水平较低，培训的内容所以也较为简单。外地投资者开办的酒店，常常按照酒店的标准规范对员工进行细致的培训。

　　政府是旅游开发的受益者，也是旅游发展的义务人。龙胜县相关政府部门常常组织对龙脊平安壮族村民进行培训，培训的方式有专家讲学或组织村民到高校学习。学习的内容包括接待礼仪、餐饮技能等。

　　因此，旅游业的发展促进了对龙脊平安壮族的培训，而培训又增加了龙脊平安壮族的知识。这样不但培养了相关的技能，而且也促进了龙脊平安壮族农民人力资本的提升。

第6章　乡村旅游发展对龙脊平安壮族健康的影响

　　为了改善乡村旅游的发展环境，桂林龙脊旅游有限公司、龙脊风景名胜区管理局、村委会等对龙脊平安壮寨的环境进行了整治和管理。这样间接增加了对平安壮族的健康投资，村寨环境卫生设施和条件也得到了极大的改善。乡村旅游业的发展也提高了平安壮族的环境卫生意识，促进了传统习俗和观念的变迁，村民自身健康投资增加，躯体健康和心理健康程度都得以提高。

6.1　旅游发展对村寨环境卫生条件的影响

6.1.1　旅游发展改善了村寨的环境卫生条件

　　游客一般来自于城市，条件较好，其收入水平较高。所以，他们相对更关注旅游地的环境卫生条件。

案例

访谈对象：一对老年夫妇，游客，武汉人
　　笔者：你好，你们是哪个地方的人呀？
　　夫妇：武汉人。
　　笔者：你来这边住哪里？
　　夫妇：我们就住在下面酒店里。
　　笔者：那边的卫生情况还好吧？
　　夫妇：不好，乡下的，卫生能好得了吗？

　　旅游公司的收入来源于游客。为了吸引游客，旅游公司就对环境卫生条件非常重视，也对环境卫生进行了重点整治，具体措施体现在如下几个方面。

1. 修建卫生间并保持卫生间的环境卫生

　　旅游开发前，平安壮寨没有卫生间，所谓的厕所就是大粪池，没有洗手的地方、脏、乱、差。这样的卫生条件，显然会影响游客的心理感受。旅游开发后，为了迎合游客的需求，旅游公司修建了很多干净整洁的卫生间，制定了有关管理制度，并配备专门人员进行了管理。为了使卫生工作更有成效，桂林龙脊旅游有限公司制定了详细的《龙脊梯田风景名胜区卫生间清洁顺序与程序》，保洁人员只要按照程序工作，就能保证卫生间的环境卫生，这既简化了保洁员的工作，又提高了他们的工作效率。

案例

龙脊梯田风景名胜区卫生间清洁顺序与程序

景区各卫生间都有专人服务，建立责任人定时清洁制度并做好清洁记录，按如下顺序与程序严格做好卫生工作。

一、卫生间清洁顺序

1. 将所有的垃圾倒入指定的垃圾袋中。
2. 清洁垃圾篓、清洁马桶、清洁立式便池、洗手盆及台面、面镜、墙壁及隔板。
3. 配备用品。

二、卫生间清洁顺序

1. 出示告示牌：在清洁的洗手间门口放告示牌。
2. 清扫垃圾：将所有的垃圾倒入指定的垃圾袋中。
3. 按说明书的比例配比全能清洁剂和玻璃清洁剂。
4. 清洁垃圾桶（篓）：
①用适量碱性清洁剂刷洗。
②用抹布擦干净，使垃圾桶内外部干净，无污渍。
5. 清洁马桶：
①用马桶刷沾上清洁剂沿马桶水箱开始清洁，由上至下，由外至内，先是水箱，后是座板。
②用马桶刷清洁马桶直至污渍消失。
③用清水清洗，同时清洁马桶座圈、基座和桶盖。
④用干净抹布将其外部擦干净。
6. 清洁立式便池：
①将清洁剂沿外壁倒入。
②使用马桶刷从上水孔至下水孔按顺序清洁、冲洗。
③使用抹布将便池外部由上至下擦干净。
7. 洗手盆及台面清洁：
①将清洁剂均匀地喷洒在洗手盆内。

> ②将内台面进行消毒、清洁。
> ③用抹布擦干净。
> 8. 清洁镜面。
> ①将沾有清洁剂的涂水器沿镜面由上自下、从左到右进行擦洗。
> ②用玻璃刮沿镜面由上自下，自左至右刮干净。
> ③用干布把镜子边框的水擦干净。
> 9. 清洁地面。
> ①将地面清扫干净。
> ②根据地面面积将清洗剂或洗衣粉洒在地面上，用长柄刷刷洗地面。
> ③用水冲洗干净地面后再用拖把拖干净。
> 10. 配备用品：确保手纸、厕纸、洗手液配比量充足。室内净化：每隔1~2小时喷洒空气清新剂或不间断地点檀香。
> 备注：根据游客容量对卫生间进行及时清洁，游客容量超过2000人时每15分钟清洁一次，每清洁一次都做好记录。
>
> 桂林龙脊旅游有限公司

为了使保洁工作人员明确自己的职责，桂林龙脊旅游有限公司专门制定了《龙脊梯田风景名胜区卫生间保洁员岗位职责》，详细规定了保洁员的工作任务。为了使保洁员尽到自己的职责，满足游客的需求，桂林龙脊旅游有限公司还在卫生间设立公告牌，公布值班管理人员的姓名、电话，接受公众的监督和投诉。

> 龙脊梯田风景名胜区卫生间保洁员岗位职责
>
> 一、景区卫生间管理员要有责任感、事业心，卫生间在使用期间要打开窗户，开排风扇，通风换气。
> 二、卫生间的大、小便器全天保持清洁，及时冲洗无污垢。
> 三、卫生间所有墙壁及地面，全天保持无浮尘、污物、污水、污迹，无蜘蛛网。
> 四、认真清洁洗手台、洗手盆、镜子等，全天保持台面及镜面无水珠、污点。
> 五、纸篓卫生袋及时更换，不堆留陈旧垃圾，要日产日清，全日保洁，并保证卫生间周围卫生环境整洁。
> 六、检查卫生间所有设施，如发现设施故障，及时向主管、领班反映，确保当天整修完毕，保证游客正常使用。
> 七、要把清洁卫生间的用具摆放到指定位置，摆放整齐，严禁乱堆乱放。
> 八、遇到体弱、孕妇、残障人士如厕，应主动帮忙。
> 九、禁止在卫生间内堆放其他物品。

十、报工程部每半年拆除排风扇对其进行清洁一次。

十一、拾到游客物品，主动与公司有关部门联系，做到物归原主。

十二、卫生间设有管理员值日牌，上写有当班人姓名与投诉电话，发现有投诉经核实后按公司规定罚款处理。

桂林龙脊旅游有限公司

为了使保洁工作更有成效，桂林龙脊旅游有限公司制定了《卫生间清扫细则与评分标准》，明确评分标准、评分准则及检查定分人员，进行定期和不定期的分类检查，并按照有关要求进行奖惩，促使保洁员能够尽职尽责地完成自己的工作任务，保证卫生间的环境卫生。

卫生间清扫细则与评分标准

一、评分标准

1. 卫生间的门要清洁、无手印、无黑点污渍、无尘土。
2. 玻璃镜面保持光亮、无水点、无水渍、无纸屑。
3. 洗手盆、水龙头、洗手液瓶要求无污物、无水迹、无杂物，白洁光亮。
4. 瓷砖墙面要保证无污迹、无尘土、无纸屑。
5. 地面要保持干净光洁，边角无杂物、无污迹、无水迹。
6. 打扫卫生的工具及所需的其他物品要摆放整齐。
7. 垃圾及时清倒，垃圾袋及时更换，垃圾篓内外要保持无污迹。
8. 排风口、灯具、天花板保证无污迹、无污渍、无蜘蛛网。
9. 卫生间内每天要及时点上檀香或喷洒空气清新剂，要保持空气清新无异味。
10. 洗手液、檀香、卫生丸、卫生纸应及时添加补充。
11. 做好便池卫生，便池内做到无杂物，以免造成管道堵塞。

二、卫生检查定分标准

1. 卫生间的门要求清洁、无手印、无黑点污渍、无尘土。
2. 地面洗净后用干拖把拖一遍，保持干净光洁，无污迹、无水迹。
3. 垃圾及时清倒，篓内垃圾不得过半，垃圾袋及时更换，垃圾篓内外要保持无污迹。
4. 卫生间内每天要点上檀香或喷洒空气清新剂，要保持空气清新无异味。
5. 物品摆放整齐。

以上5项共10分，每天各点领班、主管检查（景点由巡视组检查），平时由办公室或分管经理不定期抽查，8分算合格，不合格按规定进行处罚。

桂林龙脊旅游有限公司

保洁员都是当地村民，文化程度不高，但由于管理方法科学，管理方式得体，工作人员都能按照要求有条不紊地工作。2016年1月，正是寒冬季节，没有多少游客，但笔者看到保洁人员照常工作，每半个小时清洁一次，并做好记录（图6.1），管理人员照常监督管理。由于管道冻住了，没有水，保洁人员用电磁炉烧水冲洗厕所和地板，厕所干干净净，没有任何异味，每个角落都干净整洁。

图 6.1　九龙五虎公厕保洁记录表

2. 分片专人负责环境卫生

桂林龙脊旅游有限公司将景区划分为若干部分，每一部分都设有垃圾筒。垃圾筒由竹篓做成，与周围自然环境和当地民族文化相适应，既干净整洁，又协调、美观。每一部分都派专人负责，并设立保洁责任牌，注明该片区的保洁员、保洁区域范围，并公开卫生监督人员及其电话，接受游客和村民的投诉和监督。

案例

平安梯田景区保洁责任牌

　　保洁员：廖阿三　联系方式：***

　　保洁区域：1. 风雨桥头至龙安山庄至丽德酒店后门路口

　　　　　　　2. 龙安山庄至叶果木楼上方水沟至阿蒙家路段

　　村卫生监督：廖阿四　联系方式：***

　　景区卫生监督：粟阿五 联系方式：***

为了满足游客的需要、规范旅游秩序、促进当地旅游业的健康持续发展，村民委员会制定了《村规民约》，约束村民的不卫生行为。

案例

通　知

各位村民及旅馆业主：

为确保游客休息长廊信风雨桥整洁美观，经平安村村民委员会研究决定如下两方面。

1. 本村村民及旅馆业主的所有车辆（含摩托车、轿车、农用车、货车）严禁停放在游客休息长廊及风雨桥头。

2. 游客休息长廊及风雨桥内不得堆放任何建筑材料。否则，按《村规民约》处理。

特此通知

平安村民委员会

为促进当地旅游业的健康发展，龙脊风景名胜区管理局采取了多种措施对景区进行整治和管理，对影响景区环境卫生的行为进行了严格监督和检察，并根据相关法律、条例进行处罚，保证了景区环境的清洁。

案例

限期整改通知

平安景区各经营户：

你户在龙脊风景名胜区平安景区内的超门槛（占道）经营、乱堆乱放建筑材料及建筑垃圾行为，违反了景区规划及相关政策法规，属于非法、违规行为。为推进景区"控违打非"工作，整治景区秩序，搞好全县旅游工作，促进景区健康发展。龙脊风景名胜区管理局特要求你户于12月30日前自行清理整治。逾期未改，我局依据《中华人民共和国行政处罚法》《风景名胜区条例》的相关规定对你户进行处罚。产生的相关费用将在你户年终梯田维护费分红中扣除。

特此通知

龙脊风景名胜区管理局
2015年12月23日

为进一步规范旅游秩序，促进环境卫生的改善，龙脊风景名胜区管理局还于2015年11月成立了龙脊风景名胜区监察大队，对影响景区环境卫生及其他不文明行为进行处罚。

乡村旅游对龙脊平安壮族农民人力资本的影响

> **关于成立龙脊风景名胜区监察大队的通告**
>
> 　　创建广西特色旅游名县是改善龙胜居民生活条件和生活质量、提高龙胜文明素质和文明程度的重要举措，是优化全县旅游发展环境、树立龙胜良好旅游形象的迫切要求。为此，龙脊风景名胜区管理局先后在景区开展了以整治旅游景区环境卫生、旅游秩序为突破口的创建广西旅游名县系列活动，从而使景区面貌发生了明显的改观。但是，近段时间又出现了乱搭建、乱堆乱放等不良现象。这是极少数人思想觉悟低、文明意识低的不良行为表现，这是对全县人民共建美好和谐家园劳动成果的有意破坏，这与当前正在开展的创建广西特色旅游名县活动是背道而驰的。为了切实有效地巩固创建成果，推动创建活动的纵深发展，经县人民政府研究决定成立龙脊风景名胜区监察大队，对故意破坏景区村容村貌、扰乱旅游秩序的一切不文明行为给予严厉的打击和整治。要求全景区各村寨村民、旅游企业、旅游经营旅馆、商店、餐馆要积极采取措施，严格落实责任，严防死守，严厉打击，杜绝漏洞，不留死角。监察大队将于 2015 年 11 月 25 日对龙脊核心景区进行巡逻监察。请景区群众予以大力支持。
>
> 　　特此通告
>
> 　　　　　　　　　　　　　　　　　　　　　　　　　　龙脊风景名胜区管理局

　　桂林龙脊旅游有限公司还在各处设立环境保护警示牌（图 6.2），时时提醒人们保护环境、爱护环境，并在景区各处张贴《景区管理条例》《广西旅游条例》《食品安全法》《中国公民国内旅游文明公约》，规范旅游秩序，维护环境卫生。

图 6.2　平安环境保护警示牌

　　随着旅游业的发展，龙脊将保洁工作外包给专门的环境卫生清洁公司。清洁公司在促进人员管理、设备、垃圾处理等方面更有专业性、效率更高，这使龙脊景区的环境得到进一步改善。目前，按每一位游客提取一元经费支付给环境卫生清洁公司。随着旅游业的发展，游客的数量越多，提取的费用也将越来越多。公司将会购买更先进的保洁工具，保洁人员的工资水平将会有所提升，同时将大大提高了保洁人员的工作积极性。各项举措的稳步实施必将使龙脊景区的环境卫生水平得以进一步改善，使得村民越来越健康。

第6章 乡村旅游发展对龙脊平安壮族健康的影响

案例

访谈对象：LYZ，男，平安村支书

在卫生环境方面，政府、旅游公司和村委会都做了大量的工作。旅游开发以后，我们规定了"三包一自主"制度，也就是村民自家的卫生自己自主负责打扫干净，整个景区的中心街道、公路、山上石板路由专门的清洁工打扫。全村有清洁工10人，其中景区停车场有2名，剩下8名均分配在景区内部的各个区域。清洁工的工资由多方共同提供，其中政府每年出资1万元左右，按照每位清洁工每天10元左右发放；清洁工剩下部分的工资由旅游公司提供。景区外停车场清洁工的月收入在1200元左右，景区内清洁工每月工资为800元—900元。此外，景区清洁工的清洁用具也均由旅游公司出资购买。

2016年，旅游开发公司与龙胜骏龙公司专门成立了环境卫生清洁公司，负责景区卫生环境的维护，专门管理龙胜平安村、大寨和古壮寨三大景区及景区沿路卫生环境。公司有员工30—40人，按一名游客1元的游客数量提成拨钱给环境卫生清洁公司作为员工工资。旅游公司计划还按照景区内村寨村民自家经营的床位、餐位等数量制定标准收取环境保护费，也作为环境公司的日常开支。此外，景区内环境卫生设施的维修购买也将由该公司出资。在政府方面，每年都组织地区村民开展城乡清洁、美丽乡村活动，为保证活动的顺利开展，政府还有专项资金支持。

旅游开发前，本地没有垃圾处理的设施和方法，也没人管理垃圾处理，村民自己将垃圾运到路边，就地焚烧，没有任何保护措施。"垃圾焚烧产生的烟气和灰渣中可能富集重金属和有机物等污染物。如不妥善处理，会产生对环境的污染[1]。""生活垃圾焚烧过程中存在二次污染问题，尤其二恶英排放对周围环境和居民健康造成严重危害[2]"。焚烧不掉的垃圾则随意丢弃，严重影响了当地的旅游形象，降低了游客满意度。旅游开发以后，为了改善旅游环境，桂林龙脊旅游有限公司、政府、村委会合作，设立专门的垃圾处理池，收集并集中处理垃圾。随着旅游业的发展，垃圾越来越多，集中处理仍然会产生大量的污染。为解决该问题，将污染降低到最低限度，保护村民的健康，平安村在停车场不远处设有专门的垃圾处理池，有专门的车辆将垃圾运送到和平镇的垃圾处理厂，最后运至龙胜县垃圾场统一处理。

旅游开发前，村民是用水桶打山间小溪水来饮用、做饭，村民也在小溪中洗

---

[1] 李建新.垃圾焚烧过程重金属污染物迁移机理及稳定化处理技术研究[D].杭州:浙江大学,2004.
[2] 刘红梅.城市生活垃圾焚烧厂周围环境介质中二恶英分布规律及健康风险评估研究[D].杭州:浙江大学,2013.

衣、洗菜等。溪水没有经过杀菌、消毒等处理，含有一些污染物质和重金属，水体也容易被污染。由于没有专门的储水设备，所以饮用水全部靠自然供应。这种方式受气候环境的影响较大，供应极不稳定，有时甚至缺水。旅游开发后，游客越来越多，水的消耗量也越来越大。当降水不足时，缺水问题更为严重。2007年，平安壮寨缺水，为了保障日常生活用水需要，村民开始争夺水资源，纷纷购买塑料管将有限的山间小溪水引进自己的家中。梯田缺水，村民只好将生活废水污水、动物粪便引至梯田进行灌溉，使梯田景观遭到严重破坏，也对环境造成了污染，危害村民健康。为了改善旅游环境，政府投资建立自来水厂，将山上的水净化、消毒以后通过自来水管输送到各家各户。从此，村民和游客摆脱了对气候的过度依赖，饮用上了洁净、甘甜的自来水。

旅游开发前，村民的生活污水随意倾倒，污染饮用水源。旅游开发以后，污水乱排乱放严重影响了梯田景观。为了解决该问题，2012年，龙胜县卫生局、环保局、桂林龙脊旅游有限公司联合投资，在平安壮寨开始建设污废水处理厂。该项工程从2012年开始动工，2014年10月投入使用。该处理厂内的处理池（距离停车场500米左右）容量为800立方米，通过电能对污废水进行处理，环保局还派出一人进行专门管理。在村内，各家各户先修建好三级化粪池，污废水经过化粪池过滤处理后通过地下管道排入主管网，引出至处理池后集中处理，经过这种方法的污水处理率达到99%。废水已经达到相应标准，对环境已经无害，大大改善了当地的环境卫生水平，促进了当地村民健康水平的提高。

> **案例**
>
> 广西龙胜平安梯田景区生活污水处理工程及设备《采购安装合同》节选
>
> （二）工程质量
>
> 1. 按国家相关要求、标准和规范及招标文件要求组织工程项目设备采购和安装，工程质量对照国家标准达到合格等级。
>
> 2. 本工程污水处理规模为800吨／天。出水水质达到或优于《城镇污水处理厂污染物排放标准》（GB18918-2002）一级B标准，并且BOD_5、COD、TN、TP、NH_3-N、SS达到参数如表6.1所示。

表 6.1　广西龙胜平安梯田景区生活污水处理项目各级参数

项目	BOD$_5$	COD	TN	TP	NH$_3$-N	SS
进水(mg/L)	≤120	≤300	≤35	≤5	≤25	≤200
出水(mg/L)	≤20	≤60	≤20	≤1	≤8(15)	≤20

旅游开发前，村民的房子是干栏式建筑。房子用木材建成，分上下两层，人住在上层，下层圈养鸡鸭、牲畜等。人畜混住，环境状况较为糟糕，影响村民的健康。旅游开发后，这种状况严重影响了当地的旅游形象，于是政府、桂林龙脊旅游有限公司等开始对环境进行整治，要求村民不要把畜禽等养在家里，而是放在其他地方圈养。村民开办酒店，如果在家里圈养畜禽，那么游客就不愿意来，而且也占用了家里宝贵的空间。于是，村民也自愿将畜禽等迁到其他地方圈养，实现了人畜分开，环境状况大为改善，村民的健康得到保证。

村民过去的房子大都是木质材料，很容易引发火灾，而且村民的房子常常连在一起，一旦发生火灾，后果难以估量。村民虽然都建有简易的防火设施，但极其简陋。因此，村寨常常有火灾发生，烧伤或死亡的事情也时有发生。旅游开发后，政府和桂林龙脊旅游有限公司建设了专门的消防设施，成立了义务消防队，配备了消防器材，一旦发生火灾，能够迅速扑灭。他们还在各处张贴或悬挂消防宣传画，向村民宣传防火的知识、发生火灾时自救的知识，火灾大大减少，有效保障了村民的人身、财产安全。

6.1.2　村寨环境卫生条件改善的解释

从旅游接待的意义上看，村寨环境卫生属于公共产品，外部性为负，经济理性的作用下，村民"各人自扫门前雪"，改善环境卫生的投入很少。因此，平安村寨环境卫生条件的改善主要归功于龙脊旅游有限责任公司和龙脊风景名胜区管理局、村委会等村寨治理主体的努力。

案例

访谈对象：平安村保洁员

"以前没有（保洁员）的，现在我们是有工资拿的。不管什么时候，大家都是只搞自己的卫生，不过那时候（游客不多时，特别是旅游开发前）村里垃圾也不多，不像现在，没有我们（保洁员）是不可以的。"

> "有的游客也很奇怪，在家里（村民开的酒店）的时候，都不乱扔垃圾的，一到了外面就随便扔了。"

龙脊旅游有限责任公司是平安壮寨景区的开发企业，其对村寨卫生环境的需求是一种引致需求，即由游客所引起的需求，目的是通过美化游览环境吸引游客，提高游客满意度，促进游客消费，增加旅游收入。

自平安村正式开发以来，游客数量逐年递增，游客对旅游产品支付的意愿和能力也得到了提高，从而龙脊旅游有限责任公司从每位游客那里获得的收益也会增加。旅游市场的成熟和壮大使得旅游公司用于村寨环境卫生的投资风险变小。两方面因素的共同作用使得旅游公司投资村寨环境卫生的边际效益得以提高，使得边际效益曲线向上发生平移。

实际上，随着旅游业的发展，村寨环境卫生制度趋于成熟，管理成本下降，工人熟练水平提高，人工成本下降，这些条件的优化使得在既定的旅游发展水平下村寨环境卫生的投资成本下降。由此可见，随着旅游业的发展，环境卫生设施会得到完善，环境卫生水平会不断提高，而村民的健康水平也会因此不断提高。

龙脊风景名胜区管理局是平安壮寨景区的管理单位，村委会是平安村的村民自治机构。旅游开发伊始，龙脊风景名胜区管理局和村委会的财政能力比较低，所以预算线较低，由财政预算所决定的村寨环境卫生投资比较少，环境卫生质量自然维持在一个较低的水平上。旅游开发后，龙脊风景名胜区管理局和村委会的财政收入增加，预算线向右平移，即用于村寨环境卫生的投资加大，由此决定的环境卫生程度大于旅游开发伊始和旅游开发前的情况。可以预见，随着旅游业的进一步发展，预算线会进一步向右平移，平安壮寨环境卫生水平会进一步改善。这说明，乡村旅游的开发，对平安壮寨环境卫生水平及村民健康水平的提高有显著的积极影响。

6.2 旅游发展对龙脊平安壮族卫生意识和医疗条件的影响

6.2.1 旅游开发前龙脊平安壮族的卫生意识和医疗状况

1. 中华人民共和国成立前龙脊平安壮族的卫生意识

中华人民共和国成立前，龙脊平安壮寨村民的个人卫生意识较差。早晨起床，不是先洗脸、刷牙、漱口，而是立即去干农活，等回来吃饭时才洗脸。由于个人卫生意识较差，导致疾病流行。据调查，中华人民共和国成立前龙脊平安壮族群众常见的疾病主要有以下几种。

（1）百日咳。龙脊平安壮族居住于山腰，当地不是阴雨天气就是就云雾天气，很少能见到太阳，病菌、病毒滋生，这就使得很多壮族村民患病。老人、儿童身体虚弱，更易于感染百日咳，冬季和春季流行更广。据统计，当时有三分之二的壮族村民感染百日咳，由于缺医少药，当地赤脚医生只是"将患者的喉咙挟杠，将雄黄冲热水服下[1]"，虽然也有些疗效，但效果有限，很多壮族村民因此丧命。

（2）麻疹。中华人民共和国成立前，麻疹在龙脊地区非常流行，1~7岁的儿童极易受感染。"流行于冬、夏两季，患者全是1~7岁的小孩，当时，患麻疹的孩子是最多的，约占孩童总数80%以上[2]"。由于医疗水平差，当地村民一般只是卧床休息，不进行医治，有些村民随便采些药服用。有些儿童就因此病而死亡。"亦因患此病而死的侯家寨已有两人，其他各寨均有同样不幸的孩童"，也有因为服错药物而死的。

（3）疟疾。由于蚊子滋生，又没有蚊帐等防蚊、驱蚊的工具，所以蚊虫叮咬经常发生，造成疟疾传染，有些年份疟疾流行，有时还很严重。"据说光绪三十年（1904年）时流行最甚，某次有40个农民出去收禾，到田边后只有七八个人能背禾回来，其余都病了，当年患者约占本乡总人口90%，有的全家都病倒[3]"。"有些是慢性疟疾，病了数月不好[4]"。当时治疗的方法是："峨眉草、韭菜、铜钱草捣碎，用热酒冲之，两碗倒盖，等到将患病时冲服"，有一些效果。

（4）腹痛、腹泻。由于个人卫生意识差，夏季腹痛、腹泻经常流行，有时病情非常严重。"光绪二十年（1894年），患此病者占全乡人数50%，死去好多人[5]。"

（5）水肿病。由于过于劳累，饮食又不规律，壮族人也经常患水肿病。"1941年时，患者最多约有20多人，死去10多人。治法是：用陈皮煮水来吃，烧灰来嗅或煮水来洗，也有用死者坟墓上的畚箕烧灰冲服[6]。"

（6）风症。"据说有72种风症，如慢惊风、急惊风、月风、跛风、崖鹰风、扁桃

---

[1] 广西壮族自治区编辑组，《中国少数民族社会历史调查资料丛刊》修订编辑委员会.广西壮族社会历史调查[M].北京:民族出版社,2009:139.。

[2] 同上。

[3] 广西壮族自治区编辑组，《中国少数民族社会历史调查资料丛刊》修订编辑委员会.广西壮族社会历史调查[M].北京:民族出版社,2009.

[4] 同上。

[5] 同上。

[6] 同上。

风等，其中以慢惊风难医，患者常死 1/3 以上，有部分残废，多是小孩患有此病[1]"。

（7）大脖子病。由于龙脊地区饮用水碘质缺乏，导致很多壮族村民患大脖子病，尤其是老太太患此病的最多。当地由于受限于医疗技术和条件的限制，乡土医生对此束手无策，所以病人只能忍受这种病痛的折磨。

2．中华人民共和国成立前龙脊平安壮族的医疗知识和医疗条件

中华人民共和国成立前，龙脊平安壮族村民对基本生理现象和医疗知识知之甚少。妇女怀孕后出现的呕吐等生理现象，他们不知道怀孕期的卫生保健，整个怀孕期间仍然像正常人一样干繁重的农活，更不会进行孕期检查。遇到难产，他们不知道是婴儿生长不正常，而是认为是命中有难。

旅游开发前，龙脊平安壮族村寨的老年人认为医院是不吉利的地方，忌讳到医院，如果生病了常常采用拔火罐的方法来治病，只有在病情很严重的情况下才到医院看病。

当时，龙脊平安壮族缺衣少药，只有一些当地的赤脚医生，他们没有经过正规的训练，医术是一代代传下来的，医疗水平有限，医疗设备更是缺乏，基本上没有什么专业的医疗设备。药物都是从山上采集的草药，医疗效果非常有限，很多疾病无法得到医治。

3．中华人民共和国成立后至旅游开发前龙脊平安壮族的医疗条件

中华人民共和国成立后，政府采取了相应措施，医疗条件有所改善。但由于当地经济相对落后，当地村民生病了就选择自己到山上采药，村民的健康并未因医疗条件的改善而得到根本改观。

案例

旅游开发前，我们这边没有药店，也没有医生，生病了只好自己到山上采药。因为没有检查，也不知道得了什么病，病情轻微的，有时服了草药就能够治好。病情严重的，服草药也没有效果。那时候还没通公路，到外面看病只能走山间的小路，病情严重的需要很多人抬着，翻过几座山才能到外面医院看病，需要走很长时间。有的病本来不重，

---

[1] 广西壮族自治区编辑组，《中国少数民族社会历史调查资料丛刊》修订编辑委员会.广西壮族社会历史调查[M].北京:民族出版社,2009.

> 但在路上耽搁了就严重了，那时很多人连饭都吃不饱，哪有钱看病？很多人生病了只好拖着，小病拖成了大病，很多人到死都不知道得了什么病。

6.2.2 旅游开发后龙脊平安壮族卫生意识和医疗条件的改善

当地的医疗条件严重制约了旅游业的发展。为了促进旅游业的发展，乡卫生院在村寨设立了村卫生室，医生由乡卫生院配备，并经常组织培训，以提高医生的医疗水平。药品也由卫生院统一采购和发放，即村卫生室由乡卫生院统一管理，村寨医疗条件迅速得到改善。

一般来说，游客是非常注重卫生的。所以，如果当地卫生条件太差，游客就不愿意接受其服务。同时，该村民也就不能获得旅游收入。旅游开发后，村民为获得游客的好感和更多的收入，龙脊平安壮族村民开始注重个人卫生，卫生意识明显增强。房屋不再是木质结构，而是更为坚固的钢筋混凝土结构，外表按传统的木质风格装修。龙脊平安壮族村民纷纷改建了住房，房屋干净整洁，装修得古朴典雅。每家房间内都建有卫生间，配备热水器、洗漱用品。家家户户都购买了洗衣机，衣服、床单、被套勤换、勤洗，有些酒店客房还配备有洗衣机，以方便游客洗衣服。这一方面是因为村民的卫生意识增强；另一方面也与收入结构有关，因农业收入占总收入的比例很小，村民不再以农业为中心。很多村民甚至请人代为耕种。随着收入的提高，村民开始讲究饮食健康，为了保证卫生和健康，大部分人家都购买了消毒柜，餐具清洗干净后放进消毒柜中消毒。做饭不再烧柴，一般烧煤气或用电，还安装了抽油烟机。由于游客认为当地产的粮食、蔬菜、水果等食材是干净、无污染的，所以游客喜欢吃当地产的食材。当地村民也逐渐接受了这一观念，采购食品时一般以本地产的为主，而且还要确定工业污染、农药等是否超标，是不是转基因的，是不是当季的，这说明当地村民已经树立起饮食卫生、健康的观念。由于个人卫生意识的增强，蚊子、跳蚤大量减少，疾病传播减少，发病率显著下降，一些流行性疾病已经绝迹。

随着旅游业的发展，公路已经通到村口，有公共汽车直通向县城，村民的收入也大幅增长，有许多村民已经购买了小汽车，交通条件大为改善。随着收入的增长，村民已经衣食无忧，开始更为关注身体健康，也有能力支付医药费，所以村民经常到县城治病检查。

当地政府一直努力推动当地村民参加新型农村合作医疗保险，在刚开始推行时，由于村民收入水平较低，村民都不愿意参加。后来，随着旅游业的发展，村民的收入迅速增加，村民也更加重视身体健康，于是纷纷参加医疗保险。

> **案例**
>
> 在合作医疗的投入上，现在每家每户都要按人口数缴纳医保费用，且每年的标准也有所不同。本年缴纳下一年的医保费用，其中，2016年按每人120元缴纳，2015年按每人96元缴纳，2014年按每人77元缴纳，2013年按每人50元缴纳。此外，政府还帮助每人缴纳20多元，独生子女户、双女户、结扎户、60岁以上老人均不用缴纳。具体医疗报销均按照国家统筹医疗的标准实施。医疗合作刚开始推行时，很多村民都不愿缴纳费用，随着村民对合作医疗认识的加深和对卫生健康的重视，现在村民缴纳费用都很积极和及时。

政府还组织专门的卫生医疗队下乡，每年最少来平安村一次，为当地村民组织开展比较全面的医疗检查。该医疗队为桂林市卫生局和龙胜县卫生局联合组织，不收取村民费用。医疗队也会携带大量药品免费为患病者发放，若暂时无法治疗则会为村民免费开具相关证明。

旅游开发前，村民收入渠道有限，为了获得更多粮食，村民只能到更高、更陡峭的山上开垦梯田。为了补贴家用，农闲时常常到山上帮助其他村民砍树或竹子。这些劳动强度很大，很容易受伤，很多村民因过度劳累而生病。旅游开发以后，村民主要从事酒店、咖啡馆、酒吧以及旅游工艺品销售，抬轿子，背背篓等工作，这些工作相对较轻，对人体伤害不大。虽然还要耕种梯田，但高山上相对贫瘠的旱地已经没有人耕种，也不再采用人力、畜力，而是使用机器，劳动强度大大下降，对村民的身体已经造成不了伤害。

> **案例**
>
> 旅游开发前，我们很穷，没有饭吃，我们要到很高的山上开垦土地，种些红薯。红薯主要用来喂猪，过年的时候杀年猪才有肉吃。耕地用牛耕，有的是偶耕，就是一人扶犁，一人拉犁。农闲的时候也有人去打工，就是帮外面村子里的人砍树或砍竹子，自己带米，那时候不像现在，那会儿没有锅、水壶，人们就地砍伐竹子，截成一段段的，把米放进竹筒里，加点水，放在火里烧，也就是现在见到的竹筒饭。那时候很辛苦，我的腰现在还有些疼，可能就是那时候累的。现在好了，都采用机器耕地，高一点的旱地没人种了，就栽了一些树，农活很轻松地就干完了。我准备到龙胜县人民医院检查一下身体。

随着旅游业的发展，村民收入迅速增长，村民的饮食品种越来越丰富，营养更为均衡，身体抵抗力增强，生病的概率下降，传染病基本绝迹。村民也开始关注身体的健康，如果感到身体不舒服就到城市大医院检查。

6.3 旅游发展对龙脊平安壮族传统习俗和观念的影响

旅游开发前，龙脊平安壮族有很多不健康的习俗，这也严重威胁到了壮族村民的健康。旅游开发后，壮族村民这些不健康的习俗逐渐得到变迁。

6.3.1 抽烟习俗的变迁

旅游开发前，龙脊平安壮族男子喜欢抽烟。"这里的壮族男人有80%以上会抽烟叶，在十多岁就学了，女人不抽[1]"。男客人到家，主人要请客人抽烟，这是龙脊平安壮族最基本的待客礼仪，甚至比奉客吃茶更重要，当地流传"吃烟好，吃烟好过吃你茶；吃茶口口吞下肚，吃烟口口吐莲花[2]"等赞美抽烟的顺口溜，也说明龙脊平安壮族村民喜欢抽烟。烟叶大部分为自己种植的，极少从外面购买。新中国成立前龙脊平安壮族还有人抽大烟，常常弄得倾家荡产，"廖海珠等还卖了妻子来抽[3]"。抽烟严重损害龙脊平安壮族人民的身体健康。

旅游开发后，从事旅游服务获取的收入远远高于农业的收入，龙脊平安壮族不愿意再耕种梯田，这破坏了梯田景观。为了鼓励大家耕种梯田，旅游公司出台了奖励措施，凡是耕种水田的，按1000元/亩给予奖励，不耕种水田则罚款，所以村民又开始耕种水田，但旱地不是龙脊景区的组成部分，旅游公司不奖励，所以村民都放弃了耕种旱地。烟叶是旱地作物，所以龙脊十三寨也没人种植烟叶了，抽本地产的烟叶的壮族村民自然绝迹。有些村民开始改抽卷烟，但游客反感抽烟，不愿意接受抽烟人的服务，为了迎合游客，很多壮族村民放弃了抽烟。村民从游客的态度中也意识到抽烟的危害，也不再请客人抽烟，抽烟习俗渐渐改变。现在，龙脊平安壮族年轻人已经很少抽烟了。这减轻了烟草对壮族村民身体

---

[1] 全国人民代表大会民族委员会办公室.广西龙胜各族自治县龙脊乡壮族社会历史情况调查[Z].1958:50.
[2] 黄钰.龙脊壮族社会文化调查[J].广西民族研究.1990(3):86-93.
[3] 全国人民代表大会民族委员会办公室.广西龙胜各族自治县龙脊乡壮族社会历史情况调查[Z].1958:50.

的损害,并促进了村民身体素质的提升。

6.3.2 婚姻习俗的变迁

1. 早婚习俗的变迁

龙脊平安壮族历来有早婚的习俗。中华人民共和国成立前,"普遍的结婚年龄在8~12岁,年龄达到十五六岁结婚的很少。女孩子若长到十七八岁还没找到婆家的,便被认为嫁不出去。虽然政府广泛宣传早婚的坏处和晚婚、晚育的好处,但由于传统观念的制约,早婚现象仍然十分普遍。笔者调查时,当向四十岁左右的壮族人问及其结婚年龄时,他们说结婚很早,不好意思说。早婚早育对壮族的身体造成了很大的损害,包办婚姻使龙脊平安壮族的身心健康受到严重摧残,制约了龙脊平安壮族身心健康的提高。旅游开发后,大量游客、民族文化研究学者涌入,他们不自觉地向当地人传达了"早婚不好"的价值观念,当地人也渐渐接受了这一事实。旅游开发使壮族村民认识到教育的价值,他们对子女的教育非常重视,这也在客观上促进了早婚习俗的变迁。

2. 族内婚变迁

龙脊平安壮族历史上实行族内婚。中华人民共和国成立前,龙脊平安壮族村民居住于大山之中,通往外界交通不便。壮族村民经济条件也十分落后,他们耕种狭窄的梯田也十分辛苦。由于封闭的环境,龙脊平安壮族形成了独具特色的习俗,语言不通、习俗不同,阻碍了壮族与其他民族的交往。因为这些原因,汉族女子不愿意嫁到龙脊平安壮族村寨。龙脊平安壮族与邻近的瑶族生活环境相似,但也不互相通婚,据说是因为生活习惯不同,难以适应。龙脊平安壮族甚至流传"'好女不出龙塘界,好牛不出牛井坳''宁愿守空房,金换不嫁外面人'"的俗语,这反映了龙脊平安壮族的价值观,这进一步阻碍了壮族女子与其他民族的通婚。之所以会出现这样的价值观,最根本的原因是为了保证本民族的男性能够婚配,从而实现本民族的延续。如若不然,大量壮族女子嫁给经济、交通条件较好的汉族,又没有其他民族的女子嫁到贫穷落后、交通闭塞的龙脊平安壮族村寨,壮族男子就无法婚配,整个民族的延续就会陷入危险境地。中华人民共和国成立后至旅游开发前,由于经济条件仍然十分落后,族内婚并没有根本得到改变。笔者在平安村调查发现,40岁以上的人,无论男女,基本上都姓廖,这说明旅游开发前壮族族内婚并没有从根本上得到改变。

旅游开发从根本上改变了龙脊平安壮族族内婚的习俗，也改变了龙脊平安壮族的贫困落后状况，促进了龙脊道路、自来水、供电等基础设施的改善，景区基本上按照城镇标准进行管理。汉族和其他民族的女子也开始愿意嫁到龙脊村。旅游促进了人员流动，既有外地人流入龙脊工作、做生意、旅游，也有龙脊人外出旅游、接受培训、外地求学，人员流动促进了不同民族的通婚。

> **案例**
>
> 访谈地点：草木生活馆
>
> 这家咖啡吧是我儿子开的，我儿子是高中毕业，当时有一家北京公司到这边开酒店，请我儿子做管理。后来，我儿子辞职到阳朔搞旅游，有一位女大学生也在那边工作，于是他们就相识了，后来就结婚了。他们回来就开了这家咖啡吧，平时由儿媳妇管理，我没事时也过来帮帮忙。

由表6.2统计的1991—2003年龙脊壮族婚嫁流动与婚嫁模式的数据可知，旅游开发后，龙脊平安壮族相互通婚的仅占14.29%，说明旅游开发后龙脊平安壮族族内通婚的现象已经大大下降。

表6.2 1991—2003年龙脊壮族婚嫁流动与婚嫁模式

配偶原居地	人数/人	百分比/%	娶妻/人	外嫁	招婿
龙脊十三寨	3	14.29	2：新寨1、黄洛1		1：马海1
本乡	2	9.52		2：和平街2	
本县	3	14.29	1：马蹄乡1	2：龙胜县城2	
本（省）区其他县（市）	8	38.17	3：资源县1、灵川县1、融水苗族自治县1	1：临桂县1	4：防城港1、平南2、阳朔1
省（区）外	5	23.81		5：广东3、香港2	
合计	21	100	6	10	5
百分比/%			33.33	38.89	27.78

注：黄润柏.守望精神家园：龙脊壮族生活方式变迁研究[M].南宁：广西人民出版社，2008.

3. 近亲通婚习俗变迁

龙脊平安壮族素来有近亲结婚的习俗。"这里有这样一种奇特的现象，就是有不少堂兄妹成婚的人。如在马海屯，几乎50%是堂兄妹成婚[1]"。之所以近亲结婚，是因为壮族普遍贫困，没有能力娶妻。近亲结婚严重影响了龙脊平安壮族身体素质。旅游开发后，近亲结婚的现象基本绝迹，这促进了壮族村民身体素质的提高。

4. 不落夫家习俗变迁

中华人民共和国成立前，龙脊平安壮族有"不落夫家"的习俗，"结婚第四日清晨，新娘和伴郎（各人带3斤肉）一道回娘家，此后新娘就较少来夫家了。到了次年头社（二月初二），男方家用2斤酒、2斤肉去请新媳妇回来，住两三晚后又回娘家。旅游开发后，不落夫家的习俗渐渐得到转变。

6.3.3 生育与养育习俗的变迁

中华人民共和国成立前，龙脊平安壮族怀孕妇女很少进行产前检查。中华人民共和国成立后到旅游开发前，受限于封闭的山区环境和落后的经济条件，这一状况并没有得到根本改变。旅游开发后，龙脊平安壮族妇女每年都进行至少四次妇检和一次生殖健康检查，怀孕妇女更是按医生的嘱咐进行产前检查，及时了解胎儿的生长发育情况。之所以出现这种变化，主要原因有以下几个方面。首先，在旅游业的发展过程中，村民通过学校教育、游客等了解了有关生育方面的知识，他们意识到孕期检查的重要性。其次，为了发展旅游业，公路已修到村口，开通了龙胜县城到龙脊各村寨的公共汽车，很多壮族村民还购买了小汽车，出行便捷，为龙脊孕妇外出产前检查提供了条件。最后，旅游业的发展使龙脊平安壮族村民的收入迅速提高，于是孕期检查的潜在需求变成现实需求。

中华人民共和国成立前，龙脊妇女都在家中生孩子，由婆婆、嫂子接生，有的请接生婆接生。中华人民共和国成立后至旅游开发前，龙脊妇女在家中生孩子的现象仍然十分普遍，但由于当地经济已经有了一定程度的发展，在政府的宣传下，龙脊平安壮族村民已经具备了一定的生殖健康方面的知识，所以龙脊平安壮族妇女生孩子不再由家人或接生婆接生，而是"请大队卫生院或村医疗保健站的卫生员接生，遇难产时也请医生开药方，煎草药服，或请老接生婆喷符水，以渡难关[2]"。上门郎

---

[1] 广西壮族自治区编辑组,《中国少数民族社会历史调查资料丛刊》修订编辑委员会.广西壮族社会历史调查[M].北京:民族出版社,2009:128.

[2] 黄润柏.守望精神家园:龙脊壮族生活方式变迁研究[M].南宁:广西人民出版社,2008.

的妻子不能在家生孩子，因为在龙脊平安壮族的观念里，上门郎属于外人，在家生孩子的污秽会冲撞祖先，所以只能在外面生孩子。未婚女子也不能在家生孩子，也要到外面生孩子。这显然不利于壮族妇女儿童的身心健康。旅游开发后，龙脊平安壮族村民收入迅速增长，龙脊平安壮族村民对医疗保健的需求不断增长，他们认为医院才能保证母子健康，所以产妇不再在家中生孩子，而是到乡卫生院或县医院。

旅游开发前，龙脊平安壮族村民养育孩子的方法不科学，孩子刚出生就喂一些米汤，孩子生病了就按有经验的老年人的方法，自己抓一些中草药熬给孩子喝。旅游开发后，龙脊平安壮族开始重视科学养育婴儿，儿童食品开始追求安全、营养均衡和健康，根据婴幼儿的营养需求，有目的地添加牛奶等食品。为了防止婴幼儿生病，孩子从出生开始就打各种疫苗。如果感觉孩子生长发育不正常，龙脊平安壮族村民还带孩子去医院做检查，及时发现由于微量元素或其他原因导致的发育问题，按医生的要求采取有效措施进行干预，从而保证孩子的健康成长。孩子生病了就及时就医，而不是像过去那样随便买些中草药。

6.3.4 多子多福观念的改变

中华人民共和国成立前，龙脊平安壮族普遍有多子多福的观念，这主要是以下因素引起的。一是为了争夺自然资源。由于龙脊平安壮族生活于大山之中，交通极为不便，政府力量对龙脊平安壮族村寨的影响比较小，村民以自治为主，山林、水源等资源的分配主要依靠家族的力量，家族人口多力量强，就能在山林、水源等自然资源的竞争中占据优势，就能获得较多的资源。二是为了减轻赡养父母的压力。中华人民共和国成立前，龙脊平安壮族村民收入极低，难以维持温饱。如果孩子较少，赡养父母的压力就比较大，甚至没有能力赡养父母。三是因为死亡率高。中华人民共和国成立前，因为贫穷、营养不均衡，村民身体状况差；主要依靠人力劳动，很多村民甚至采用人拉犁的偶耕方式，劳动强度大，对身体的伤害大，身体比较虚弱；缺乏卫生知识，容易感染疾病；医疗条件差，难以治愈疾病。这些因素导致龙脊平安壮族的死亡率偏高，在孩子数量过少的情况下，如果孩子不幸于父母死亡前病逝，其父母就会陷入老无所养的境地。在这些因素的共同作用下，多生育孩子是龙脊平安壮族村民的自然选择，长久以来就形成了多子多福的观念。中华人民共和国成立后到旅游开发前，由于龙脊平安壮族生活环境并没有根本改善，上述因素仍然存在。所以，龙脊平安壮族多子多福的观念并没有从根本上改变，再加上村民缺乏避孕知识，所以每家每户生育的孩子都比较多，有很多家庭生育3个及以上的孩子。孩子过多，村民没有足够的时间和精力照顾，营养不均衡，健康没有保证。旅游开发后，村民多子多福的观念逐渐得到改变。

> **案例**
>
> **访谈对象：平安酒店老板娘，LCL，30多岁**
>   笔者：你好，你家有几个孩子？
>   LCL：一个。
>   笔者：男孩还是女孩？
>   LCL：女孩。
>   笔者：现在放开二胎了，还准备要吗？
>   LCL：不想要了，一个就够了。

笔者调查发现，现在龙脊平安壮族每家基本上都是只有一个孩子，基本没有生二胎的打算，说明村民的多子多福的观念已经发生了改变。笔者调查了龙脊平安壮寨人口的变化，人口数量基本上维持在814—819人，变化不大。其他学者的调查也发现了这一现象。

"2000年，龙胜县119个行政村中，有6个村人口零增长，48个村人口负增长，即有45.4%的村人口零增长和负增长。龙脊十三寨所属的金江、龙脊、平安、黄江、马海5个村。20世纪90年代以后，人口增长速度即十分缓慢，基本处于零增长阶段，甚至出现人口负增长。统计资料显示，2000—2004年的5年间，5个村出生人口共计195人，死亡人口313人，5年间减少118人，人口持续负增长。同期和平乡全乡共出生709人，死亡700人，5年间增加9人，人口接近零增长，而同期龙胜县人口自然增长率为1.35‰。龙脊人口自然增长率不仅低于全乡的平均水平，也明显低于龙胜县的平均水平[1]。"

多子多福的观念之所以会改变主要有以下几个原因：一是游客的影响。国内游客大多来自城市，只生育一个孩子，在他们的观念里，生育一个孩子是正常的，在他们的影响下，龙脊平安壮族也接受了"少子化"的观念。二是收入和社会地位的权衡。多生育一个孩子就需要至少一个劳动力照料孩子，就会减少一份收入，增加一份支出。与其他村民相比，生活水平就会显得低，这无形中降低了该村村民在村寨中的社会地位。三是产生多子多福观念的环境已经发生了改变，主要表现为：旅游业的发展是建立在法律基础上的，物权受法律保护，资源的分

---

[1] 黄润柏.守望精神家园:龙脊壮族生活方式变迁研究[M].南宁:广西人民出版社,2008.

配已经不再按照武力,而是按照法律或合同的约定。随着旅游业的发展,龙脊平安壮族村民的收入已经快速增长,赡养老人已经不很困难。另外,老年人进行文艺表演、背背篓、销售竹筒饭、烤红薯、卖土鸡蛋、野山菌、龙脊辣椒等获取的收入完全能够满足自身消费需求,不需要子女出多少赡养费。生活水平提高后,营养更为均衡,卫生意识增强,医疗条件改善,这使得龙脊平安壮族患病的概率下降,死亡率大大下降。

随着生育孩子数量的减少,村民对孩子的照顾更加周到,营养更为均衡,他们千方百计地为孩子选择更为优质的教育资源,这也极大地改善了村民的健康状况。

6.3.5 饮食观念的变迁

旅游开发前,龙脊平安壮族经济落后,除了在隆重的节日或宴会上,普通壮族人在日常是很少吃荤的。因此,吃饱饭是龙脊平安壮族基本的饮食追求,至于餐饮是否健康、是否安全关注不够。在此观念的引导下,龙脊平安壮族产生了许多不健康的饮食习俗,如吃酸菜、吃荤油习俗等。随着旅游业的发展,龙脊平安壮族的收入增长迅速,经济早已经摆脱落后的状态,逐渐开始关注饮食的营养均衡和健康,于是传统的饮食观念发生了根本性的变迁。

1. 吃酸菜习俗的变迁

旅游开发前,村民食用的蔬菜较多,肉类较少。蔬菜都是自己种植的,春夏产量多,吃不完,于是他们便将菜腌起来,留作冬天食用。所以,龙脊村民向来有腌酸菜的习俗,"腌菜有酸菜、酸笋、酸豆角、咸萝卜、大头菜等[1]"。酸菜在腌制过程中会产生亚硝酸盐,长期食用会导致亚硝酸盐在体内蓄积,达到一定程度还会导致亚硝酸盐中毒。酸菜在腌制过程中酸度过高,草酸与人体内的钙结合会形成不溶于水的草酸钙,"长期吃酸菜可能会让人患上泌尿系结石[2]"。酸菜在腌制过程中容易受到细菌污染,产生毒素,长期食用还会增加患癌症的风险。

旅游开发后,因旱地不是景区的组成部分,旅游公司不给予补贴,种旱地的收入远远低于从事旅游服务的收入,所以村民纷纷放弃了旱地的种植,蔬菜产量减少。而游客又特别喜欢吃当地的食材,游客过多,本地的蔬菜远远满

---

[1] 黄润柏.守望精神家园:龙脊壮族生活方式变迁研究[M].南宁:广西人民出版社,2008.
[2] 彭永强.常吃酸菜会增加患病风险[J].保健医苑,2012,(02):53.

足不了这方面的需要，需要向外地采购，没有了多余的蔬菜，腌制酸菜就少了原料来源。另外，游客认为酸菜对身体不好，容易引发疾病，在与游客的交流中，龙脊平安壮族村民逐渐接受了这一观念，出于健康的考虑，村民也不再腌制酸菜、吃酸菜了。

中华人民共和国成立前，龙脊平安壮族村民将肉酶酸吃。"酶酸的制法是这样的：将米炒熟磨成粉，将猪肉拌盐（每10斤肉放半斤盐）后放入瓦罐中，然后盖上熟米粉，放置20天后就可以食用了。这些肉可以放上数年，平常做苦工或是客人来时才拿出来吃，人们称之为'贵客菜'。其他酸猪肝、酸牛肉、酸鱼的吃法，是在临吃前将牛肉或鱼切好，放入酸醋中酶制后吃[1]"。中华人民共和国成立后到旅游开发前，这一风俗没有多大改变。旅游开发后，龙脊平安壮族从游客那里了解到腌制食品的害处，于是逐渐减少了食用腌制肉。

2. 吃荤油习俗的变迁

中华人民共和国成立前，龙脊平安壮族村民喜欢吃荤油，不喜欢吃植物油，他们认为植物油不好，长期吃植物油没有力气，干不动农活。那个时候，龙脊村民缺衣少食，很少能吃肉，而梯田农业又很辛苦，热量消耗大，荤油热量较高，正好满足农民的需要，所以中华人民共和国成立前，吃荤油有利于龙脊村民的身体健康。中华人民共和国成立后至旅游开发前，由于龙脊平安壮族的经济条件并没有得到明显改善，所以仍然喜欢吃荤油。旅游开发后，旅游服务业的劳动强度相对较小，吃荤油并不能及时消耗，反而容易造成脂肪在体内蓄积，影响身体健康。游客告诉村民吃荤油对身体不好，容易引起心血管病，龙脊平安壮族逐渐接受了这一观点，于是吃荤油的少了，这有利于村民的身体健康。

3. 饮食品种相对重要性观念的变迁

旅游开发前，由于粮食缺乏，很多龙脊平安壮族村民吃不上饭，只好吃些红薯、野菜充饥。所以，他们认为红薯等杂粮不好，大米等主粮才有营养，长期食用身体才能健康。有大米等主粮的时候，他们很少吃红薯，即使在不适合种植其他作物的田地里种了红薯，也很少吃红薯，大部分红薯被当作饲料用来养猪。旅游开发后，当地人发现，当地红薯等杂粮等更能获得游客的青睐，很多游客都喜

---

[1] 广西壮族自治区编辑组，《中国少数民族社会历史调查资料丛刊》修订编辑委员会.广西壮族社会历史调查（一）[M].北京:民族出版社,2009:120.

欢吃红薯，于是老年人开始烤红薯卖，销售不错，有时还超过主粮的收入。因此，龙脊平安壮族对主粮与杂粮的相对重要性观念发生变化，认为红薯等杂粮也是重要的。旅游开发前，龙脊平安壮族认为山上的野菜口感不好，而种植的蔬菜新鲜、口感好，尤其是从外面运进来的蔬菜更是好，他们只在没有蔬菜吃时才到山上挖些野菜。

旅游开发后，当地人发现游客不喜欢吃从外面运进来的新鲜的蔬菜，反而喜欢吃山上的不起眼的野菜。他们从游客处了解到山上的野菜是没打农药、天然的蔬菜，对身体很好，于是龙脊平安壮族村民对野菜有了全新的认识。旅游开发前，龙脊平安壮族村民到山上劳动，或到外地销售粮食，因为没有锅、碗等工具，也没有水，只好砍伐竹子，将米装进竹筒里用火烤熟吃，这是不得已而为之。旅游开发后，当地人发现游客对竹筒饭情有独钟，很多游客争着买竹筒饭，于是竹筒饭的地位超过了主食的地位。龙脊山上长了很多天然的金钱柳，旅游开发前，龙脊平安壮族认为金钱柳是无用之物，只是当地小孩子没有零食，肚子饿了才摘一点放口里嚼。旅游开发后，游客发现当地长着野生的金钱柳古树，甚是喜欢，于是采摘叶片泡茶喝。他们告诉龙脊村民，金钱柳叶泡茶不仅口感好，而且对动脉硬化、糖尿病等心脑血管疾病都有很好的疗效，还是天然无污染的。于是金钱柳变废为宝，金钱柳茶成为接待客人的重要饮料，游客们争相购买，金钱柳茶也成为当地重要的土特产品，每年为龙脊平安壮族带来不菲的收入。这些变化使龙脊平安壮族对饮食产生了新的认识，他们开始追求营养、健康、安全的饮食，购买食品时优先采购当地产的，需要到外地采购时他们也要检查是否农药超标。

世界卫生组织认为："营养是促进健康与发育的关键。良好的营养能够使新生儿、儿童和孕产妇的健康得到改善，免疫系统更强健，妊娠和分娩更安全；罹患非传染性疾病（如糖尿病和心血管疾病）的风险更低且长寿。

任何形式的营养不良都是人类健康的重大问题。今天的世界，尤其是发展中国家，正面临着营养不良的双重负担：营养不足和超重[1]。"

可支配收入的增加、饮食观念的变迁使龙脊平安壮族的饮食结构更为科学、营养更为均衡。而从世界卫生组织关于营养与身体素质关系的观点来看，龙脊平安壮族身体素质能够得到显著的提高。

---

[1] 世界卫生组织.关于营养的10个事实[EB/OL].[2016-07-26]

6.4 旅游业的发展与村民健康投资

旅游开发前，龙脊平安村只有崎岖的山路通向山外，平安村民如果到外求医，就必须翻山越岭，耗费大量的时间、精力和财力。随着旅游业的发展，交通等基础设施更为完善，龙脊平安壮族出门看病更为方便，成本下降，这使得健康投资的边际收益增加。

旅游开发前，由于物资资料缺乏，道路等基础设施落后，劳动强度大，生活艰辛，健康带来的边际效用不是很大。旅游开发后，龙脊平安壮族生活水平很大程度上得到提高，电脑、电视、洗衣机等各式家电齐全；旅游服务行业工作相对轻松，劳动强度不大，且单位时间的收入远远高于耕种梯田的收入；娱乐方式多样化；电力、饮水工程、排污工程、道路、网络等基础设施已经建成，日常生活更为轻松。健康给平安壮族农民带来的边际效用有所提升。

随着旅游业的发展，龙脊平安壮族的医疗条件明显改善，医疗水平有所提高。而龙脊平安壮族村民的收入提高也促进了健康投资，在二者的促进作用下平安村民健康水平的提升更为明显，村民人力资本得到明显提升。

具体来看，旅游开发前，龙脊平安壮族主要从事梯田农业，种子、化肥、农药等都依靠人背，犁田耙地主要靠人力、畜力，还有的靠人拉犁，非常辛苦。为了获得更多收入，龙脊平安壮族只好到更高的山上开辟更为贫瘠的土地，这使得龙脊平安壮族更为辛苦，健康资本折旧非常快。旅游开发后，龙脊平安壮族主要从事旅游服务业，与梯田农业相比工作轻松多了，劳动强度不大，健康资本折旧率下降。旅游开发后，龙脊平安壮族主要依靠学习先进的管理经验、学习经营酒店的技巧等方式增加收入，不需要通过高强度的体力劳动，这也使得健康资本的折旧下降。旅游开发后，龙脊平安壮族意识到了知识的作用，对教育更为重视，教育投资增加，教育年限延长，而教育使健康人力资本的折旧率显著下降，具体表现为：教育使龙脊平安壮族掌握了更多保持健康的知识和技术，从饮食、锻炼、环境卫生等方面重视健康，从而使健康的损害下降；健康是关于保健医疗投入的函数，教育水平提高使村民可以选择效率最高的投入函数，从而使医疗保健投入的效率提高，即在相同的投入条件下，身体更为健康；健康投资也具有边际收益递减规律，投资不足或过度投资都不利于保持和增强健康，教育使龙脊平安壮族对这一观念更为了解，所以会选择最佳的健康投资方案，从而避免了健康投资不足或过度投资，这也降低了健康的磨损；教育水平提高使龙脊平安壮族获取收入的途径得以增加，可以选择对健康损害小，且能增加收入的途径。因此，旅游开发后龙脊平安壮族健康资本的折旧显著下降，这也使健康投资的边际成本得以下降。

综上，为了招揽游客，龙脊平安壮族增加了生活卫生方面的投资，拆除旧的人畜混住的旧建筑，修建更为卫生、舒适的新建筑；添加新的卫生设施，如修建卫生间、消毒柜等；改变过去不卫生的生活习惯；旅游业的发展增加了龙脊平安壮族的收入，他们更加重视身体健康，在医疗上的支出增加；旅游业的发展改善了当地的基础设施，降低了龙脊平安壮族的就医成本，也刺激了龙脊平安壮族的健康投资。

随着村民健康投资边际收益的上升、边际成本的下降，村民健康资本得以明显增加，这说明旅游业的发展促使平安村民增加了健康投资。

> **案例**
>
> **访谈对象：平安酒店贵宾楼服务员，50多岁，附近岩湾寨人**
>
> "我来这里3年了，工资2000多元一个月，包吃住，每个月3天假。我工作没有固定要求，只要打扫完卫生，洗好碗就能休息、玩手机、绣花、烤火。
>
> "现在平安壮寨（旅游）开发了，我还是喜欢平安，感觉现在的工作比在家里从事农务活轻松。外出打工后，家里很多田地已经丢荒十几年，有的种了沙树，只留有菜地种菜自给，用打工的工资买米。
>
> "健康证都要的，龙胜疾控中心有，办个健康证要大概100块钱，还有卫生法规知识培训。"

旅游业的发展还促使了政府、企业等投资主体增加了健康投资。首先，旅游业的发展刺激了政府公共健康投资的增加。旅游业的发展需要良好的卫生医疗条件，但医疗、卫生服务具有一定的非排他性。比如，政府提供了良好的公共环境卫生服务，并不能采取有效的措施将非付费的人排除在外，即不管是否付费，凡是处于该环境的人，都能享受该公共卫生服务。它还具有非竞争性，当公共环境卫生设施建成以后，增加一个人使用，并不会使成本显著增加，即享受公共环境卫生设施和服务的边际成本接近于零，根据边际收益等于边际成本的原则，应该无偿提供该服务。正是因为公共产品有这样的性质，所以私人不愿意投资，政府作为公益部门，应当提供这样的产品；旅游业的发展使政府的税收收入大幅增加，政府的形象也因此而显著提升，政府是旅游业发展的受益者，理应给予补偿；旅游业的发展使政府的财政收入提高，政府也有能力进行投资。因此，随着旅游业的发展，当地政府增加了对龙脊地区的公共健康投资。在龙脊乡政府所在地改建扩建了卫生院，增加了药品、医疗器械的供应；聘用了更多医生，并对医生进行了专业培训；在龙脊十三寨都配备了卫生室，医生隶属于乡卫生院，药品、医疗器械由乡卫生院供应，并对村卫生室的医生进行培训。政府加大对龙脊景区公共环境的整治，与旅游公司合作投资修建了人畜饮用水工程、排污工程等。

案例

访谈对象：龙脊风景名胜区管理局，工作人员

问：在景区（村寨）环境、医疗卫生、交通等基础设施与服务设施方面，有哪些改进措施？

答：交通就不用说了，这是最基本的。搞好外部交通、外部至村寨的交通，以及景区的内部交通，从我们工作人员到县委县政府都很重视。无论是龙脊梯田风景名胜区的规划，还是详规，都十分重视对交通、排污、水源、垃圾处理、环境保护等工程设施和管理的规定。

其次，旅游业的发展也刺激了企业对健康投资的增加。只有公共医疗卫生条件得到改善，才能吸引更多的游客，也才能增加收入。桂林龙脊旅游有限公司基于公司利益的考虑增加了公共医疗卫生方面的投资，修建干净整洁的卫生间，并派人专人进行管理，出台了卫生管理监督管理的办法；对景区卫生划片承包管理，每一片卫生设专人负责；引入专业的卫生保洁公司，由专业的保洁公司对垃圾等进行无公害处理；增加对饮水工程、排污工程的投资。

案例

访谈对象：桂林龙脊旅游有限责任公司，工作人员

环卫服务与设施这一块主要由我们公司的景区工程部负责监工。这块工作比较重要，整个龙脊景区每年接待近百万人次的国内外游客，产生经济效益的同时也给景观保护带来了巨大的压力，基础设施和公共配套设施常常处于超饱和运作状态。

像去年，我们做了三个寨子的排水沟维修，对景区内环卫设备进行了全面的硬件升级，其中新购北京牌货车对景区日常垃圾进行集中处理，新购仿木铝材垃圾箱500个，极大地缓解了景区垃圾回收运输问题。我们还改造升级了18个公厕，改善了厕所设备配套与管理制度，已经通过了龙胜县旅游厕所改造评审。龙脊景区都是村寨，我们还跟景区管理局、各个村委合作，开展了城乡清洁行动。

本章小结

世界卫生组织宪章将健康定义为:"健康乃是一种在身体上、精神上的完满状态,以及良好的适应力,而不仅仅是没有疾病和衰弱的状态。这就是人们所指的身心健康。也就是说,一个人在躯体健康、心理健康、社会适应良好和道德健康四方面都健全,才是完全健康的人[1]"。旅游业的发展促使各主体增加了健康投资,这使龙脊平安壮族的身心健康都得到了提升。

首先,旅游业的发展促进了龙脊平安壮族人民身体的健康。龙脊平安壮族患病概率下降,恶性传染性疾病已经基本绝迹,婴儿死亡率下降,人均寿命延长。

其次,旅游业的发展促进了龙脊平安壮族的心理健康。旅游业的发展使龙脊平安壮族具有更积极的生活理念。旅游开发后,龙脊平安壮族村民为了获取更多收入,主动根据游客需求,改变了不卫生、不健康的生活习俗,积极学习普通话,很多人还会说英语,不仅更易被当地人所悦纳,而且被外地人甚至外国人所悦纳。当地村民积极吸收现代文明成果,并广泛利用网络、电子商务平台,掌握了丰富的知识和技能,处理问题的能力显著增强。随着收入的快速增长,龙脊平安壮族人民更为变得自信,对生活的满意度越来越得到提高。

旅游业的发展使龙脊平安壮族能够更合理地处理与他人的关系。旅游开发前,龙脊十三寨非常封闭,村寨内部壮族人之间关系比较亲密,但对村寨以外的人员则采取排斥的态度,与他人产生矛盾常常采取武力等违法的行为进行解决。旅游开发后,龙脊平安壮族交往范围扩大,视野逐渐开阔,思想更为开放,不再排斥外人,而是欢迎外地人前来投资和旅游。一旦与他人产生矛盾,常常采取调解或法律手段进行解决。

随着旅游业的发展,游客、外来投资者、有关学者等涌入龙脊平安壮族村寨,他们带来了外界新的思想、习惯、管理经验等,这些都丰富了龙脊平安壮族的知识;为了获取更多收入,龙脊平安壮族主动学习有关知识和经验,还走出村寨到阳朔等地学习景区管理、酒店管理、生态保护等知识和技能;为了更有效地推动景区的健康发展,旅游公司、政府部门等在龙脊平安壮族村寨用多种形式宣传旅游的相关法律法规、消防知识、卫生知识、生态知识、文化保护知识、金融知识等。

---

[1] 董洪涛.中西健康观.决策与信息[J]. 2010(9):74-75.

因此，随着旅游业的发展，龙脊平安壮族的知识更为丰富，可以随时调用来解决面临的问题。旅游业的发展还带来了信息技术等现代技术，如果遇到问题，龙脊平安壮族会利用现代信息技术去寻找解决问题的办法。例如，旅游开发前龙脊平安壮族不会做西餐。旅游开发后，为了接待外国游客，龙脊平安壮族通过上网查找并跟着教学视频学习如何做西餐的技术和方法。旅游业的发展促进了龙脊平安壮族心理健康的发展。

再次，旅游业的发展使龙脊平安壮族适应社会的能力增强。适应是动物的本能，适应能力是动物应对环境的能力，应对环境能力越强，适应能力越强，越能够生存下去。人又是社会性的动物，不仅要适应自然环境，还要适应社会环境。所以，人的适应能力也常常称为社会适应能力。社会适应能力包括两个方面：一是个体独立生活的能力程度，独立能力越强，越能够处理与自己有关的事项，表明适应能力越强；二是行为满足社会规范的程度，社会规范包括法律规范、文化规范、道德规范等，如果人的行为与社会的规范越一致，就越能获得社会的认可，社会适应性就越强。

陈忞认为，社会适应能力可以通过四个指标衡量。"第一个指标是自理能力(self-help)，包括几乎使自己能为社会所接受的日常生活技能和习惯。第二个指标是沟通能力(communication)，即表达和理解他人的能力。第三个指标是社会化(socialization)，包括和他人共同生活及合作所必需的技能。第四个指标是职业(occupation)，包括大多数使自己成为有用之人的能力[1]"。

旅游业的发展，显著增强了龙脊平安壮族的沟通能力。龙脊平安壮族不仅能够熟练地运用普通话与游客交流，而且还会运用简单的英语与外国游客交流。因为梯田是景区的一部分，凡是耕种梯田的，旅游公司会根据耕种梯田的数量给予相应的补助。如果不耕种，则给予惩罚。所以，龙脊平安壮族保留了传统的梯田耕种知识和技能。为了提高耕种的效率，龙脊平安壮族又引进了机器耕种技术。耕种、收割主要用机器，大大节省了人力和物力。为了获得更多收入，龙脊平安壮族人民广泛学习酒店经营等旅游服务相关的知识和技能。因此，旅游业的发展使龙脊平安壮族的知识更加丰富，技能显著提升。随着旅游业的发展，龙脊平安壮族的行为不仅能满足传统文化的要求，而且能满足旅游业发展的要求。龙脊平安壮族在旅游中学习与游客相处、与外来投资者相处、与旅游管理部门相处、与

---

[1] 陈忞.学生心理健康与社会适应[M].北京:国际文化出版公司,2002.

税务部门相处、与金融机构相处等，龙脊平安壮族与他人合作和共同生活的能力显著增强。因此，旅游业的发展显著提升了龙脊平安壮族的适应能力。

旅游业的发展还提升了龙脊平安壮族的道德健康。道德是由道和德构成的。道是客观的规则、规律、规范。不管是否认识，是否承认，道始终是存在的，并发挥相应的功能；德即得，是得到的意思，是指个人获得客观的道，在主观上的反映。朱熹说"道者，人之所共由；德者，己之所独得"。道德放在一起表示得道，即客观的道在我们头脑中的主观反映。道德是一种社会规范，这种社会规范与法律等是不同的，法律等社会规范是明文规定的，并通过强制力实施的。而道德一般没有明文规定，主要依靠舆论、习俗来约束。没有明文规定，并且不依靠武力实施的社会规范一般都属于道德的范畴。道德作为一种意识，是上层建筑的一部分，由经济基础所决定，有什么样的经济基础，就会有什么样的道德标准。

我国已经建立起社会主义市场经济，相应地形成了社会主义市场经济道德。旅游开发前，龙脊平安壮族人民居住在封闭的大山之中，主要依靠梯田农业维持生存，形成了龙脊平安壮族传统的道德观念。他们认为农业直接增加粮食产出，农业是根本，而商业等不直接创造物品，是不重要的，所以形成了重农轻商的道德观。龙脊平安壮族传统上以妇女织布、绣花、做衣服的水平来衡量妇女是否心灵手巧，是否能干。龙脊平安壮族妇女为了显示自己的聪明能干，常常穿多层衣服，最里面的衣服最长，然后每一层都比其里面的衣服短一些，最外层的衣服最短，以便让人看到其针线手艺。但是，每位妇女的特长并不一致，有的擅长织布、绣花，有的则不擅长，但却在其他方面比较擅长。仅仅以织布、绣花的手艺来衡量妇女，就抹杀了妇女的其他特长，降低了效率，这与市场经济讲究效率的原则是相违背的。市场经济以挣钱的多少来衡量人的能力，每一个人都可在市场经济中发挥其特长，从而获取收入，再买回自己所需要的物品，即通过分工来提高效率。龙脊平安壮族传统上形成了勤劳的美德，但很多人却因勤劳而损害身体健康，这与市场经济所强调的"以人为本"的观念是相冲突的。龙脊平安壮族传统上形成了互相帮助的道德观，因此传统的互相帮助的道德观有利于龙脊平安壮族的生存和发展，但这与市场经济重视效率与分工的道德观是冲突的。市场经济条件下，劳动力市场已经建立起来，可以通过劳动力市场雇用专业的劳动力。相比于传统的互相帮扶，这种方式可以更为有效率地完成相应的任务。传统上，龙脊平安壮族是以寨老组织为基础形成的统一体，即龙脊平安壮族每一个人都不是独立的个体，而是集体的一部分，即每一个人的决策不是独立的决策，受村寨集体的影响和制约。这与市场经济要求的参与市场的主体都是自由的、平等的观念相冲突。旅游开发前，龙脊平安壮族与村寨以外的人打交道，就不可避免地产生困惑，甚至会产生矛盾和冲突。旅游开发后，龙脊平安壮族在经营旅游服务等相关行业时，逐渐了解并形成了社会主义市场经济道德观，在与村寨以外的人打交道时，能够从容应对。而在村寨内部，龙脊平安壮族保留了传统的道德观念，仍然按照传统道德观念来辨别真伪、善恶、荣辱、美丑等是非，同时引入了社会主义市场经济道德观。

不仅如此，旅游业的发展还使龙脊平安壮族公共卫生意识增强、医疗知识增多，形成了注重环境卫生和保健的意识，在日常生活中养成了良好的卫生习惯。健康还能够代际传递，主要表现为：健康的父母，其孩子从一出生就比较健康；对生育知识、孕期卫生保健知识懂得较多的父母，从备孕到孩子出生都会采取科学的方式保养、保健，从而保证了孩子的健康；孩子一出生就采取科学的方式养育，从而保证了孩子的身心健康；孩子在具有良好卫生保健习惯的家庭中成长，很快就会形成良好生活习惯，从而保证了孩子的健康成长；如果孩子健康出现问题，能够及时发现，并采取科学的方式处理；随着收入的增加，村民能够在医疗、卫生保健等各方面为孩子的健康成长提供保障。因此，旅游业的发展同时促进了健康的代际传递，使龙脊平安壮族的健康能够代代传递。

第7章　乡村旅游与平安壮族农民人力资本的互动机理

旅游开发前，龙脊平安壮族农民的人力资本非常低。乡村旅游开发后，龙脊平安壮族农民人力资本的存量和结构发生了变化。这种变化通过旅游对教育、培训、健康、职业迁移等人力资本投资形式的影响而产生，前文正是从人力资本层面实证分析了旅游对龙脊平安壮族农民人力资本的影响。研究发现，乡村旅游发展对龙脊平安壮族农民人力资本的积累与提升具有积极效果，教育、培训、健康及职业迁移投资既增加了龙脊平安壮族农民以精力、效率、知识、技能、素质等体现出来的人力资本，又提高了他们在旅游市场上的生产力和资源配置能力，并最终体现为获利能力。

龙脊平安村是一个典型的壮族社区，壮族人口占98%以上。他们除了世代耕种的梯田之外，壮族文化也得到了较好的传承。平安壮寨在此基础上开展的乡村旅游与民族旅游具有一定的重合性。乡村性与民族性、自然与人文紧密交织在一起。对于游客来说，除了梯田景观之外，跨民族交流所包含的文化体验的经历和过程具有非凡意义。由此，龙脊平安壮族农民及其生活状态、承载的地方性知识、龙脊平安壮族文化也构成了平安村乡村旅游的核心吸引物。在此意义上考察，旅游视域下的龙脊平安壮族农民人力资本的构成，既包括舒尔茨意义上人力资本，也包括特殊的地方性资本。这两种资本体现在壮族农民个体上，是合二为一的。其中，舒尔茨意义上的人力资本与旅游收益之间的关联，显著推动了龙脊平安壮族农民在健康、培训、教育等方面的人力资本投资，显著增加了其人力资本，特别是"旅游人力资本"的积累，而地方性知识资本与旅游收益之间的关联，直接推动了龙脊平安壮族文化的传承与保护，促进了龙脊平安壮族文化的再生产。

从人力资本的角度来看，乡村旅游开发极大地增加了龙脊平安壮族的人力资本积累，促进了龙脊平安壮族农民的现代转型和角色转换，而且人力资本在存量与结构上的变化反过来又促进了平安壮寨乡村旅游的内生发展。但不容忽视的是，根据加拿大学者巴特勒于1980年提出的旅游地生命周期理论判断，龙脊平安壮寨的乡村旅游发展处于发展期与巩固期之间的阶段。在这一阶段乡村旅游与人力资本之间的互动过程中仍存在诸多问题。例如，专业旅游人力资本存量仍偏低，人力资本的性质与积累不同带来的职业分化和阶层分化及贫富差距问题，竞争关系带来的村寨人力资本合力达不到最优状态,乡村旅游可持续发展的内部成本增大等问题。鉴于人力资本对乡村旅游发展的作用及平安壮寨的社区和谐与可持续发展,这些问题的解决需要各个层面上的共同努力。

7.1 乡村旅游开发对龙脊平安壮族农民人力资本提升的促进

7.1.1 乡村旅游开发与龙脊平安壮族的职业迁移

第十届(2016年)联合国世界旅游组织、亚太旅游协会旅游趋势与展望国际论坛发布了2016世界旅游趋势报告。报告指出,国民生产总值的提升和旅游业的发展有着千丝万缕的联系。这体现了高经济总量是发展旅游的主要目标之一。另外,根据加拿大学者史密斯的系统模型理论,旅游产业每增加3万元的收入,就会创造出3个就业岗位,其中包括1个直接就业岗位和2个间接就业岗位。在乡村旅游目的地,旅游对就业的贡献主要体现为促进农村劳动力转移就业,其中包括农村剩余劳动力的就地转移和其他劳动力的职业迁移。

事实上,乡村旅游是中国旅游业发展的后劲儿所在,农村由旅游投资带来的就业人口增加比城镇更为明显[1];乡村旅游在转移农村劳动力就业方面具有诸多优势,如吸纳劳动力能力强、可农旅兼顾、转移就业选择多元化、本土就地转移、维系乡土情结、有利于女性以及弱势群体就业等。据柳百萍、胡文海等的测算,各省份农村劳动力转移就业数占乡村旅游直接就业数的70%—85%[2]。

总之,开发乡村旅游已成为促进农村劳动力转移就业的现实选择。事实上,乡村旅游开发与农民的职业迁移具有紧密的关联,如图7.1所示。乡村旅游是促进农民职业迁移的有效途径,作为一种特殊的产业模式,能够提高农民素质,而农民职业迁移是乡村旅游发展的保障。

---

[1] 尹长丰,柳百萍.乡村旅游与农村剩余劳动力转移的价值研究——以合肥为例[J].管理现代化, 2010(4):36-38.

[2] 柳百萍,胡文海,尹长丰,等.有效与困境:乡村旅游促进农村劳动力转移就业辨析[J].农业经济问题, 2014, 35(5):85.

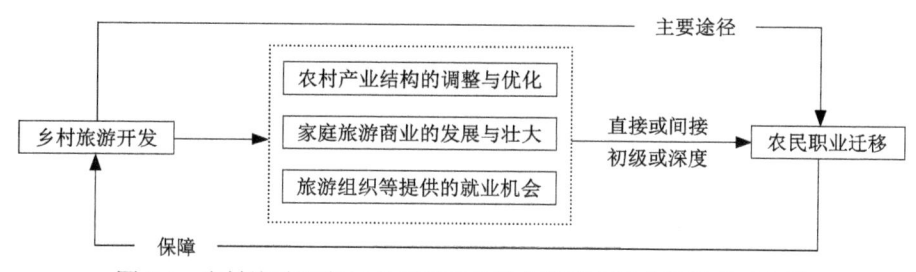

图 7.1　乡村旅游开发与龙脊平安壮族农民职业迁移的关系示意图

在促进农村劳动力职业迁移或劳动力转移就业方面，乡村旅游具有天然的优势，农民转产成本低。第一，乡村旅游发生在乡村，农民可以以"既不离土也不离乡"的方式参与旅游开发，避免了安土重迁思想对职业迁移带来的阻力；第二，在初期，农民可以间接的方式、以"半农半旅"的形式转移到乡村旅游中，资本、劳动力的投入量较小，迁移到旅游业中的风险较小，而且"农旅兼顾"的特点有利于农业经济的可持续发展；第三，乡村旅游是关联性很强的产业，其带动的就业类型多样，旅游就业弹性大，农民的就业方式灵活；第四，农民参与乡村旅游经营或服务，可以带动家庭农副产品的销售，消化库存，促进农民增收。

乡村旅游促进龙脊平安壮族农民进行职业迁移的路径主要有农村产业结构的调整与优化、家庭旅游商业的发展与壮大、旅游组织及地方旅游精英提供的就业机会三种。首先，乡村旅游开发促进了平安壮寨产业结构的调整与优化，而产业结构，特别是农业结构的调整与优化又与农村劳动力的转移就业关系密切。具体来看，乡村旅游为农村产业结构的调整与优化提供了突破口，它突破了龙脊平安壮寨农业生产经营的相对封闭、孤立状态，扩大了农业生计模式与其他产业及与乡村旅游自身的融合渗透，实现了农产品的规模生产和在旅游业中的流通，为农村劳动力转移开辟了更为广阔的空间，不仅解决了就业问题，还提高了农民收入。其次，家庭旅游商业的发展与壮大也是龙脊平安壮族农民进行职业迁移的重要途径之一，具体形式包括开办家庭旅馆、餐馆、农家乐，以及其他附属服务等。除此之外，农民的转移途径还包括接受或争取政府、村集体、公司、合作社（如基于农民合作的平安轿子队、行李队、旅游合作社的成立）等组织或地方旅游精英（包括外来经营者）提供的就业机会。

农民迁移到乡村旅游中，有直接迁移和间接迁移、初级迁移和深度迁移几种类型。其中间接迁移和初级迁移往往意味着"半农半旅、农旅兼顾"的迁移路径，而直接迁移和深度迁移往往意味着全部或基本全部转移到旅游业中。迁移到旅游业以后，龙脊平安壮族农民逐渐由传统过渡到现代，由农民过渡到"旅游农民"。这是由于职业迁移带来的生计模式的部分或完全变化,即从村寨内部的农业经济走向外部的旅游经济迫使农民以市场为中心运转,于是他们以知识学习、技能培训、模仿、"干中学"等方式增加自身的旅游从业素质和技能,这标志着他们开始从乡土市场过渡到旅游市场。正如施坚雅所述,农民的实际社会区域的边界不是由他所在村庄的狭窄的范围所决定的,而是由他所在的基层市场区域边界决定的[1]。即旅游使得村寨生产消费与外界有了更紧密的关联,传统的乡土市场融入了区域等大市场圈,市场网络得以扩展,以旅游经济活动的边界为界定标准。而从社区关系上来看,龙脊平安壮族农民普遍迁移到旅游业之后,基于亲缘和地缘的关系网络逐渐增加了业缘,而且业缘所占的比重越来越大。业缘关系是人们因职业或行业的活动需要而结成的人际关系[2],往往以契约关系为主体,即与旅游运行的社会规范和制度接轨,受其制约走向正式化,而费孝通意义上的熟人关系及传统的习惯法开始解体或弱化。在龙脊平安壮寨,业缘关系的联系主体以农民与政府、农民与公司、农民与村集体为主,农民之间的合作与联系尚未达到理想水平。

7.1.2 职业迁移与龙脊平安壮族农民增收

如前所述,以旅游业为代表的现代化力量促进了龙脊平安壮族传统职业观念的变迁,将几乎全寨介于劳动年龄与退休年龄之间的劳动力,甚至大于退休年龄的老年人就地迁移到乡村旅游经营与服务业中。目前,龙脊平安壮族在职业迁移上的特点有:在职业选择上,以既从事农业又从事旅游接待,以及转租农业耕地,完全转移到旅游行业上为主;龙脊平安壮族农民多具有多重职业身份和属性,往往既是农民,又是旅游行业从业人员。即使完全转移到旅游行业中的壮族农民也具有多重身份。他们往往既是投资者、经营管理者,又是服务者和接待者。

整体来看,如图7.2所示,乡村旅游的开发给转移就业后的龙脊平安壮族农民带来了旅游经营性收入、旅游工资性收入、旅游财产性收入和旅游转移性收入,而未转移到乡村旅游中的龙脊平安壮族农民也获得了一定的财产性收入和转移性收入。未转移就业者通过财产性收入和转移性收入获取了一定的货币资本后,受更大经济利益的驱动,以及在旅游精英示范效应的影响下,开始进行职业迁移,以谋求旅游经营性收入或旅游工资性收入(或二者兼有之),扩大其旅游

---

[1] 施坚雅.中国农村的市场和社会结构[M].史建云,徐秀丽,译.北京:中国社会科学出版社,1998.
[2] 李强.新农民:民族村寨旅游对农民的影响研究[M].北京:民族出版社,2013.

盈利能力。一方面，普遍地看，其职业迁移以从农民转为"半农半旅"的双重职业身份为主，其人力资本并未得到很好的积累和提升；而已转移到旅游中就业的农民，经过一段时间的经验积累和教训吸收，在"干中学"中掌握了一定的旅游经营技能，对旅游业的适应能力显著增强。另一方面，经济利益的驱使、梯田耕作的辛苦及无暇，也推动着他们进行进一步的、深度的旅游职业迁移。在这一时期，普遍地看，其深度迁移以从"半农半旅"的身份转为完全的乡村旅游从业人员为主。

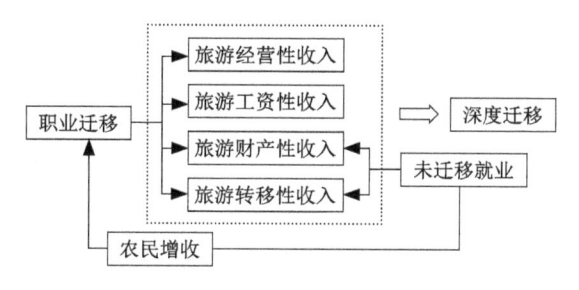

图 7.2　职业迁移与农民增收的关系示意图

7.1.3　龙脊平安壮族农民增收与人力资本积累

人力资本在经济学领域主要沿着两条主线展开，一条是人力资本与经济增长，另一条是人力资本与收入分配。但无论是哪条主线，教育、在职培训、迁移和健康等都是这条主线上不可分割的节点，而国内外经济学家也正是主要从这几个方面去丰富和发展人力资本理论的。本书沿着人力资本经济学领域这一经典、成熟、一般性的理论框架，对龙脊平安壮族农民人力资本的历史和现状，特别是旅游开发前后的情况作了实证分析，发现乡村旅游开发在职业迁移、教育、培训、健康四个方面促进了龙脊平安壮族农民人力资本的积累和提升。

职业迁移牵涉成本考量与收益预期，是人力资本形成的一种重要途径。乡村旅游开发促进了龙脊平安壮族重农轻商观念的变迁，市场力量下其引发的收入差别、旅游经营的"示范效应""农旅"兼顾、既不离乡也不离土的特点，以及乡村旅游开发正向外部性的凸显，更是促进了龙脊平安壮族农民转移到旅游行业中，而乡村旅游语境下壮族农民的职业迁移，显著促进了农民增收，而且具有强烈的"干中学"特征。在干中学的过程中，龙脊平安壮族的技能和组织管理能力都得以提升，具体表现有沟通能力的提高、餐饮技艺的提升、市场经营知识和技能的积累等。这既提升了龙脊平安壮族的人力资本，也有助于壮寨乡村旅游效益的提高。

乡村旅游对龙脊平安壮族农民人力资本的影响

教育是人力资本形成的主要途径。旅游对龙脊平安壮族农民人力资本的影响在于：旅游开发促进了教育的边际效应的增加，使教育的成本下降，受教育年限延长，人力资本存量得到增加；受教育年限的延长提高了龙脊平安壮族农民人力资本的再生产能力，学习能力增强，人力资本的积累和增长速度也得以加快。

与教育投资、健康投资相比，在职培训投资往往直接指向生产，以迅速、直接形成或提高生产能力为目标，具有专业性、实践性和效益性。旅游开发使龙脊平安壮族农民产生了接受培训的需求。乡村旅游服务质量的要求也使旅游公司、酒店、政府等主体产生或加强了培训供给的必要。当前，龙脊平安壮族接受的培训主要有自我培训、公司培训、酒店培训和政府培训四种。这种在职培训不仅提高了壮族农民的人力资本，进而提高了其在旅游业中的技能和获利能力，而且提高了整个村寨旅游场域中的人力资本总量和层次，有利于壮族形象及村寨旅游形象和旅游效益的提升。

健康程度决定着人力资本的延续长度和人力资本效益的发挥率。第一，寿命决定着人力资本的总量。而旅游开发则显著改善了龙脊平安壮寨的卫生环境、饮水条件、医疗条件、饮食条件，增加了壮族农民的医疗卫生与保健方面的知识和观念，加速了一些不健康的习俗和观念的解构；第二，旅游开发将壮族农民从繁重的农业中部分或完全解脱出来，使其劳动强度得到了一定程度的下降，减轻了劳动对他们身体的损害；第三，旅游开发还促进了龙脊平安壮族的心理健康和道德健康；第四，在旅游业发展与教育的相互促进下，龙脊平安壮族的健康投资普遍增加，健康投资的边际成本下降。

如前所述，乡村旅游对于龙脊平安壮族农民人力资本的提升具有显著的影响。但从路径来看，乡村旅游对龙脊平安壮族农民人力资本积累与提升的促进作用，是通过农民增收及在此基础上农民自身的人力资本投资，以及政府、企业、村寨等外界力量对平安村民人力资本的投资实现的。如第 5 章对职业迁移与龙脊平安壮族农民增收关系的考察，旅游职业迁移为龙脊平安壮族农民带来了新的收入来源，显著促进了农民增收。龙脊壮寨也由一个贫困的山区民族村寨变为年人均收入达到 3.5 万元（2011 年）的旅游社区。龙脊平安壮族农民可支配收入的增加，不仅为其提供了改善旅游接待设施和服务品质的机会，也使得其有条件进行进一步的、深度的旅游职业迁移，并在培训、健康、教育方面增加人力资本投资，从而促进其人力资本的积累与提升，强化其在旅游市场上的资本盈利能力（体现为人力资本盈利率），进一步促进农民增收（图 7.3）。而这也为其进一步、深度转移到乡村旅游中，以及持续加大培训、健康、教育投资提供了动力支持和现实可能性。当然，不可否认的是，在龙脊平安壮族农民人力资本持续积累的过程中，政府、公司及村集体等组织也是重要的人力资本投资主体，他们对人力资本积累的促进作用既包括基础设施和旅游服务建设等间接投资形式，也包括组织培训、健康促进、"干中学"环境的营造和优化等直接投资形式。

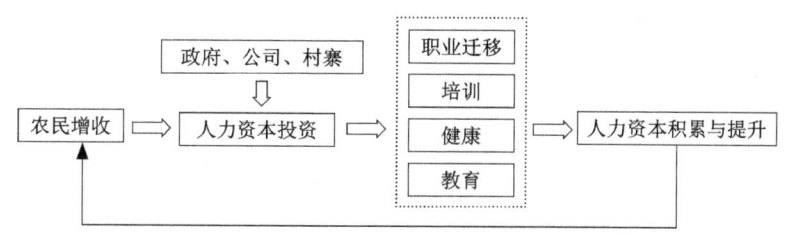

图 7.3　农民增收与人力资本积累的关系示意图

7.1.4　龙脊平安壮族农民人力资本提升与"旅游农民"的形成

对于乡村旅游开发对劳动力转移就业、农民增收、人力资本积累环节的影响，前文已作了机理分析。然而，乡村旅游开发对龙脊壮族人力资本的影响，其典型表现是什么？龙脊平安壮族其自身的人力资本素质结构到底发生了哪些变化？变化的程度有多大？经历了什么环节？对这些问题的回答需要从龙脊平安壮族农民自身社会角色的变化中去考察。

龙脊平安壮族农民人力资本的价值，是通过劳动力市场工资和薪金决定机制基础上的间接市场定价而体现出来的。人力资本价值的提升是通过后天，特别是旅游转移就业后的学校教育、家庭教育、社会教育、职业培训、健康保健、职业迁移、"干中学"等投资途径实现的。从经济角度看，其表现为农民劳动生产率的提高、收入的提高；从龙脊平安壮族农民的素质及角色、身份的置换来看，其表现为龙脊平安壮族农民的现代转型（即现代思想观念的获得），以及旅游农民（表现为旅游从业素质和相关技能的具备）的形成（图7.4）。

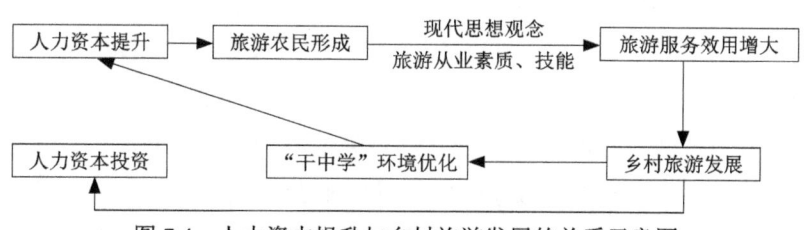

图 7.4　人力资本提升与乡村旅游发展的关系示意图

首先，乡村旅游发展给龙脊平安壮族带来的人力资本提升机会，促进了龙脊平安壮族农民的现代转型，特别是现代思想观念的获得。劳动者的现代思想观念由思想道德素质、积极的自我观念、适应力等组成，属于人的能动性因素，与存在于劳动者体内并具有经济价值的后天获得的知识、技能、健康、迁移能力等一样，作为人的质量性因素，都可视为人力资本的形态。现代思想观念在旅游市场竞争中的作用越来越重要，其与人力资本的本质属性并无违背之处，通过农民的现代转型体现出来。

本书没有去试图分辨现代化和乡村旅游在龙脊壮寨经济转型、文化变迁和壮族农民现代转型中所扮演的角色问题。事实是，乡村旅游发展历程对龙脊平安壮族农民自身的现代转型起到了推波助澜的作用。而这种现代转型是建立在龙脊平安壮族农民人力资本的持续积累，或人力资本存量与质量的提升的基础上的。旅游开发前，特别是中华人民共和国成立前，龙脊平安壮族处于相对封闭的状态，具有自足性、封闭性和整体性，表现为对动植物资源、对农业生产周期的高度依赖，对基于亲缘、地缘、族属联系起来的壮族共同体的高度依赖，对壮寨社会交往与文化网络的高度依赖。但乡村旅游的持续发展却显著改变了龙脊平安壮族与其传统自然、社会和文化运行网络之间的关系。在龙脊壮寨，游客的到来开阔了村民的视野，龙脊平安壮族开始主动吸收现代文明成果。在村里，有老年人学习英语、儿童学习英语和传统文化的现象，而中青年通过"干中学"学习现代酒店经营管理知识，计算机、财务、厨艺、社会交往等知识技能实现致富更成为常态。可以说，乡村旅游改变了龙脊平安壮族之前在市场经济和现代社会中的边缘性参与状况，使他们能够主动参与到旅游市场交易中，减小传统制度文化因素对自身的限制，完成自我的现代转型。内在地看，这种变迁实际上依靠的是壮族人力资本积累的力量，如龙脊平安壮族与外国人接触，主动学习英语，以及耳濡目染地对旅游商业文化的认知和习得，实际上可以归结为作为人力资本重要投资形式的社会教育的影响。而父母文化水平的提高、视野的开阔、收入的增加，使儿童得到更好的照料（他们在将来不会被束缚于梯田稻作）和言传身教，儿童身心健康得到更好的保障，这又可以归结为作为人力资本重要形成途径的家庭教育的影响。

其次，乡村旅游发展给龙脊平安壮族带来的人力资本提升机会促进了旅游新型农民的产生。新型农民是有文化、懂技术、会经营的农民，是农民职业化、高端化、创新化的类型，而"旅游农民"是新型农民的一种典型类型。如正文所述，乡村旅游的开发，引致了龙脊平安壮族农民的职业迁移，村民的旅游收入占到了家庭总收入的绝大部分，其在职业迁移上的人力资本投资取得了极大的财富回报。

但应该注意到，乡村旅游的特性使然，龙脊平安壮族农民与传统的职业迁移路径并不相同。他们以既不离土也不离乡，并不完全、彻底转移到旅游业中。其职业身份和属性具有多重性、有文化、懂技术、会经营为特点。第一，龙脊平安壮族村民虽然仍是农民，但都不再是纯粹的农民。他们经营农业的目的不再是自给自足或小额商品交易，而是景观美学价值维持意义上的梯田经营。他们成了梯田景观的创造者和旅游商品的供应者；第二，龙脊平安壮族是乡村旅游从业人员，但大多具有员工与经营管理者的双重职业角色。通过"干中学"，这种角色的二重性甚至多重性使得龙脊平安壮族不仅掌握了乡村旅游服务中的技能型知识。他们成为技能型人力资本，还促进其形成了一定的市场营销与组织管理、经营思维，善于把握游客需求的变化。他们能够进行市场细分，准确选择目标市场，并在目标市场推出有竞争力的服务，从而升级成为组织管理型人力资本。随着龙脊乡村旅游的发展进入更高层次的循环，我们有理由相信会在壮族农民中形成企业家型人力资本，这种人力资本是开拓者。他们具有开放的视野，善于学习新知识、新技能，善于发现问题、解决问题，能够敏锐捕捉市场需求变化。他们有魄力，能够及时调整经营战略和经营形式。

7.1.5 乡村旅游发展影响农民人力资本的循环框架

乡村旅游对龙脊平安壮族职业迁移、教育、培训、健康等人力资本投资形式的影响，具有各自的内在工作方式。而且应该注意到，无论是作为个体还是旅游村寨整体的人力资本形式，教育、培训、健康与职业迁移之于促进乡村旅游发展和人力资本积累来说，都遵循着相互联系、相互作用的运行规则。从乡村旅游开发与人力资本提升的全关联域来看，乡村旅游从农民转移就业、农民增收、农民人力资本积累、"旅游农民"形成的关系中勾勒出一张乡村旅游与龙脊平安壮族农民人力资本互为影响的循环框架图（图7.5）。

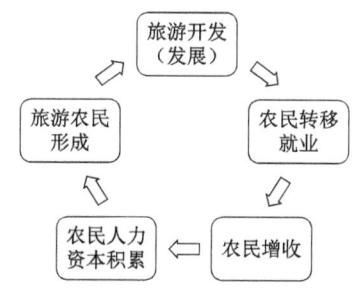

图 7.5 乡村旅游影响农民人力资本的循环框架图

乡村旅游对龙脊平安壮族农民人力资本的影响

在乡村旅游与农民人力资本积累的循环框架中存在两条循环路径，一条是在龙脊壮寨乡村旅游开发初期，存在着"旅游开发—农民转移就业—旅游发展"的低层次三元互为影响循环；另一条是在乡村旅游开发中后期，"乡村旅游开发—农民转移就业—农民增收—农民人力资本积累—'旅游农民'形成（农民人力资本提升的标志）—乡村旅游发展转型升级"高层次五元互为影响循环。这两种循环的存在与乡村旅游的发展阶段相对应。同时，旅游不同发展阶段下的"旅游农民"也具有层次性和阶段性，这与龙脊平安壮族农民转移到旅游业的程度、深度，以及随之而来的不同的人力资本储量、结构、性质、特点的差异相对应。未经特别说明，本书中的"旅游农民"指的是经历人力资本积累环节后的第二种循环中的农民，它是人力资本积累提升的标志。

"旅游农民"的产生，对乡村旅游发展的反向促进作用是通过增加旅游服务的效用来实现的。从人力资本的作用和功效出发，王金营将人力资本定义为"由通过投资形式凝结在人身体内的知识、能力、健康等所构成，能够物化成商品和服务，增加商品和服务的效用，并以此获得收益的价值[1]"。由此，可以得出以下推论：龙脊平安壮族农民现代思想观念的获得，以及旅游从业素质与技能的提高是作为促进乡村旅游发展的人的质量因素存在的。实现途径是这些人的质量因素对增加其旅游服务效用的积极作用，即旅游服务质量得以提高、服务内容得以充实、服务项目（图7.6）得以增加、游客满意度得以提升等。这与人力资本的实质无异。继而，乡村旅游得以在更高的发展阶段上运行，社区旅游发展环境与素质的改善，又意味着平安壮寨"干中学"环境的优化，以及随之而来的龙脊平安壮族农民"干中学"效果和效率的提高。因此，其人力资本又得到了新的提升，如此循环往复。

---

[1] 王金营.对人力资本定义及涵义的再思考[J]. 南方人口, 2001, 16(1):47-52.

图 7.6 平安壮寨旅游特色服务项目一览表

7.2 壮族农民人力资本的提升对平安壮寨乡村旅游发展的促进作用

乡村旅游开发对龙脊平安村民人力资本提升的促进，前文已作了实证分析。人力资本积累与提升对龙脊平安壮寨乡村旅游发展的促进，在前文中更多是作为一个事实性前提存在的。然而，是从哪些方面促进的？促进程度有多大？促进机理是什么？对这些问题的考察有利于全面刻画平安壮寨乡村旅游发展与村民人力资本的互动过程。

前面已述，平安村民人力资本不断积累的过程，即"旅游（新型）农民"的培育过程，农民人力资本提升的标志是"旅游（新型）农民"的形成。人的质量性因素的提高（如学习能力的提高、沟通能力的提高、团队精神和协作能力的提高、形象气质的提升等），即平安村民旅游职业发展素质的提高，对于平安壮寨乡村旅游发展的促进作用主要表现在以下四个方面。

第一，村民旅游从业素质的提高，提升了村寨旅游服务质量，增加了游客旅游消费效用。村民直接与游客接触，特别是需要直接和游客沟通、交流，了解游客的需求和感受，直接提供食宿等消费品和服务。村民从业素质的提高意味着其对游客消费行为和心理洞察能力的提高，意味着高质量的、针对性的旅游服务，

乡村旅游对龙脊平安壮族农民人力资本的影响

最终意味着游客满意度的提高、游客消费意愿的增强与消费的增加、平安壮寨"梯田+壮族文化"旅游形象和口碑效应的扩大、村民经济收入的增加、旅游公司收入的增加，以及平安乡村旅游的可持续发展。

案例

访谈对象：LL，龙脊瓦当瓦舍旅行酒店（于2016年6月7日龙脊梯田梳秧节前后开业，前身为平安村支书LYZ开设的龙脊印象酒店）店长，女，1995年生人，柳州人。曾在澳大利亚格里菲斯大学酒店管理专业（澳洲专业排名第一）读书一年，之后退学。最先是在南宁的瓦当瓦舍旅行酒店做义工，后来觉得瓦当瓦舍公司发展很快，才慢慢正式参与进来。

问：LL，你是科班出身，那我就问得直接一点儿好了。你觉得你们瓦舍与寨里其他旅舍、酒店相比，在提供的服务方面最大的不同和最大的特色是什么？

答：旅宿，我们专门做旅宿。旅行与住宿结合起来，在考虑游客旅行的基础上做住宿，用住宿串起游客的一段时期内甚至一生的旅行安排。我们的口号是"标准化管理，非标准化住宿"。我们公司做的是瓦当瓦舍酒店与客栈联盟。我们有平台优势，在大理、丽江、重庆、南宁等热门旅游目的地都开有瓦舍旅行酒店。

问：你在这里做店长有多长时间了？在游客服务方面，你有什么心得吗？你觉得应该怎么样来做服务？

答：我来这边半年多了，2016年8月份来的，之后11—12月到云南参加了公司的培训。服务都是一套下来的，都得做好，很难用一句话总结。非要用一句话的话，按我自己接待客人的经验，就是服务高于他们（游客）预期一点点就好了。其实，大部分客人的需求是，你得多为他们着想、尊重他们。

问：在酒店里，前台是最早、直接与游客进行接触的，你们对招聘前台人员有什么要求？是通过什么途径招聘的？

答：很简单，前台的接待技能都是很快都能学会的，比如说了解村寨交通、当地文化、业务办理等。我是公司直接派来的（另外派来的还有一个值班经理），前台是我负责招聘的，招聘标准是90后、女生，最好是外地人。在网上发个招聘帖子，很快就会有人联系你，因为年轻人都爱上网。

问：为什么喜欢招外地人？

答：因为外地人一般做得比较久，不会经常请假、动不动就辞职等。

问：你们瓦舍一共有多少员工？对他们有针对服务质量的专门培训吗？

答：现在是淡季，我们这里前台有2个人、厨师2个人、客房1个人。培训的话，入职的时候每周都要进行一次，而且有培训记录的，公司会核查。员工考核方式是关

> 键绩效指标（Key Performance Indicator, KPI），是用于衡量工作人员绩效表现的量化指标＋业绩。

以上案例表明，龙脊梯田瓦舍旅行酒店（图 7.7）在提升员工素质、保证服务质量方面的措施，可分为差异化市场定位与产品定位，把握游客消费心理与行为，针对性地招聘，进行培训与考核等几个方面。另外，从村寨整体来看，村民人力资本的提升还表现为村民对自身在平安旅游中的地位和角色有着更为清晰的认识。他们能够根据自身实力，结合平安旅游市场需求与产品供给情况，寻求差异化旅游就业与创业，这表现为平安旅游经营服务项目的层次性（如酒店有乡村精品酒店、艺术主题酒店、家庭旅馆、国际青年旅舍等标准化连锁酒店等层次），以及服务项目的多元化（包括酒店、餐饮、歌舞、轿子登高揽胜、背背篓、乡村导游对壮族文化的讲解、特色旅游商品售卖、四级风光摄影、药浴等）。如此，平安乡村旅游产品丰富，服务水平不断提高，游客旅行效用增大。

第二，村民旅游职业发展素质的提高，在思想观念上表现为平安村民竞争意识的强化。而职业迁移和人力资本积累带来的增收效应，则提高了村民在旅游市场上的竞争实力。这种竞争效应使平安壮寨的乡村旅游服务设施不断得到改善、服务水平不断得到提高。这方面的典型案例集中于酒店经营中。每至淡季，整个平安壮寨便成了一个大工地，村民搞新建、改扩建、翻新装修、酒店住宿用品提档升级等的层出不穷（图 7.8—图 7.10），目的是改善设施，吸引游客，增加收入。

而在管理与服务方面，则表现为村民或积极创建星级农家乐，或加入酒店与客栈联盟实行现代标准化管理，或致力于提供高端个性化、定制化品质服务等。目前，平安壮寨有神龙堂（图 7.11）、平安酒店（图 7.12）、星愿山庄（图 7.13）三家广西四星级农家乐。其中，星愿山庄"星座"系列主题房 799—999 元，仙境岩石房 1399 元，甜蜜家庭复式套房 2299 元，月亮花园复式套房 2699 元，如图 7.14、图 7.15 和图 7.16 所示。

星级农家乐的创建依据是广西壮族自治区的地方标准《农家乐质量等级的划分与评定》（DB45/T 1163-2015），该标准主要规定了农家乐的经营场地、接待设施、安全管理、环境保护、服务质量、特色项目等软硬件水平。就四星级农家乐而言，创建内容主要包括经营服务场地、接待服务设施（综合服务设施、餐厅、客房、卫生间）、旅游活动与特色项目、旅游服务、安全管理、环境保护等 6 个方面。

乡村旅游对龙脊平安壮族农民人力资本的影响

图 7.7　龙脊梯田瓦舍旅行酒店

图 7.8　新建设施

图 7.9　马帮驮运建筑材料

图 7.10　酒店住宿用品升级

图 7.11　神龙堂

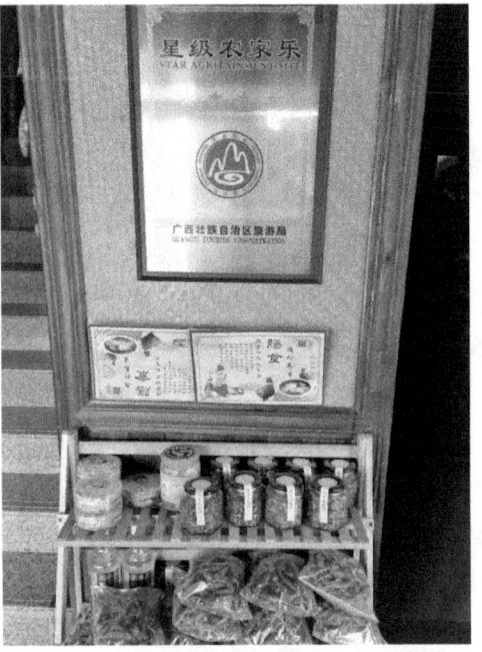

图 7.12　平安酒店的四星级农家乐牌匾

图 7.13 星愿山庄外观 　　　　图 7.14 星愿山庄仙境岩石房

图 7.15 星愿山庄甜蜜家庭复式套房 　　图 7.16 星愿山庄月亮花园复式套房

在平安壮寨，较早引入现代标准化管理的是龙脊国际青年旅舍（以下简称青旅，图 7.17）。龙脊青旅始建于 2004 年，从平安壮寨门（验票处）沿石板路步行 15~20 分钟可达国际青年旅舍联盟（始于 1909 年），主要面向青年，特别是条件有限的青年人。

案例

访谈对象：龙脊国际青年旅舍，前台人员

问：能简单介绍一下龙脊青旅吗？

> 答：我们的房型分为7种。分别是标准双人间，128元；标准双人间（观景房），138元；标准三人间，148元；标准三人间（有阳台）168元；标准家庭间，168元；普通大床间，60元；普通宿舍间30元，一般男女宿舍分开。会员单价一般便宜5—20元不等。
>
> 问：为什么会加入青旅？
>
> 答：因为比较认可青旅的理念吧。青旅的定位不是经济型酒店，而是提倡文化交流、增加社会责任感、爱护大自然。这种理念是很高级的，才能真正让"旅游成为健康的一种生活方式"。住过我们青旅的人，我们都要努力向他们传达着这样一种理念。
>
> 问：对。还有全国及全球预定网络（IYHF网络，英、德、法、西四国文字）的宣传推介，平台优势很吸引人。哪里的青旅给了你们哪些方面的管理、培训和服务指导？
>
> 答：就是标准化啦。从旅舍的加盟到旅舍的设计、建筑、设施、经营操作、培训等都有。

图 7.17　龙脊国际青年旅舍

实际上，加入国际青年旅舍联盟便于获得与国际接轨的资讯和管理理念、体系，以便能确保旅舍质量。保证旅舍质量和管理、服务水平的举措可分为以下几类（表7.1）。

表 7.1　青年旅舍质量控制措施

	类别	措施
1	设计、建筑、设施	《青年旅舍设计、建筑及设施手册》[1]
2	质量监控	IYHF及地方协会定期进行年审、暗访及抽样检查；IYHF通过各加盟旅舍派发国际免邮资意见卡；IYHF定期进行国际会员意见调查，并向协会和旅舍反馈
3	培训	《员工上岗培训摘要》（图7.18）；有权参加全国青年旅舍大会和业务交流培训等培训和交流计划
4	旅舍硬件及服务	IYHF和中国区或地方协会制定相关标准

员工上岗培训摘要

办公室器材、通信系统、音响系统
滤水系统及热水系统
辨别钱币
发现假币应在三天之内向有关银行或中国银行索取《假币收缴凭证》和《货币真伪鉴定书》
电脑及配件使用及维护
防火器材使用
电灯开关、电源开关及电源保险
水阀位置
紧急情况（火灾、停水、停电、台风、暴雨、雷暴）
投诉处理（个案及角色扮演）
每日预订及收费、收银机使用方法、统计国籍
退房手续
门锁及空调遥控换电池
目标及旅舍理念
厨房用具、化学反应及安全知识、液化气更换及清洁剂
盗窃及失物处理
特殊事件（受伤、生病、毒品、酗酒、神经病）
１１０报警
当地交通情况
互联网上订位
电话留言记录
订房及储物限制
前台常用语

图 7.18　龙脊国际青年旅舍员工上岗培训摘要

第三，村民人力资本提升与乡村旅游经营业态更新与景区供给结构升级。随着乡村旅游的发展，村民人力资本得到提升，表现为盈利能力的提高、财富的增加、视野的开阔等。其学习先进的意识和团结合作的现代思想观念不断增强，这对平安乡村旅游发展的影响和促进，特别表现在平安乡村民宿旅游业供给结构与酒店经营业态上。回顾平安民宿业，在旅游发展初期，其绝大多数为家庭旅馆；

---

[1]《青年旅舍设计、建筑及设置手册》：含简介青年旅舍的建筑类型、青年旅舍的地点和位置、位置与服务、整体设计与布局、旅舍空间面面观、附加设备、通风、噪音传播、隔热、冷凝效应、防火措施、保护建筑、维修、景观设计、组合模式建筑共15个章节。

乡村旅游对龙脊平安壮族农民人力资本的影响

到了中后期，一些家庭旅馆开始向乡村精品酒店或乡村度假酒店过渡；而当前，村民与外界的酒店与客栈连锁管理公司的合作开始增多。这意味着平安乡村旅游经营业态更新与转型升级速度加快，乡村民宿旅游业态趋于多元化。

案例

龙脊梯田五谷人家精品酒店于 2015 年开业，目前有 4 层高，共 8 间客房。房型分为观景大床房、观景标准间、豪华观景家庭套房。经调查，店主 LXY 最早是在五谷人家精品酒店旁边的老房里从事农家乐的，即最早的家庭旅馆，只有两层高。资本的积累、游客消费能力的提高（市场的推动）、成功酒店示范效应的影响，促使 LXY 新建了一栋酒店，并修葺了长廊、庭院灯等附属设施。目前，老房主要的用途是供自己家庭居住，以及作为餐厅和厨房使用（图 7.19 和图 7.20）。

类似的案例还有望脊轩酒店（图 7.21），望脊轩酒店最早为望脊农家乐（图 7.22）。后来，店主在望脊农家乐附近新建了一栋 4 层的木楼，升级为望脊轩酒店，于 2012 年开业，共 11 间客房。

图 7.19 五谷人家新老酒店对比

图 7.20 五谷人家精品酒店客房

图 7.21 望脊轩酒店

图 7.22 望脊轩农家乐

案例

平安酒店是目前平安壮寨内经营得比较好的酒店，最早为老板 LDY 与老板娘 HLB 于 1995 年利用自家宅基地及房屋经营的家庭旅馆。地理位置不好（在山下，观景条件差），当时只有 1—2 个客房可供游客使用，而且客房设施差，游客接待与家庭居住功能高度混合。

访谈对象 1：平安酒店老板娘 HLB，30 多岁，从龙脊村岩湾寨嫁到平安壮寨

1992—1993 年时，平安壮寨慢慢地才开始有人经营旅馆。1995 年，平安壮寨开始收取门票，一直到 1997 年，都是 1 个人 3 块钱，门票钱按照人头分给各家各户。我们就是村里开始收门票那一年开的旅馆，条件跟现在比肯定差远了，我们那时候也不懂怎么做。基本上是我们吃什么，游客吃什么；我们住什么样子，游客也差不多住什么样子。厕所就是我们家自己的厕所，和客人一起用的。基本上就等着客人来，我们不做什么宣传，最多到寨门口喊游客住我们家。

2002—2003 年，老板 LDY 与老板娘 HLB 在现平安小学侧对面，即平安小学往二号观景点方向 100 米的路边，建了平安酒店 1 号楼（图 2.5），于 2003 年正式开业（2003 年，平安门票提高到 30 元/人），并于 2007—2008 年重新装修。目前，平安酒店 1 号楼共 5 层高，有 27 间房、57 个床位，雇有 14 名员工（不含旅游旺季时的临时工）。

访谈对象 2：平安酒店老板 LDY

当旅游发展形势好了起来，政府、公司都进来了，从重视金竹壮寨到开始重视平安壮寨，路也修了。龙脊梯田风景名胜区这个牌子是 1998 年申请下来的，一年以后龙脊景区建设开发总公司也成立了，后来是桂林龙脊温泉旅游有限责任公司（2001 年成立）。

我们做 1 号楼也不容易，建的时候就想着最起码给客人一个相对独立的空间。由于我们经验不足，只能边干边学，游客说哪里不好我们就改哪里。我们也开始跟旅行社合作，他们也会跟我们提意见。反正就是边干边学吧，慢慢就有经验了。当旺季时，客房就不太够了，所以到 2007 年的时候，我们把 1 号楼的四楼和五楼也建起来了。

2007—2008 年，老板 LDY 与老板娘 HLB 在村寨里又择址建了平安酒店 2 号楼（图 2.6）的 1—3 层，而 4—5 楼是 2013 年前后新近装修的。目前平安酒店 2 号楼共有 17 间客房、34 张床。

访谈对象 3：平安酒店老板娘 HLB

2 号楼日常经营方面我不怎么参与，那是我和先生带着一个亲戚做的。从建好 1 号楼到后面几年，我们学到的很多。我们从接待了第一个外国人开始，就想着怎么样升级，怎么做到高端，怎么样给客人更好的服务。我们现在不用怎么宣传了，跟很多网站都有合作，也经常有游客发邮件订房。

2015年10月1日，老板LDY与老板娘HLB在平安酒店1号楼对面新建的平安酒店贵宾楼（图2.7）正式开业，建设成本约四百多万元。

访谈对象4：平安酒店老板LDY

2010年，这里就是国家AAAA级景区了，门票要100元。我建这个贵宾楼目的就是要做高端市场，即做乡村度假的。我们的服务也很到位，不仅仅有住宿、餐饮，而且交通、购物等都能解决。我们现在基本上就差自己的销售平台了。

平安酒店从最初的家庭旅馆，到1号楼、2号楼，再到贵宾楼，清晰地映射了平安民宿业态的更新与乡村旅游的转型升级历程。如今，平安酒店共有3栋楼，雇员规模较大，经营业绩较好（2015年年收入超过280万元），口碑较好，竞争力较强。

案例

龙脊梯田瓦舍旅行酒店，隶属于瓦当瓦舍（Travelling With）。瓦当瓦舍是服务于旅行者的酒店与客栈联盟，属于普及型旅行社交酒店。我们倡导发现与探索为目的的旅行，寓交流与娱乐于旅行之中。我们尊重旅行目的地环境与文化的独立性，积极参与目的地环境与文化的保护，即倡导"旅行社交、深入本土、低碳美学"。我们现有直营与加盟门店近40家，在签加盟门店近20家。西南地区已形成一定网络性覆盖，现会员6万余，主力门店平均会员订单约30%。

龙脊梯田瓦舍旅行酒店的前身为平安村支书LYZ开设的龙脊印象酒店，于2016年6月加入瓦舍联盟，属于托管，每月一结（交管理费），按营业额的百分比来计算。龙脊梯田瓦舍酒店位于龙脊梯田中心景区"九龙五虎"景点之一"龙头"上，东行至"九龙五虎"观景点约20分钟，西行至"七星伴月"观景点约25分钟。现有客房19间，房型分为景观豪华家庭房、豪华景观大床房、舒适大床房、景观双床房、景观大床房5种。房价188~550元，旺季入住率88%~92%，淡季为30%~50%。

案例

访谈对象：龙脊梯田瓦舍旅行酒店，店长LL

问：你们瓦舍公司进驻龙脊，与原村民自主经营的龙脊印象酒店合作后，你认为对于龙脊印象酒店，甚至整个平安旅游有什么影响？或者说它带来了什么变化？

答：首先是理念吧。瓦舍倡导尊重环境，我们的客房设计简洁素雅、低碳环保，使用了大量回收材料。我们倡导高质量交流，瓦舍服务以旅游指导为中心，致力于带领游客融入当地。我和大多数店员都是壮族人，我们可以让游客感觉像当地人一样生活，而不只是简单的消费。

问：加入你们旅宿联盟，可以提供什么，或者说有什么优势？

答：很多方面的，比如店面的升级改造、项目评估、项目咨询与顾问、运营等。运营包括品牌使用、统一推广、人员派遣、旅宿培训、PMS（瓦舍自己开发的酒店管理系统）系统使用、渠道管理、会员共享、社交旅行实施等。

问：你觉得村民为什么会同意选择加盟瓦舍，有没有可能他们觉得自己的水平没办法上升到一个更高的层次才找你们的？

答：哦，我明白你说的意思。你刚来的时候介绍过了嘛，做人力资本跟乡村旅游的研究，我觉得有这方面的原因。有的村民可能一直经营得不太好，或没有精力自己做旅游，或者他们有的人做得还可以，但是到了一定程度后，人力资本的提升有个瓶颈吧。所以，他们愿意去接触外面的酒店管理公司，之前也有酒店管理公司来我们瓦舍这里考察的。

加入瓦舍联盟，龙脊印象酒店的经营理念、业态和供给方式、供给结构发生了变化。具体来说，原龙脊印象酒店获得了以下便利或管理、服务上的优势（表7.2）。

表7.2 为什么选择加入行李旅宿？[1]

序号	内容
1	提供专业系统的酒店管理培训和绩效管理
2	自开发的PMS酒店管理系统，极大地提高管理效率
3	所有托管、加盟项目共享行李旅宿近25万名会员，品牌统一营销，全国门店联动推介，有效输送客源
4	完善的会员体系和有效的会员推广计划
5	免费提供社交文化指导，区域内共享专业旅行规划师提供的线下活动及旅行服务，在极大地降低内容成本的同时，增加旅行服务销售利润
6	中央管理和统购的优势，丰富的供应商数据库；保证品质、降低工程成本
7	专业的非标准化酒店运营经验，管理团队提供工程、管理、推广等全方位支持

然而，对于托管经营或店主与业主合作经营模式，很多村民表示其实从龙脊国际青年旅舍那里很早就了解到了，但在平安壮寨仍未成为主流。

案例

访谈对象1：龙脊梯田瓦舍旅行酒店，店长LL

问：民宿管理公司与家庭旅馆合作是否是个趋势？

答：我觉得是这样。据我所知，最近便有东方客栈管理公司到平安村寻找进驻的店

---

[1] 信息来源于瓦舍酒店与客栈联盟印发的推广图书。

面。这是个双向选择的过程，有的酒店去找管理公司，有的公司去找酒店。这要根据公司的市场战略选择，按市场细分、地域分配来接店的，所开拓的市场要符合分布格局，以方便日后推广业务。比如，要开拓西南市场，则去广西、云南、四川一带。

访谈对象2：龙脊一楼艺术酒店，老板娘L

我现在没有把酒店交给管理公司经营的想法，别人没有自己做得用心。我现在从客人出发的时候就开始联系他们，提供的是全程服务。

当然，在合作经营给平安民宿转型升级带来发展机遇的同时，考察业主与店主之间的关系与合作方式也尤为重要。

案例

访谈对象：龙脊梯田瓦舍旅行酒店，店长LL

问：业主方是否具体参与到酒店经营管理中？

答：是的，只是参与的程度不同。业主主要分为两种：一种是很有钱，做酒店只是尝试，所以请管理公司来的话干涉得也不是很多；另一种是把所有身家都投入到了酒店，他们会深入地参与进来。

对于业主的干涉是有底线的，要根据合同来办事。例如，业主的朋友来住宿的话可以打折，但不能太低超过合同的规定，一般是七五折。

据访谈得知，在业主与管理公司合作经营模式下，业主与管理公司方面，特别是日常业主与店主的沟通特别重要。据悉，龙脊瓦舍旅行酒店前任店主便与业主关系不好。新入职的店主LL则与业主关系良好，LL与业主一家人同吃住。LL表示，她与业主的合作关系良好，如在招聘方面，厨师及客房服务人员是由业主招聘，前台人员则由店长负责。另外，LL每月会向业主汇报财务收支等情况。

第四，村民人力资本的普遍提高，促进了"干中学"环境的优化。良好的"干中学"环境为平安乡村旅游的内生式良性发展奠定了基础。龙脊平安村民转移到乡村旅游业之后，主要是通过"干中学"的形式不断积累知识、获取经验、提升旅游经营服务技能的。旅游开发伊始，先转移到旅游就业中的村民多是"摸着石头过河"，通过自己慢慢摸索，来提升自身旅游从业素质。此时，由于缺少模仿学习对象，缺乏培训，缺少政府和旅游公司的针对性指导和精准扶持计划，平安村民在旅游创业中难免困惑，其人力资本的积累速度是比较慢的，积累成本则比较高，实际经历了一个螺旋式缓慢积累的过程。后来，在示范效应下，陆续有其他村民转移到乡村旅游中来。然而，与先转移到旅游业中的村民相比，后转移的村民有了广泛且明确的模仿学习对象，浓厚的旅游创业与学习氛围也使得他们的"干中学"更有效率、成本更低。如此循环，平安壮寨旅游就业创业的"干中学"环境得到不断优化。

良好的"干中学"氛围下，龙脊平安村民不再各安现状，而是积极学习，积极开展自我培训和接受组织化培训。平安村民学习的对象早已不限于村寨内。一个典型的案例是：在旅游淡季，特别是在2~3月份，经营酒店的平安村民大多都会自发通过外出旅游、考察进行自我培训、自我提升。

案例

访谈对象：龙脊一楼艺术酒店，老板娘 L

一到旅游淡季，很多人（酒店老板）都会去大理、丽江和阳朔旅游、考察和学习，出游对象主要是客栈和民宿类。村里也组织外出考察学习，像我爸每年都会去。村民现在学到了很多东西，你看寨子里现在什么类型的酒店基本都有了，低端一点的农家乐，中高端一点的精品酒店，还有高端的山庄等。酒店有的主要面向青年，有的主要面向外宾，有的自己建房自己经营，有的建好房子以后租给外地老板，还有的加盟合作等。

案例

访谈对象 1：平安村民

现在比以前好多了，大家都会做生意了。我看你刚才跟梁老板（龙脊一楼艺术酒店老板娘）在聊天，你看他们 2008 年开业时房价才 80 块钱左右，现在都多少了。不过当时的建设条件也没有现在好……像以前，碰到个什么事，都不知道问谁。大家都没干过，那时候还是找村支书的多点。现在寨子里你随便找个人问问，他们都懂一些。

访谈对象 2：平安酒店服务员，龙脊古壮寨人

我们那边（古壮寨）客人少，如果那里旅游搞起来了，还是会考虑回家经营自己的民舍……在这里（平安）能学到东西。

案例

访谈对象：龙脊梯田瓦舍旅行酒店，店长 LL

我们瓦舍除了自己开展培训，也做对外培训。我们有个"旅宿学院"，已经做了 10 期。培训对象为民宿行业的老板，或者想加入民宿行业的人（针对民宿的一线管理者、

准备进入这个行业的投资人或从业者）。有课价，这一期5天5000元（含课费、餐费、上课费用，住宿自理）。公司有讲师，也会请外面的讲师。去年的培训课某一期在某一个网站上（一个第三方行业评价机构）排名前十。这是第四期[1]课程培训的资料，你可以看一下（表7.3）。

表7.3　旅宿学院第四期课程培训内容

如何成为一个专业的民宿主人	民宿的品牌规划与产品设计
	非标准产品是否需要规范化和效率化
	众筹是提升民宿服务及发展的一剂良药吗
	如何成为一个专业的民宿创始人
如何做好民宿的服务设计	服务、体验与品牌
	神秘嘉宾神秘课程
	民宿服务设计案例解析
如何做好民宿的生活方式服务	品牌规划与生活方式产品设计
	民宿的深度旅行服务设计及社交化运营管理
	旅宿在地文化深入线路体验
项目分析（活学活用）	服务进化论
	项目提升（提供模板，在讲师指导下完成）PPT汇报、参训交流分享
	结业晚会

如此，平安"干中学"环境、氛围与条件持续得到优化，随之乡村旅游发展的良性生态系统也在不断循环，这为平安乡村旅游的可持续发展奠定了良好基础。

第五，平安村民人力资本的提升，特别是旅游从业素质的提高，促使他们对于壮族传统文化有了更深的体悟和认知。而在旅游发展过程中，壮族文化作为一项重要的旅游吸引物，其文化资本价值也逐渐得到了重视。同时，在游客"凝视"的作用下及对龙脊壮族文化经济价值转化功能的认知下，村民的文化自觉意识得到提高，文化自信得到增强。于是，平安村民日益重视龙脊壮族传统文化的保护、传承与开发，这就增加了平安乡村旅游和梯田观光旅游的文化底蕴，丰富了平安乡村旅游产品层次，提高了平安乡村旅游品质。

围绕着龙脊壮族文化的展示、开发，吸引游客，平安村内陆续开设了龙脊文化艺术馆（图7.23）、红豆手工艺作坊（图7.24）、龙脊文化主题邮局、民族文化

---

[1] 第二期培训主题为"民宿管理与数据化运营"，第三期培训主题为"民宿和客栈的精细化运营与收益管理"，第四期培训主题为"民宿和客栈的服务设计与管理"。

展览厅（图7.25）、平安民歌堂、银匠世家（图7.26）等公益与非公益性质的地方民族文化展馆或特色文化商店。

图7.23　龙脊文化艺术馆

图7.24　红豆手工艺作坊

图7.25　民族文化展览厅

图7.26　银匠世家

在调研过程中，笔者还发现，村民与一些具有先进理念的酒店管理公司合作，对当地传统文化发掘、弘扬、创新开发起到了促进作用。

案例

访谈对象：龙脊梯田瓦舍旅行酒店，店长 LL

问：瓦舍公司进驻龙脊这种模式对当地有什么影响？

答：瓦舍是以旅行社交文化为基础的，以对当地居民、文化、环境有益的方式进行经营。这是对游客的引导，是对旅游方式的引导。另外，我们提倡的"低碳美学"是对当地生态环境的尊重，提倡的"深入本土"理念其实是对当地历史与文化的理解和尊重。

像我们瓦舍有个"行李与一千个村庄"的项目。这个项目就是挖掘在地民艺产品（当地特色土特产品、手工艺品等），然后再联系当地的手艺人，合作制作特色产品。我们一般做设计、包装、保鲜工艺等，然后拿来卖或者展示。另外，探索当地一些不一样的游客没去过的地方，没深入接触过的东西、文化、资源等，我们设计成线路。这就是"行李与一千个村庄"。

由此可见，瓦舍"行李与一千个村庄"项目对龙脊平安村传统文化的影响模式，一是"在地文化挖掘—联系当地手艺人—开发在地民艺产品—适当介入设计改良—以市集形态销售与文化展示—农民增收、当地文化创新传承与旅游发展"；二是"发掘当地独特的自然资源—形成体验性线路产品—在地文化认知与体验—传统文化发扬、传承"。

7.3 地方性知识资本：乡村旅游与龙脊平安壮族的人力资本拓展

在古典经济学家那里，劳动是无差异的、是均质的，人是作为一种"非资本"的、等量叠加的生产要素的形式存在的。这与资本主义发展初期，生产主要依赖于自然人力，以及长期以来物质资本相对不足而劳动力资本相对充裕有关。舒尔茨开创的人力资本理论打破了这种理论预设，发现了人力资本与经济增长之间存在的密切关系。经济学研究开始关注教育、培训、健康、职业迁移与人力资本存量之间的关系，使得人力资本开始成为当代经济学研究中重要的研究范畴。然而，舒尔茨关于人力资本研究的理论预设的社会是同质的。这一假设正在遭到越来越多的批判，如马翀伟认为，"这些研究主要关注的是知识存量多少的问题，而并不是真正关心在多样性社会文化条件下，是什么人，拥有什么样的知识的人才能成为拥有人力资本的人[1]"，即认为忽视了文化对经济的影响，而这是民族经济学与西方经济学最大的不同之处。人力资本与知识问题相联系，从经济人类学的角度来看，人力资本问题的本质就是，在一定的生活方式中存在的人，因其所拥有的知识能够在这一特定的文化中被资本化运用而使这些知识成了资本，从而使自身成了人力资本的拥有者[2]。这启示我们不得不关注民族地区、民族文化背景下的地方性知识问题，以及处于边缘位置的少数民族群体是如何将地方性知识进行资本化运用以形成地方性知识资本，以及在什么条件下才能真正转化为少数民族群体自身的人力资本存量，以及更积极地参与市场交换、进行文化再生产等问题。

龙脊平安壮寨是一个典型的民族社区，也是一个成熟的旅游社区，民族旅游

---

[1] 马翀伟.人力资本的经济人类学分析[J].广西民族研究,2003(3):20.
[2] 同上。

语境下其生产的知识可以分为两类：现代性知识和地方性知识[1]。旅游裹挟下的现代化力量成为平安壮寨现代化知识的主要来源，如本书第2章至第5章所述，旅游通过对龙脊平安壮族职业迁移、教育、培训和健康的影响，为龙脊平安壮族农民带来了各种现代化知识。旅游场域下，这些知识多转化为或者说主要体现为旅游经营管理、游客服务、财务核算、沟通交流、旅游市场营销、电子商务、烹饪等旅游从业技能或能力的获得。与现代化知识的获得相对应、相联系的是龙脊平安壮族农民从自然的劳动力资本状态转化为"旅游"人力资本状态，即由仅具备农副产品生产技能，或兼具手工艺品制作技能的农民转化为习得旅游经营管理、服务、营销、财务核算等知识与技能的"旅游农民"，或完全转到乡村旅游中的纯粹的旅游从业人员。

从自然的人力资本状态转化为"旅游"人力资本状态，是传统乡村社区乡土社会中民族旅游场域下农民人力资本积累与提升的一般路径。在这一积累与提升路径下，龙脊平安壮族农民的角色发生了很大的变化，由普通的、自然的人力资源转化为旅游人力资源。除此之外，民族旅游社区居民所习得的地方性知识是一种特殊的人力资本积累与提升路径。地方性知识是解释人类学中的核心概念，格尔茨指出这种知识的"发生经过自有地方特性，并与当事人对事物之想象能力相联系"[2]。对于地方性知识，一般认为其是相对于现代性知识（或全球性知识、普同性知识[3]）或"中央的，官方的，正统的"[4]知识而言的，指各民族在其长期的历史发展、文化变迁和独特的生态地理环境中，积淀并传承下来的独特而深厚的本土知识，主要涉及以下方面：宗教方面；社会方面（包括原始惯习法、村规民约、社会交往习俗等）；伦理方面；传统的天文知识；婚姻、生育方面；动植物和中医药方面；传统的农业、畜牧业知识；传统的文化艺术知识；传统的教育知识；传统的手工艺知识；传统的建筑知识等[5]。

前人的相关研究已充分表明，少数民族自身也是民族旅游的核心吸引物；人力资本，特别是知识资本的短缺是制约乡村旅游转型升级的重要因素。平安

---

[1] 秦红增.乡村社会两类知识体系的冲突[J].开放时代,2005(3).
[2] Geertz C, Wang Hailong, et al. Local Knowledge:Thesis Compilation of Interpretive Anthropology [M]. Beijing: Central Compilation & Translation Press，2004:273.
[3] 张瑾.民族旅游语境中的地方性知识与红瑶妇女生计变迁——以广西龙胜县黄洛瑶寨为例[J].旅游学刊, 2011,26(8):72-79.
[4] 邢启顺.乡土知识与社区可持续生计[J].贵州社会科学,2006,26(3):76-77.
[5] 周俊华,秦继仙.全球化语境下民族地方性知识的价值与民族的现代发展——以纳西族为例[J].云南民族大学学报(哲学社会科学版), 2008, 25(5):21-25.

村是一个典型的壮族社区，卷入到乡村旅游开发中的壮族农民具有多重身份。对于游客来说，龙脊平安壮族农民本身就是一种旅游资源，一种可以以货币价值为体现的旅游商品。对龙脊平安壮族农民这种角色的认知是因为他们是龙脊平安壮族文化的主人。他们承载着丰富的地方性知识，是龙脊平安壮族文化的持有者、传承人和创新者，这对于以跨文化交流为目的的游客来说极具吸引力。由此可以总结：民族旅游社区中的少数民族群体往往扮演着人力资源、旅游资源、旅游商品和地方文化的主人（地方性知识的载体）这四种角色；民族旅游语境下，地方性知识资本得以拓展成为龙脊平安壮族农民人力资本的一项重要的、新的资本形态。

在龙脊壮寨，世居居民，特别是廖性壮族居民以潜移默化的方式习得了世代传承下来的知识、经验、习惯等，经内化后，以梯田农耕文化（图7.27）、建筑知识和技术、语言、服饰、信仰、社会习俗、歌舞、手工艺（图7.28和图7.29）等形式表现出来。这些地方性知识在旅游开发前是在相对封闭的边界内循环的，以应用性为特征，主要是为了满足平安社区居民自身的社会关系维护与生产实践需要，其知识再生产基于但也往往限制于先人共同的实践经验总结，是纵向的。但在旅游开发后，特别是民族旅游语境下，平安壮族农民所享有的地方性知识所具备的资本化运用潜力为开发商、政府等，发现平安壮族文化资源、梯田文化开始转变为文化旅游商品，而那些凝聚在龙脊平安壮族农民身上的歌舞、习俗、手工艺、技艺等，作为一种文化景观，变成了能为承载者带来经济收益的资产。由此，这些内化并固化于个人身上的地方性知识就构成了民族社区居民的人力资本。反过来，地方性知识的资本特性直接促进了龙脊平安壮族文化的传承与保护。

图7.27 龙脊梯田农耕文化展板

图 7.28　平安落脚点酒店　　　　图 7.29　落脚点酒店木刻之"和平万年"

龙脊平安村发展乡村旅游已经有二十多年了。作为一个壮族村落，虽然其旅游业获得了极大发展，村民与外界的联系也越来越密切，视野日益开阔。但是，该村位于山腰，交通不便，车子不能进村，只能依靠马驮运，传统习惯在平安村的壮族人中得到了很好的保持。

> **案例**
>
> 访谈对象：龙脊一楼老板娘，LAJ，壮族
> 我们家前面这块空地是别人家的，他在里面种了一些韭菜。韭菜一年也卖不了多少钱，很多客人也让我租过来或买过来，换来的钱肯定比他种地的钱多。但是，他们就是不愿意，我们也不能强求。还有客人说，你们家旁边为什么有一个猪圈？在农村是他的就是他的，我没有办法去改变，有很多东西是你们想不到的，有很多事情看起来很简单，但我们没办法做到。就像这棵古树，是用钱解决不了的。

为了了解当地旅游业的发展状况，我们到很多酒店去做调查，结果很多老板都不在家，一问才知，村里有人办喜事，都帮忙去了。

前人的大量研究已经表明，旅游有利于促进族群文化认同，有利于促进文化自觉，有利于促进民族传统文化的复苏、保护与传承。而从少数民族人力资本的角度来考察，似乎壮族传统文化与梯田文化的传承与保护便成了乡村旅游发展的应有之义。在龙脊壮寨，壮族农民是一种特殊的人力资本，这种人力资本不仅体现为一般性的知识和技能积累，也体现为地方性知识和民族文化的媒介和享有，在民族村寨旅游场域下，在游客那里，民族文化连同少数民族自身是作为一种旅游商品、一种景观而存在的，是民族旅游的核心吸引物，是长期资产，这种以地方性知识和传统文化习得、享有、传播为过程的人力资本积累过程具有相当高的资本收益率。总的来说，乡村旅游发展促进了龙脊平安壮族农民人力资本特殊性

的凸显，也促进了龙脊平安壮族文化的传承和保护。

例如，对于龙脊平安壮族的梯田稻作为文化，有如下政策性方案。

龙脊梯田文化挖掘、保护方案

一、指导思想

以挖掘保护龙胜龙脊梯田文化为目标，大力打造龙脊梯田品牌，提高龙胜龙脊梯田的知名度和美誉度，树立龙脊梯田的整体形象……

二、开展项目

（一）文物整理和保护：重点对龙脊景区壮族和瑶族两个民族的文化古迹、传统生产生活习俗等的挖掘、整理和保护。

（二）出版刊物：编制出版反映龙脊梯田文化的三本书。

（1）反映龙脊梯田民族风情的书籍——《寻访天梯上的五彩民族》。

（2）《龙脊梯田的历史考证》。

（3）《龙脊魂》图片画册。

（三）举办节庆活动：重点举办"两节一会"，即桂林龙脊梯田文化节、"龙脊魂"龙胜风光风情摄影节和龙脊梯田历史文化研讨会。

（四）组建梯田文化艺术团，深入挖掘龙脊梯田民族文化，收集整理各种创作素材，突出本地特色，创作丰富的民俗文化艺术演出节目。

另外，需要注意的是，地方性知识资本不同于舒尔茨笔下的人力资本。社区居民在习得经验、知识的过程中并未计算过成本——收益。社区居民的学习是在无声无息、潜移默化中完成的。他们既没有进学校接受过正规教育，也没有参加过在职培训。他们习得的知识与贝克尔口中的"投资"有较大的差异[1]。在此意义上，民族旅游语境下龙脊平安壮族农民地方性知识的习得是人力资本积累与提升的一条特殊路径。而且，在旅游裹挟下的现代化力量的持续影响及持续的游客"凝视"下，在市场驱动及经济利益的驱使下，龙脊平安壮族农民也在或主动或被动、或直接或间接、或自觉或不自觉地进行地方性知识的解构与旅游化重构，即知识再产生、文化再生产。这种经过构建出来的、再生产出来的知识和文化是一种适应"旅游文化"的知识和文化，如农民现代思想观念的增进，开发出更加符合游客审美特点的歌舞形式，创新民族服装等。由此，龙脊平安壮族的地方性

---

[1] 柳红波.人力资本理论在民族社区旅游开发中的应用研究：基于社区居民收益权的思考[J].旅游研究，2012,4(4):44-48.

知识资本又会得到新的积累和提升。这一人力资本的形成途径以营利性为导向，面向现代市场和大众，突破了旅游开发前的地方性知识以"自我生产、自我使用"的局面。

本章小结

本章内容主要从理论层面阐释了乡村旅游与龙脊平安壮族农民人力资本的互动机理。主要围绕三方面展开：一是乡村旅游开发对龙脊平安壮族人力资本提升的促进；二是壮族农民人力资本的提升对乡村旅游转型发展的促进；三是在乡村旅游与人力资本的互动中拓展出的地方性知识资本问题。

（1）乡村旅游开发对龙脊平安壮族农民人力资本提升的促进。1992年正式开始的平安壮寨乡村旅游开发，通过调整与优化农村产业结构，为家庭旅馆等旅游经营服务活动壮大提供市场，旅游公司等组织提供旅游就业岗位等影响途径，推动了龙脊壮族农民或直接或间接、或初级或深度地转移到乡村旅游中。劳动力转移就业给平安壮族农民带来了旅游工资性、财产性、经营性、转移性收入，极大地促进了农民增收与当地旅游的收入。这为村民、旅游公司、政府增加人力资本投资提供了保障。而人力资本积累与提升的显著标志就是平安壮族"旅游农民"的形成，"旅游农民"对于平安乡村旅游的转型发展具有重要的促进作用。

（2）壮族农民人力资本的提升对平安壮寨乡村旅游转型升级与可持续发展具有极大的促进作用。主要表现在以下三个方面：①村民旅游从业素质的提升，提高了村寨旅游服务质量，增加了游客旅游消费的效用；②村民旅游职业发展素质的提高，在思想观念上表现为平安村民竞争意识的强化，而职业迁移和人力资本积累带来的增收效应则提高了村民在旅游市场上的竞争实力；③村民人力资本提升促进了平安乡村旅游经营业态更新与景区供给结构升级；④村民人力资本的普遍提高，促进了平安壮寨"干中学"环境的优化，而良好的"干中学"环境为平安乡村旅游的内生式良性发展奠定了良好的基础。

（3）乡村旅游开发对龙脊平安壮族农民人力资本具有拓展作用，即在民族旅游语境下，地方性知识资本得以拓展成为龙脊平安壮族农民人力资本的一项重要的、新的资本形态，是壮族农民人力资本积累与提升的一条特殊路径。地方性知识的高资本收益率特性促进了龙脊平安壮族文化的传承与保护，促进了壮族传统文化的旅游开发与农民增收，促进了平安壮族传统知识的再生产与文化的再生产。

第8章　乡村旅游与人力资本的互动中存在的问题与建议

8.1　乡村旅游与平安壮族农民人力资本互动中存在的若干问题

乡村旅游开发与龙脊平安壮族农民人力资本之间互动的积极效果，特别是乡村旅游对龙脊平安壮族农民人力资本的积极影响在前文已得到实证检验和机理总结，但这种互动还存在着若干问题。这些问题在某种程度上可以说是乡村旅游与龙脊平安壮族农民人力资本互动过程中产生的副产品，或者说，是同一问题的两个方面。事实上，这些问题具有普遍性，存在于农民发生职业迁移的前期、中期和后期的各个阶段，存在于乡村旅游开发与龙脊平安壮族职业迁移、职业迁移与龙脊平安壮族农民增收、龙脊平安壮族农民增收与人力资本积累、龙脊平安壮族农民人力资本提升与乡村旅游发展等乡村旅游与人力资本互动的各个环节中。

第一，乡村旅游在持续促进平安劳动力转移和农民深度迁移中存在的问题。

（1）龙脊梯田旅游的旺季为4—10月，也即乡村旅游用工需求量最大的时间段，而且这与梯田稻作的农忙时节存在一定重合。仅以梯田为例，事实上，梯田的经营牵涉水、森林、土地、耕牛等资源的利用与管理，以及劳动生产工具的使用，相对复杂。据统计，以一年为周期，梯田经营大致有挖头道田、修水沟、犁、耙、施肥、铲埂、修埂、造种、泡种、放水、撒种、薅草、拔秧、铲山埂、割谷、挑谷、打谷、晒谷等工序。乡村旅游的季节性、梯田经营的烦琐性，在某种程度上会造成龙脊平安壮族农民转移就业的安全感，从而不利于乡村旅游转移促进劳动力转移就业的连续性和稳定性，特别是推动龙脊平安壮族农民深度迁移到乡村旅游中。

（2）在平安壮寨，几乎所有的有效劳动力都转移到了乡村旅游中，这些劳动力转移到乡村旅游中的主要方式是为以家庭为单位的自主创业。总体上看，发生转移的劳动力数量比较大，但转移质量参差不齐，转移结构不尽合理。这种差异体现在各个层面，如从年龄结构上看，中高年龄层次人员对农业产业结构调整的适应能力较差，缺乏自我学习的意识和人力资本积累的方法，在转移到旅游经营、管理与服务等工作的中高年龄层次人员之外，仍有一部分未迁移到乡村旅游业中，一部分转移的层次比较低，主要以梯田景观耕作与维护、背背篓、抬轿子等体力型工作为主。而如果放眼于不久的未来，具有较高人力资本存量的青年群体在村寨乡村旅游发展中会出现"缺位"情况，从而影响龙脊平安壮寨乡村旅游的可持续发展和转型升级。虽然乡村旅游开发使村寨及村寨连接外界的基础设施、基础公共服务设施得到了极大改观，也显著促进了农民增收，农民从乡村旅游经营中获得的收入甚至远远高于在外务工或工作所得，但由于对城市的向往、对现代生活方式的追求，以及乡村旅游就业人员的职业变动性小、工作劳动时间长、随意性大、就业相关保障低等多种原因，青年高素质劳动力选择本土就业的较少，而进行空间转移的比较多。这导致了乡村旅游就业劳动力结构的不尽合理，影响了平安村乡村旅游业的规模化和产业化发展，以及人力资本为内生动力的乡村旅游转型升级。柳百萍、胡文海等将这种趋势归结为青年潜力高素质劳动力转移动机的变化，即由"经济性转移"到"价值性转移"的变化。

  乡村旅游业无法留住和吸引到中坚力量，与现代农民价值取向变化有一定关系。旅游业是朝阳产业，按理说对年轻人（包括新生代农民）应充满吸引力，但乡村旅游的"乡村性"使得新生代农民不愿固守农村。农村劳动力转移就业动机已由"经济性转移"向"价值性转移"转变，"经济性转移"体现为"人往富处流"，以比较收益为判定标准，"价值性转移"表现为"人往高处奔"，以追求实现自我价值、生活于高质量生活环境为目标。比较城乡就业环境，即使乡村旅游收入高于城市就业所得，也无法阻止他们奔向城市的步伐。工资收入已非唯一标准，工作环境和职业前景更具吸引力。
  ——《有效与困境：乡村旅游促进农村劳动力转移就业辨析》

（3）根据加拿大学者巴特勒（Butler）1980年提出的旅游地生命周期理论判断，龙脊平安壮寨的乡村旅游发展处于发展期与巩固期之间的阶段。在这一阶段，乡村旅游实践需求与村寨劳动力供给之间的供需矛盾日益突出。平安乡村旅游的发展期形成了"政府+企业+村集体+农户"的旅游发展模式，政府、企业的加入促使龙脊乡村旅游产品和服务体系日趋完善，农旅融合的产业特征显现，产业链初步形成，就业门槛不高，直接就业和相对就业人数快速提升，但就业层次不高。在当前由发展期到巩固期的过渡阶段，平安的旅游发展逐渐由市场机制主导，转移升级趋势下的深度开发显得越来越有必要。资本、土地、劳动力、科技、文化、地方性知识等生产要素开始进一步参与分配机制，旅游市场上的竞争日益加剧，乡村旅游转移就业的门槛越来越高，但劳动力供给现状却与平安乡村旅游发展阶段及对应的人力资本需求不匹配。劳动力素质成为影响乡村旅游促进劳动力转移就业，特别是深度迁移的主要障碍。但矛盾的是，由于平安的乡村旅游仍未在综合功能平台的概念上运行，产业聚集度、专业化程度等仍不足以吸引青年等高素质劳动力或潜力高素质劳动力群体放弃空间转移而选择本土乡村旅游就业。

第二，乡村旅游转移就业引致龙脊平安壮族农民的职业分化和阶层分化。

游客的大规模到来、现代消费文化的冲击，都使得旅游成为一股不容忽视的社会整合力量，这种力量的作用在进行职业、阶层、阶级分析时比较明显。一方面，乡村旅游的发展促进了人尽其才，使龙脊平安壮族在各种旅游职业身份下不断地"干中学"，促进自身人力资本的积累，如在平安壮寨，村民从事的职业有经营家庭旅馆、厨师、服务员、导游、保安、售票员、背背篓、抬轿子、歌舞表演、土特产品售卖、行李员、协管员、保洁员等。另一方面，乡村旅游发展到中后期，不可避免地引致了村寨这一微型社区社会阶层的分化，这种分化在不同旅游职业间已可见端倪。当然，这在一定程度上是初始物质资本存量、技能、组织管理、健康、年龄等要素决定的，如在访谈中，经常听到资讯人表示："老人背背篓、烧竹筒饭、卖东西，有力气的抬轿子，有钱的开酒店，嗓子好的唱歌，会跳舞的跳舞……"

如果说这种职业分化的差别是内生的话，那么旅游业的发展则趋于使这种分化开始指向阶层，趋于固化，趋于财富转移和人力资本积累的路径化。从现实中来看，龙脊平安壮族的阶层分化以资源的专业化、精英化乃至垄断为表达，是一种话语权的象征性建构。事实上，政策的试点扶持、旅游公司给予的肯定、旅游经营与服务的专业化，以及其他一系列事件的话语性建构，逐渐使他们成为最富裕的村民，建立了自己在致富方面的象征性权力地位，成了旅游精英。2011年，平安全寨的人均旅游收入为3.5万元，但在剔除了相关旅游经营的收入数据后，平安壮寨村民的年人均收入降到了1.5万元/年。当前，这种以贫富差距为具体表现的阶层分化现象已使社区人际关系恶化等问题凸显。而这种分化力量与人力资本积累，在旅游精英与普通村民之间的不均衡互动，则更让人担忧恶性循环现象的产生。

另外，在平安壮寨，农村劳动力转移的具体路径主要有两条：一条路径是进入旅游企业；另外一条路径就是自己开展乡村旅游经营活动。但平安壮寨的旅游开发模式、旅游发展特点却决定了旅游企业的职业转移容量是比较小的，农民的转移就业路径便主要是旅游自主经营。但具有资本、社会资本、人力资本优势的外来经营者的大量进入，则容易垄断当地的乡村旅游开发资源，构成资本与经济利益之间的定向循环与集聚，从而挤占农民的就业转移空间和自主创业空间，影响乡村旅游的可持续发展及劳动力的深度迁移。

第三，人力资本储量，特别是专业旅游人力资本储量仍较低，构成了阻碍平安壮族农民加速角色转变和现代转型，以及平安乡村旅游转型升级与内生发展的重要因素。

虽然"干中学"在龙脊平安壮族农民人力资本积累与提升的过程中具有重要的作用，但正规的、系统的教育，特别是旅游专业教育对人力资本增值及乡村旅游深入发展的作用仍不容忽视。前文关于乡村旅游发展对龙脊平安壮族学校教育影响的实证中，便指出了龙脊平安壮族教育与乡村旅游经济发展的这种不对称性。一方面，当地中小学教育与普通中小学教育在内容和方式上与其他地区大体相同，专门讲授旅游、在地文化相关知识的很少，教育的目的还是为了升学。另外，平安小学面临严重的生源问题，学生多被送到教育质量更高的镇上、县里读书，这对孩子的本土情怀养成与返乡创业，乃至对平安乡村旅游的内生式、本地化持续发展都有一定负面影响；另一方面，由于旅游业的波动性、季节性，以及平安乡村旅游目前所处的发展阶段对高素质人才的需求仍不明显，高素质专业旅游人才与普通旅游从业人员之间的旅游收入相差不大，对城市生活和其他职业的向往，以大中专学生为代表的龙脊壮寨新生代农民很少专门修读旅游相关专业（如旅游管理、酒店管理、会展经济与管理等专业），而返回家乡进行旅游创业或就业的高素质人才就更少了，这可能会制约龙脊旅游业的发展。

> **案例**
>
> 访谈对象1：龙脊梯田瓦舍旅行酒店，店长LL
>
> 　　随着外来酒店的增多和外来人口的增加，村里本地人越来越少，大多都是中老年人。
>
> 访谈对象2：平安酒店服务员
>
> 　　平安小学（图8.1、图8.2）是自治区财政厅于2001年9月援建的。但近几年，家长为了要让小孩努力读书，小孩子们已陆续去县城上学了，所以学校现在处于空置状态。

图 8.1　平安小学场地　　　　　　图 8.2　平安小学教室

第四,农民合作视野下龙脊平安壮寨的"干中学"环境非最优,影响壮族农民人力资本积累与提升的效率,不利于平安乡村旅游的可持续快速发展。

从业缘上看,乡村旅游主要促进了壮族农民与村集体、旅游公司和政府之间的合作与互动,而农民个体之间的合作并未充分展开。农民合作指的是,"农民为解决超出一家一户能力范围的生产、生活问题,而在行动上自觉或不自觉地相互协调与配合,是基于共同利益与目标而出现的农民间的互动[1]"。在平安壮寨,为了避免无序竞争、提升经济效益,农民之间通过长期博弈形成了相互配合的行动默契,没有组织的正式契约约束,而是以口头契约的方式规范农民行为。"轮流制"便是乡村旅游口头契约式合作模式的典型代表。背背篓及抬轿子是平安村独创的全村参与的农民就业项目。目前,参与背背篓和抬轿子的分别有132人、96人,采用"轮流制"的工作模式。6个农民小组划分为3个大组,每户分别出1个人,3个大组轮流进行,每个组1个月轮10天。抬轿子路线是从景区门口到二号观景点七星伴月。

这种口头契约式的合作模式对于促进平安乡村旅游的持续发展,以及营造最优化的"干中学"环境以加速促进龙脊平安壮族农民人力资本积累与提升是不充分的,特别是随着平安乡村旅游市场的竞争趋于激烈,壮族农民个体为争夺有限的客源,在"个人理性"下谋求自身利益最大化,他们更趋于将自己封闭起来,而不愿意积极拓展既有的旅游合作关系,更难主动地建立起新的旅游合作关系,从而共享信息、客源,相互学习经验、技能等,这无疑使平安乡村旅游可持续发展及人力资本优化的内部成本增大。

---

[1] 吴忠军,高冲.乡村旅游农民合作与增收研究[J].旅游论坛,2015,8(1):75-80.

第五，龙脊平安壮族农民在非农化转移中还有可能会影响梯田稻作生计的可持续发展，以及梯田文化景观的保护。

平安村的乡村旅游目前仍处于从发展期到巩固期之间的过渡阶段，乡村旅游带来的转产促进作用，使平安村民的角色从务农转为"半农半旅"或放弃农业劳作、完全从事旅游工作，从土地精耕细作及农业稳产方面来看，随着农民与土地之间的脱离程度越来越大，农业经济的可持续发展受到了一定影响。特别地，梯田文化景观所依赖的梯田（主要是主观景区域之外的梯田），由于农忙时间不足、青壮年劳动力不足等原因，日益出现弃耕、撂荒、倒埂、塌方等现象。而核心区域内的梯田，则呈现出另外一番景象：在旅游经济利益驱动下，平安社区居民往往会采取非灌水时令灌水、延缓收割、种植外地稻谷等措施延长梯田适赏时节，或砍伐树林以扩大核心区域内的梯田种植面积（图8.3）等行为，由此便破坏了梯田景观系统内的正常物质、能量流动与交换。利用梯田系统的程度与方式（人地关系）影响着梯田系统的生态流。

第六，乡村旅游开发带来的文化商品化在一定程度上不利于龙脊平安壮族传统文化的良性发展。

在民族旅游场域中，随着龙脊平安壮族地方性知识资本价值的凸显，平安社区居民越来越注重龙脊平安壮族文化的传承与保护，越来越重视主动习得传统文化，但这一过程也在一定程度上带来了民族传统文化的异化问题。为了适应"旅游社会"，满足游客无处不在的"凝视"欲望，也为了在乡村旅游经营中获得竞争优势、获得更高的旅游收入，文化再生产成为一种必然选择，但由此也或多或少地引致了民族文化商品化问题、民族文化的舞台化问题、民族文化移植问题、民族文化真实性问题、民族文化主体问题，以及传统的发明问题等。例如，在调研过程中，笔者就发现了两个有趣的、但同时值得思考的个案：龙脊平安壮族中老年妇女的着衣以黑白两色为主，白色主要用于夏装，黑色主要用于冬装，但LHY夏天的上衣着装出现了很多红色等颜色艳丽的衣服，甚至有一件红瑶的衣服。问及原因，LHY表示这样能在导游服务、合影、餐饮、住宿等旅游服务项目中吸引游客，争取客源。另外，有壮族村民开设了瑶浴堂，提供足浴（图8.4）、泡浴等中医药养生体验服务。

图 8.3　砍伐树林　　　　　　　图 8.4　瑶浴服务

8.2　壮族农民人力资本积累与乡村旅游发展升级的建议

通过"乡村旅游开发—龙脊平安壮族转移就业—农民增收—人力资本积累—乡村旅游发展升级"这一循环机制，人力资本积累与乡村旅游发展互为影响、互为前提，这也为乡村旅游的深入发展、当代少数民族群体的现代转型与农民问题，乃至"三农"问题的解决提供了新的思路和政策框架。这给我们的启示是：在民族旅游地区，无论是制定乡村旅游发展政策，还是农民脱贫与增收政策，抑或农业现代化政策、新农村建设政策、新型农民培育政策，基于人力资本的内生性视角，以及乡村旅游发展与少数民族人力资本的互动，都适宜将乡村旅游与人力资本置于同一政策框架下进行通盘考虑，并进行一体化设计。例如，少数民族人力资本开发视角下的乡村旅游发展政策应包含以下政策内容：联合政府教育部门、旅游开发商、村集体共同推出少数民族教育促进（投资）计划或乡村旅游产业教育规划，发展包括学校教育、家庭教育和社会教育在内的少数民族教育；依据旅游发展实际和村民需求，联合各类培训主体，制度化地保证在职培训机制的有效运行；推进城乡公共服务一体化，持续完善村寨医疗卫生保健等公共健康投资；少数民族自身在文化景观和旅游吸引物的意义上是一种特殊的人力资本，应制定基于文化传承人和文化代表事项保护的民族文化传承政策；优化乡村旅游扶贫模式和农民参与机制设计，加速促进已迁移农民的人力资本积累，并致力于扩大职业迁移率，积极对未转移到旅游业中的农民进行精准旅游脱贫致富指导。

针对乡村旅游与龙脊平安壮族农民人力资本互动中存在的问题，总体来说，应稳步推进龙脊乡村旅游向产业化方向发展和实施龙脊平安壮族农民人力资本促进计划，具体思路如下。

第一，促进平安乡村旅游向形成产业集聚区的高阶段发展，推进乡村旅游转型升级，为实现劳动力持续、稳定、高素质转移及深度迁移提供动力保障。

一方面，乡村旅游发展到高级阶段的特征是产业集聚区的形成，以及旅游业态的丰富。在此阶段，旅游业提供的就业岗位吸引力最强、层次最丰富，旅游就业乘数效应明显。因此，平安乡村旅游资源应继续整合，转型升级发展乡村旅游，以持续促进社区居民转移就业并实现深度迁移，保障乡村旅游的内生化可持续发展；另一方面，改善乡村旅游转移就业环境，如基础设施建设和公共服务体系建设，推进城乡基本公共服务均等化，增加本土乡村旅游就业对壮族农民的吸引力，满足高素质劳动力或潜在高素质劳动力的"价值型转移"需求，同时也吸引外来投资者、乡村旅游创客的进驻，进一步丰富劳动力转移途径，从而实现乡村产业转型升级与龙脊平安壮族农民有效就业的良性互动。

第二，发掘龙脊壮族文化旅游资源，精品化、品质化、艺术化开发龙脊平安壮族文化。

鉴于地方性知识资本的高资本收益率特性及游客对高层次文化旅游的需求，政府应开发平安壮族传统文化信息资源，打造平安壮族文化创意旅游系列产品，以丰富旅游产品层次，弱化季节对平安梯田观光旅游发展及壮族劳动力持续、稳定转移的影响，预防乡村旅游产品单一引发的"荷兰病"，增加壮族农民的多元化职业迁移路径，持续拓展壮族农民增收渠道，增强平安乡村旅游经济协调度与发展活力。

第三，加强劳动力技能与素质培训，促进龙脊平安壮族农民人力资本的积累与提升，满足乡村旅游转型升级对高素质劳动力的需求。

实践中，政府应发挥在农村劳动力技能培训与深度迁移中的主导型作用，规范乡村旅游就业市场，并加强对农村剩余劳动力的技能培训，提高其科学文化素质，提高农村剩余劳动力的文化素质和技能水平。《全国休闲农业发展十二五规划》规定休闲农业从业人员必须经过专门培训，培训内容包括政策法规、养殖技术、信息技术、生态旅游安全等。鉴于乡村旅游就业层次的多元性，可采取综合培训和分类专题培训两种方式。如对于低素质岗位，可开展种养业、农产品深加工、农产品销售、旅游后勤服务等培训，而对于高素质岗位，应以培育一批懂技术、会管理、能从事专业化生产和产业化经营的新型农民为目标，开展高科技生态农业、高端养殖业、旅游管理、酒店运营、电子商务、市场营销等技能培训和产业综合培训。

第四，扩大乡村旅游农民合作，实现人力资本互补。利用农民合作所蕴含的分工与要素集聚、协商与集体抗争、默契与邻里互助等因素，促进壮族农民旅游经营规模的扩大、经济福利的提升及乡村旅游组织模式的转型升级。

因此，在平安村，除了口头契约式合作之外，我们还要以组织化、制度化、多元化、系统化作为未来乡村旅游农民合作的方向。政府通过提高社区居民的合作意愿、发挥精英带动作用、建立外力倒逼机制发展组织制度化合作。例如，一方面，可通过帮扶能人创业，引进乡村旅游创客的方式优化"干中学"环境，促进乡村旅游深入发展。政府引导其通过"能人＋低素质劳动力""创客＋低素质劳动力"的方式，点对点帮扶，实现"一人带一户、一户带多户，多户带一村"，通过引导其转移到旅游业中参与旅游项目建设、旅游经营服务、要素入股等方式实现人力资本的积累与提升。另一方面，政府可指导建立各种经济合作社，组织成立农业生产、建筑、农副产品、民俗表演、旅游等各类专业合作社，将分散的个体联合、组织起来，发挥组织化力量，提高农民从事旅游活动经营的竞争力，也为龙脊平安壮族农民的转移就业提供保障和平台支撑。

第五，促进平安壮族农民与资本市场的合作，努力实现乡村旅游经营业态创新与供给结构升级。

一方面，以"干中学"为主要方式的职业迁移，极大地促进了龙脊平安壮族农民的人力资本积累与提升。但平安壮寨乡村旅游发展以来，经营形态仍以村民自营，或完全托管给外来资本为主，供给结构仍显单一，平安乡村旅游转型升级速度慢。另一方面，由于多数平安壮族农民综合文化素质较低，以及囿于非最优的"干中学"环境，"边干边学"形式的农民自营，对于其自身人力资本提升的促进总会存在一个瓶颈。未来，拓展乡村旅游农民合作的边界，加大与外界资本市场的合作，设计一套共赢的商业模式是重中之重。如在民宿经营中，可适时、择机选择与外界专业酒店与客栈管理公司合作。村民与管理公司双方共同制定合作经营的方式、内容，而不仅仅是以村民的土地、房屋为合作对象，将壮族农民经营的主动权和人力资本提升权排斥在外，如此以保障平安乡村旅游的内生式良性发展与转型升级共赢，优化"干中学"环境。

第六，鼓励壮族农民积极习得、传承、创新开发民族文化，促进龙脊壮族文化的活态传承，利用地方性知识资本积累与提升人力资本，保障乡村旅游转型升级的文化动力。

民族文化场域下，相较于现代性知识，地方性知识对游客的吸引力更大，而且资本收益率较高。但随着现代化的冲击，龙脊壮族传统文化式微，活态文化传承人以老年人为主，且面临传承断代的危险，这不利于龙脊平安壮寨除梯田景观旅游外核心竞争力的维持。未来，政府、平安村委、龙脊风景名胜区管理局、桂林龙脊旅游开发有限责任公司应积极采取各种措施鼓励龙脊壮族农民积极习得、传承民族文化，开发民族文化旅游项目，发展壮族教育，促进龙脊壮族文化的活态传承。在多主体共同引导下，推动平安壮族农民积极利用地方性知识资本提供相关服务项目，提高资本收益率，以形成文化活态传承、创新开发与乡村旅游转型升级的良性循环。

本章小结

乡村旅游开发与龙脊平安壮族农民人力资本积累的互动过程中存在一些问题。这些问题存在于农民发生职业迁移的前期、中期和后期等阶段，存在于乡村旅游开发与龙脊平安壮族职业迁移、职业迁移与龙脊平安壮族农民增收、龙脊平安壮族农民增收与人力资本积累、壮族农民人力资本提升与"旅游农民"的形成，以及人力资本提升促进平安乡村旅游发展、乡村旅游与龙脊平安壮族农民人力资本的拓展等各个环节中。

这些问题体现在以下6个方面：（1）乡村旅游在持续促进平安劳动力转移和农民深度迁移中存在的问题；（2）乡村旅游转移就业引致了龙脊平安壮族农民职业分化和阶层分化中存在的问题；（3）人力资本储量，特别是专业旅游人力资本储量仍较低，构成了阻碍平安壮族农民加速角色转变和现代转型，以及平安乡村旅游转型升级与内生发展的重要因素；（4）农民合作视野下龙脊平安壮寨的"干中学"环境非最优，影响壮族农民人力资本积累与提升的效率，不利于平安乡村旅游的可持续快速发展；（5）龙脊平安壮族农民在非农化转移中还有可能会影响梯田稻作生计的可持续发展，以及梯田文化景观的保护；（6）乡村旅游开发带来的文化商品化在一定程度上不利于龙脊平安壮族传统文化的良性发展。

综上所述，本章提出了6条对策性建议：（1）促进平安乡村旅游向形成产业集聚区的高阶段发展，推进乡村旅游转型升级，为实现劳动力持续、稳定、高素质转移及深度迁移提供动力保障；（2）发掘龙脊壮族文化旅游资源，精品化、品质化、艺术化开发龙脊平安壮族文化；（3）加强劳动力技能与素质培训，促进龙

乡村旅游对龙脊平安壮族农民人力资本的影响

脊平安壮族农民人力资本的积累与提升，满足乡村旅游转型升级对高素质劳动力的需求；（4）扩大乡村旅游农民合作，实现人力资本互补，利用农民合作所蕴含的分工与要素集聚、协商与集体抗争、默契与邻里互助等因素，促进壮族农民旅游经营规模的扩大、经济福利的提升及乡村旅游组织模式的转型升级；（5）促进平安壮族农民与资本市场的合作，努力实现乡村旅游经营业态创新与供给结构升级；（6）鼓励壮族农民积极习得、传承、创新开发民族文化，促进龙脊壮族文化的活态传承，利用地方性知识资本积累与提升人力资本，保障乡村旅游转型升级的文化动力。

第9章　结论与不足

9.1　结论

本书不同于以往乡村旅游的经济、社会、环境、文化影响范式，而是在指导思想上坚持以人为本，以农民为研究主体，以人力资本这一视角管窥乡村旅游对当地社区各方面的影响。在实践上则体现了以"旅游促进人的全面发展"为指导，把乡村旅游可持续发展和破解乡村旅游地区"三农"问题的基点放在农民人力资本的积累和新型职业农民的培育上，实现发展动能转换的思路。

本书以人力资本理论和旅游影响理论为基础，主要运用田野调查法和实证分析法，从人力资本形成的四大途径，即职业迁移、教育、培训、健康四个方面，实证分析了乡村旅游对龙脊平安壮族农民人力资本的影响。研究发现，这种影响是深刻的，显著促进了龙脊壮族人力资本的积累与提升。

第一，与旅游开发前相比，在乡村旅游开发带来的新思想、新观念的冲击下，农民开始具有市场、商品、文明等现代意识并使之不断强化。在这种意识的支配下，再加上乡村旅游就地转移劳动力、农旅兼顾的特点及乡村旅游经营"示范效应"的催化下，壮族农民纷纷转移到旅游业中，增收效应显著，表现为增收渠道（家庭旅游经营收入、旅游工资性收入、旅游财产性收入和旅游转移性收入）的增多和旅游总收入的提高。由于既有农业生产技能与旅游市场需求存在一定脱节，这种职业迁移具有典型的"干中学"特征，即在旅游经营与实践中通过模仿、经验教训总结、培训投资等形式来提升旅游从业技能和服务素质。

第二，龙脊平安壮寨的在职培训较为成熟。按主体来划分，有自我培训、旅游公司培训、企业培训及政府培训。由于这些培训往往又直接指向生产和效益，继而培训投资带来的龙脊平安壮族农民人力资本的提高，表现为其在旅游经营与服务中的技能与获利能力的提高。

第三，从作为人力资本形成之基础性和系统性途径的学校教育来看，乡村旅游开发直接或间地接促进了教育边际效应的增加，人力资本存量得到增加；乡村旅游促进了龙脊平安壮族受教育年限的延长，而受教育年限的延长又增强了其学习能力。人力资本的积累和增长速度加快，即提高了龙脊平安壮族农民人力资本的再生产能力。

第四，健康程度决定着人力资本的延续长度和人力资本效益的发挥率，乡村

乡村旅游对龙脊平安壮族农民人力资本的影响

旅游开发对龙脊平安壮族健康的影响也是显著的，具体表现为劳动强度的减小、健康保健意识和知识的增加、对心理和道德健康的促进及健康投资的普遍增加。

而从人力资本的具体形态来考察，龙脊壮族人力资本的提升，主要表现为以下三个方面。

第一，知识越来越丰富。旅游开发前，龙脊壮族村寨是一个相对封闭的环境，龙脊壮族村民掌握着关于当地民族文化和梯田农业的相关知识，但对外面的世界、现代知识了解甚少。旅游开发后，龙脊壮族开始经营旅游服务业。旅游服务业是现代服务业，需要从业人员具备大量的相关知识，如现代企业经营管理知识、市场营销知识、需求预测知识、市场细分知识、产品定位知识、财务知识、金融知识、电子商务知识、医疗卫生保健知识等。旅游服务业为龙脊壮族学习、吸收相关知识提供了新的途径和手段。为了提高收益，政府、旅游公司、酒店每年都会对村民进行相应的培训。旅游业的快速发展吸引了大量外来投资者，他们具有专业的旅游服务经营管理知识和经验，而且每位投资者都具有独特的经营理念。外来投资者引起龙脊壮族村民的观察和模仿，于是村民也从中掌握了很多相关知识。经营旅游业需要和谐稳定的社会环境，这就要求外地投资者与当地村民保持良好的关系。所以，外地投资者也经常与当地村民进行各种形式的交流。在交流过程中，外地投资者向壮族村民分享了他们的经营管理知识和经验。壮族村民向外地投资者分享了他们的民族传统文化和社会关系网络，于是壮族村民将经营管理知识和经验运用到旅游经营管理之中，外地投资者将民族传统文化融入旅游产品和服务之中。旅游业的发展还引进了大量外地员工，有些员工具有较高的文化程度，有些掌握了独特的知识，员工之间还会相互交流和学习，这就使龙脊壮族员工学到很多相关知识。旅游业的发展还吸引了来自五湖四海的游客、导游等，他们带来了各地不同的文化和知识。通过交流，龙脊壮族了解了各地不同的文化及相关知识，有些游客和导游甚至向龙脊壮族传授英语、西餐知识、酒店经营的相关知识等。龙脊壮族在经营旅游业的过程中，收入逐年提高，他们常常利用旅游淡季外出旅游。他们在旅游中观察他人的经营管理，并运用到自己的经营中来。为了满足游客需要，龙脊壮族很早就在酒店、咖啡吧、饭店等安装了互联网，这刺激了村民学习相关互联网知识的热情。龙脊壮族村民经常通过网络学习调酒、烹饪、酒店装饰、经营管理等方面的知识。互联网还是一种沟通渠道，龙脊壮族村民经常通过网络与客人联系、交流。知识能够直接运用于旅游服务行业，直接产生经济效益。所以，龙脊壮族村民学习相关知识的动机得到提高，主动通过各种途径学习相关知识。旅游业发展与龙脊壮族知识学习的关系如图9.1所示。

```
                        ┌ 经营管理知识
                        │ 市场营销知识
                        │ 电子商务知识
              ┌ 产生知识需求 ┤ 金融知识
              │         │ 财务知识
              │         │ 医疗卫生知识
              │         │ 生态保护知识
              │         └ 法律知识
              │                                          龙
              │         ┌ 政府、旅游公司、酒店培训              脊
              │         │ 外地投资者与壮族村民的知识共享         壮
旅游业发展 ⇒ ┤ 创造掌握知识的途径和手段 ┤ 壮族村民之间的知识共享  ⇒ 族
              │         │ 员工之间的知识共享                   知
              │         │ 游客、导游与壮族村民的知识共享         识
              │         │ 收入提高,外出旅游,获取新的知识         日
              │         └ 通过互联网等现代技术学习相关知识        益
              │                                          丰
              │                ┌ 利益动机                  富
              └ 创造并强化学习动机 ┤ 荣誉动机
                               └ 成功动机
```

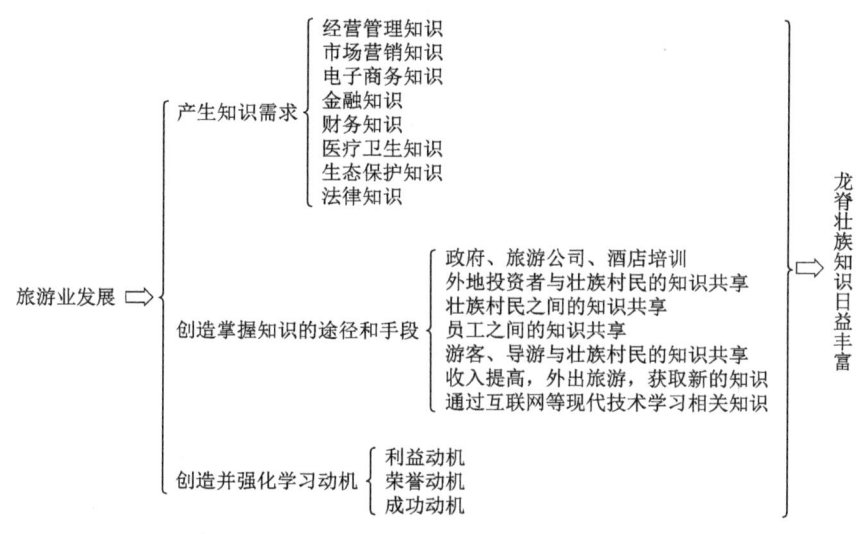

图9.1　旅游业发展与龙脊壮族知识学习的关系

第二，技能提高。随着旅游业的发展，龙脊壮族村民传统的技能得以提升。梯田农业技术方面，旅游开发前，龙脊壮族主要采用人力和畜力耕种和维护梯田。旅游开发后，新机器和耕种技术传入，于是龙脊壮族广泛采用适用梯田农业的机器和设备，以提高农业效率，节省人力和时间，以便将更多的时间和精力用于旅游经营。建筑技术方面，旅游开发前，当地村民的住房结构都是木质的，上下两层，上面住人，下面畜养牲畜。木质建筑隔音效果差，稍有响动，全栋楼的人都听得一清二楚，游客的隐私无法得到保障，而且还影响游客的休息。木质建筑还会因明火、电线老化等因素发生火灾。龙脊壮族村民聚居于村寨，房子连成一片，彼此间距很小。一旦发生火灾，村民可能造成重大损失。

笔者调查发现，过去龙脊壮族村寨发生过多次火灾，大火甚至烧毁了村民的粮食和各种财物，使得村民变得一无所有。旅游开发后，各地游客入住，更易引发火灾。为了解决这些问题，龙脊壮族创造性地改进了传统的建筑技术，将现代混凝土建造技术与传统建筑技术进行了有机结合，墙体引进混凝土建造技术，装修采用传统的木工技术，以木质结构进行房屋内外装潢，所以现代的龙脊建筑保留了原始的建筑风格。从外表看，还是传统的木质建筑，迎合了游客欣赏壮族传统村落的需求，又提升了建筑的隔音效果和防火等级。有些村民还学会了建筑规划、设计，在建造之前先画图纸，进行详细规划。为了满足中外不同游客的需要，龙脊壮族通过各种途径学习了中西餐的做法，并与传统的饮食文化相结合，创造

了具有浓郁民族文化特点的中西餐，深受中外游客的欢迎。随着旅游业的进一步发展，龙脊壮族会进一步学习各地的烹饪技术，并继续将各地烹饪技术之所长融入壮族特色饮食之中，龙脊壮族的烹饪技术必将进一步提升。旅游开发前，龙脊壮族村民从没见过计算机，也不知道计算机为何物。旅游开发后，龙脊壮族引进了计算机，安装了互联网，并广泛使用计算处理财务、税收等相关事宜，并与中外游客通过邮件往来、互动，发布酒店预订信息、接受预订，学习各方面的知识等。龙脊壮族村民运用计算机水平越来得到越高。随着旅游业的进一步发展，龙脊壮族必然会有更多的途径学到更多的技术。

第三，经营管理水平逐渐提高。旅游开发前，龙脊壮族以梯田农业为生，没有任何经营管理能力。旅游开发后，大部分龙脊壮族人都会参与到旅游服务中，在经营中其管理水平逐年提升。首先，他们学会了市场细分的能力，能够按游客来源将市场细分为中国游客市场、外国游客市场；能够根据消费者的收入水平将市场细分为高端市场、中高端市场、中低端市场、低端市场。他们对各细分市场进行分析，了解各细分市场的游客特点和竞争对手的状况，并对自己的能力进行评估，准确选择某个细分市场作为自己的目标市场，并根据该细分市场的特点推出相应的服务。龙脊壮族村民意识到游客需求的重要性，逐渐学会了解游客需求。有的会在游客离开时询问游客对哪些方面满意、哪些方面不满意，详细记录并在日后改进；有的在客房备有意见簿，鼓励游客提出意见和建议；有的将酒店的一面墙壁开辟成心情栏，任何游客都可以将其感受、意见和建议写在纸条上，粘贴在该栏内。龙脊壮族人民还学会了各种营销技术，通过各种渠道宣传自己的产品和服务。有的建立了自己的网站，宣传自己的酒店，并接受游客预订；有的与旅游网站合作，宣传并接受游客预订；有的在杂志、报纸上进行宣传。在经营中，龙脊壮族还学会了人力资源管理、财务管理、税务管理、竞争策略等现代企业经营管理的知识、技术和方法。随着旅游业的进一步发展，龙脊壮族必然会进一步学习相关的经营管理技术和方法，经营管理水平也会进一步提高。

总之，旅游业的发展促进了知识、技术的交流，产生了对相关知识和技术的需求，创新了获取知识与技术的途径和手段。龙脊壮族在经营中不断学习，学习能力得到提升，知识日渐丰富，技能日益提升，经营管理水平和盈利能力逐年提高，人力资本得到大幅提升，并将随着乡村旅游的发展而进一步积累、提升。

总结全书，从乡村旅游与人力资本的互动机理来看，二者存在着"乡村旅游开发—农民转移就业—农民增收—农民人力资本积累—乡村旅游发展升级"的互动关系。在这一多元循环影响框架模型中，乡村旅游开发与龙脊平安壮族的职业迁移，职业迁移与龙脊平安壮族农民增收，龙脊平安壮族农民增收与人力资本积累，龙脊平安壮族农民人力资本提升与"旅游农民"的形成，以及农民人力资本的提升对平安壮寨乡村旅游转型发展的促进，均有各自的互动机理与影响机制。特别地，在民族旅游视域下，习得并固化于龙脊平安壮族农民身上的地方性知识，由于其资本转化属性，是人力资本积累与提升的一条特殊路径，在一定程度上可以说是突破了舒尔茨意义上的人力资本投资途径，也直接促进了龙脊平安壮族文化的传承与保护。另外，在乡村旅游与人力资本二者之间的互动中，还存在着龙脊平安壮族农民深度迁移不足、职业分化和阶层分化、旅游人力资本储量偏低、"干中学"环境非最优、梯田稻作生计的可持续发展与梯田文化景观的保护存在问题、龙脊平安壮族传统文化的异化及其他问题。对此，本书提出了以下思路：(1) 促进平安乡村旅游向形成产业集聚区的高阶段发展，推进乡村旅游转型升级，为实现劳动力持续、稳定、高素质转移及深度迁移提供动力保障；(2) 发掘龙脊壮族文化旅游资源，精品化、品质化、艺术化开发龙脊平安壮族文化；(3) 加强劳动力技能与素质培训，促进龙脊平安壮族农民人力资本的积累与提升，满足乡村旅游转型升级对高素质劳动力的需求；(4) 扩大乡村旅游农民合作，实现人力资本互补，利用农民合作所蕴含的分工与要素集聚、协商与集体抗争、默契与邻里互助等因素，促进壮族农民旅游经营规模的扩大、经济福利的提升及乡村旅游组织模式的转型升级；(5) 促进平安壮族农民与资本市场的合作，努力实现乡村旅游经营业态创新与供给结构升级；(6) 鼓励壮族农民积极习得、传承、创新、开发民族文化，促进龙脊壮族文化的活态传承，利用地方性知识资本积累与提升人力资本，保障乡村旅游转型升级的文化动力。

9.2 不足之处

第一，本书突破了关于社区、地区、走廊等空间研究，展开了关于乡村旅游主体——农民的研究，以勾勒龙脊平安壮族农民在乡村旅游发展中的转型或变化。但从研究主体来说，首先，本书对龙脊壮寨新生代农民的关注，对于龙脊平安壮族农民人力资本、受旅游开发的影响程度、职业选择等的代际差异研究存在不足；其次，本书对农民企业家、旅游精英这一乡村旅游开发中形成的异质性人力资本的专题研究不够；最后，对走向旅游前台的壮族妇女的人力资本形成、结构、特点等需要进行进一步实证总结。

第二，本书主体的实证部分基于舒尔茨意义上传统人力资本的研究框架展开，分析了乡村旅游开发对龙脊平安壮族职业迁移、教育、培训和健康的影响，但这一框架在民族旅游语境下，之于少数民族旅游从业者而言，存在一定修正的必要。本书在第 6 章探讨了地方性知识资本对于龙脊平安壮族农民人力资本形成框架与积累路径的拓展，但仍存在深化和细化研究的必要。

第三，着眼于少数民族农民的现代转型与新型职业农民培育，未来有必要整合基于龙脊平安壮族农民主体的人力资本研究与基于旅游社会文化效应方面的整体研究，在宏观的社会文化背景下展开论证。

参考文献

一、著作类

[1] 柏拉图. 理想国 [M]. 吴献书, 译. 上海: 三联书店, 2009.
[2] Petty W. A Treatise of Taxes & Contributions[M]. Hamilton: McMaster University Archive for the History of Economic Thought, 2004.
[3] Smith A, Nicholson J S. An Inquiry Into the Nature and Causes of the Wealth of Nations[M]. T. Nelson and Sons, 1887.
[4] 萨伊. 政治经济学概论: 财富的生产, 分配和消费 [M]. 陈福生, 陈振骅, 译. 北京: 商务印书馆, 1997.
[5] Engel, E. Der Werth des Menschen[M]. Berlin: Verlag von Leonhard Simion, 1883.
[6] Mincer J. Job Training: Costs, Returns, and Wage Profiles[M]. Berlin: Springer Berlin Heidelberg, 1991.
[7] Schultz T W. The Economic Value of Education[M]. Warrenton: Columbia University Press, 1963.
[8] 西奥多·W·舒尔茨. 人力资本投资: 教育和研究的作用 [M]. 蒋斌, 张蘅, 译. 北京: 商务印书馆, 1990.
[9] 加里·贝克尔. 人力资本: 原书第3版 [M]. 陈耿宣, 等译. 北京: 机械工业出版社, 2016.
[10] Denison E F. Why Growth Rates Differ [M]. Washington D C: Brookings Institution, 1967.
[11] Hayami Y. Ruttan V W. Agricultural Development: An International Perspective[M]. Baltimore: Johns Hopkins University Press, 1971.
[12] Behrman J R. The Action of Human Resources and Poverty on One Another[M]. Washionton, D. C: The World Bank, 1990.
[13] Morris C T, Adelman I. Economic Growth and Social Equity in Developing Countries [M]. California: Stanford University Press, 1973.
[14] 冈纳·缪尔达尔. 亚洲的戏剧: 南亚国家贫困问题研究 [M]. 方福前, 译. 北京: 首都经济贸易大学出版社, 2001.
[15] Schultz T W. Transforming Traditional Agriculture[M]. Connecticut: Yale University Press, 1964.
[16] 张藕香. 人力资本不均等与我国地区收入差距 [M]. 北京: 经济科学出版社, 2009.
[17] 辞海编辑委员会. 辞海（缩印本音序）[M]. 上海: 上海辞书出版社, 2007.
[18] 贝克尔. 人力资本: 特别是关于教育的理论与经验分析 [M]. 北京: 北京大学出版社, 1987.
[19] 李建民. 人力资本通论 [M]. 上海: 上海三联书店, 1999.
[20] 温海池. 劳动经济学 [M]. 天津: 南开大学出版社, 2000.
[21] 李忠民. 人力资本: 一个理论框架及其对中国一些问题的解释 [M]. 北京: 经济出版社, 1999.
[22] 邹统钎. 旅游学术思想流派 [M]. 天津: 南开大学出版社, 2013.
[23] 广西壮族自治区编辑组, 《中国少数民族社会历史调查资料丛刊》修订编辑委员会. 广西壮族社会历史调查 [M]. 北京: 民族出版社, 2009.
[24] 黄润柏. 守望精神家园: 龙脊平安壮族生活方式变迁研究 [M]. 南宁: 广西人民出版社, 2008.
[25] 陈恣. 学生心理健康与社会适应 [M]. 北京: 国际文化出版公司, 2002.
[26] 施坚雅. 中国农村的市场和社会结构 [M]. 史建云, 徐秀丽, 译. 北京: 中国社会科学出版社, 1998.
[27] 李强. 新农民: 民族村寨旅游对农民的影响研究 [M]. 北京: 民族出版社, 2013.

二、论文类

[1] 陆学艺."三农"问题的核心是农民问题 [J]. 社会科学研究，2006,（1）：1-4.
[2] 秦其文. 人的思想观念素质是人力资本的最重要内容 [J]. 重庆社会科学，2007,（10）：22-26.
[3] Marshall A. Principles of economics[J]. Political Science Quarterly, 2014, 31(77)：137-149.
[4] 黄有丽. 人力资本与社会资本结构洞理论研究的中西方差异探讨 [J]. 科技风，2011(17): 23-24.
[5] Mincer J. Investment in Human Capital and Personal Income Distribution Author(s)[J]. Journal of Political Economy, 1958, 66(4): 281-302.
[6] 曾国军. 人力资本理论研究综述 [J]. 会计之友，2008,（20）：7-8.
[7] Schultz T W. Investment in Human Capital: The Role of Education and Research[J]. American Journal of Agricultural Economics, 1970, 53(4): 272.
[8] Becker G S. Investment in Human Capital: A Theoretical Analysis[J]. Journal of Political Economy, 1962, (70): 9-49.
[9] Kenneth J, Arrow. The economic implications of learning by doing[J]. Review of Economic Studies, 1962, 29(3): 155-173.
[10] 张小蒂，赵榄."干中学"、企业家人力资本和我国动态比较优势增进 [J]. 浙江大学学报：人文社会科学版，2009, 39(4): 71-79.
[11] Krugman P. The Narrow Moving Band, the Dutch Disease, and the Competitive Consequences of Mrs.Thatcher: Notes on Trade in the Presence of Dynamic Scale Economies[J]. Journal of DevelopmentEconomics, 1987, (27): 41-55.
[12] Lucas R. On the Mechanics of Economic Development[J]. Journal of Monetary Economics, 1988 (11)1: 3-42.
[13] Young A. Learning by Doing and the Dynamic Effects of International Trade[J]. Quarterly Journal of Economics, 1991, 106(2): 369-405.
[14] Lucas R. Making a Miracle[J]. Econometrica, 1993, 61(2): 251-272.
[15] Solow R M. Technical Progress and the Aggregate Production Function[J]. Review of Economics &Statistics, 1957, 39(70): 312-320.
[16] Romer P M. Increasing Returns and Long-Run Growth[J]. Journal of Political Economy, 1986, 94(5): 1002-1037.
[17] Romer P M. Endogenous Technological Change[C]. Chicago, IL: University of Chicago Press, 1989.
[18] Romer P M. Are Nonconvexities Important For Understanding Growth?[J]. American Economic Review, 1991, 80(2): 97-103.
[19] Chenery H B, Syrquin M. Patterns of development, 1950-1970[J]. African Economic History, 1975, 86(2): 68-70.
[20] Marin A, Psacharopoulos G. Schooling and Income Distribution.[J]. Review of Economics & Statistics, 1976, 58(3): 332-338.
[21] Knight J B, Sabot R H. Educational Expansion and the Kuznets Effect.[J]. American Economic Review, 1983, 73(5): 1132-1136.
[22] Barro R J. Inequality, Growth, and Investment[J]. Nber Working Papers, 1999, 5(35)：7038.
[23] 刘志刚. 人力资本配置对经济增长的意义分析 [J]. 商场现代化，2008,（32）：274-275.
[24] 马光菊. 人力资本投资理论及我国的人力资本现状分析 [J]. 理论界，2005,（11）：58-59.
[25] Heckman, James J. Sample Selection Bias as a Specification Error, Econometrica[J], 1979，147（1）：88.
[26] 辛立国，薛欣欣. 人力资本投资与农村居民收入研究综述 [J]. 生产力研究，2007（12）：147-150.
[27] Yang, Tao D. Education and Off-farm Work[J]. Economic Development and Cultural Change, 1997, 45(3): 57.
[28] Knight.J.song L，Huaibin J, et al. Chinese Rural Migrants in Urban Enterprises: Tree perspectives [J].

Journal of Development studies, 1999(2): 73-104.

[29] Liu G G, Dow W H, Fu A Z, et al. Income Productivity in China: On the Role of Health[J]. Journal of Health Economics, 2008, 27(1): 27-44.

[30] 胡鞍钢. 从人口大国到人力资本大国：1980—2000 年 [J]. 中国人口科学，2002（5）：35.

[31] 张帆. 中国的物质资本和人力资本估算 [J]. 经济研究，2000（8）：65-71.

[32] 钱雪亚，刘杰. 中国人力资本水平实证研究 [J]. 统计研究，2004（3）：39-45.

[33] 钱雪亚，王秋实，刘辉. 中国人力资本水平再估算：1995—2005[J]. 统计研究，2008，25（12）：3-10.

[34] 谭永生. 农村劳动力流动与中国经济增长：基于人力资本角度的实证研究 [J]. 经济问题探索，2007，(4)：80-84.

[35] 张文贤，颜延，魏峰，等. 人力资本投资及其风险防范 [J]. 财务与会计，2008（18）：57-59.

[36] 朱平芳，徐大丰. 中国城市人力资本的估算 [J]. 经济研究，2007（9）：84-95.

[37] 王德劲，向蓉美. 我国人力资本存量估算 [J]. 统计与决策，2006（10）：100-102.

[38] 李海峥，梁赟玲，Barbara，等. 中国人力资本测度与指数构建 [J]. 经济研究，2010（8）：42-54.

[39] 岳书敬. 我国省级区域人力资本的综合评价与动态分析 [J]. 现代管理科学，2008（4）：36-37.

[40] 李萌，张佑林，张国平. 中国人力资本区际分布差异实证研究 [J]. 教育与经济，2007（1）：14-19.

[41] 陈钊，陆铭，金煜. 中国人力资本和教育发展的区域差异：对于面板数据的估算 [J]. 世界经济，2004（12）：25-31.

[42] 谢勇，徐倩. 浅论收入分配差距对中国城镇居民人力资本投资的影响 [J]. 人口与经济，2004（1）：37-40.

[43] 刘国恩，William H.Dow，傅正泓，等. 中国的健康人力资本与收入增长 [J]. 经济学，2004（4）：10.

[44] 刘苓玲. 论收入分配的公平与人力资本投资的公平 [J]. 重庆工学院学报，2006，20（6）：77-80.

[45] 赵丽秋. 人力资本投资与收入不平等：教育质量不平等的影响 [J]. 南方经济，2006（4）：15-23.

[46] 谢勇. 人力资本与收入不平等的代际间传递 [J]. 上海财经大学学报，2006，8（2）：51-58.

[47] 杨岭. 人力资本教育投资对收入分配的影响 [J]. 湖北财经高等专科学校学报，2009（1）：15-18.

[48] 陈卫，郭琳，车士义. 人力资本对流动人口就业收入的影响——北京微观数据的考察 [J]. 学海，2010（1）：112-117.

[49] 岳意定，宋善炎. 人力资本对城乡居民收入差距影响研究 [J]. 湖南大学学报（社会科学版），2013，27（2）：38-41.

[50] 邓峰，丁小浩. 人力资本、劳动力市场分割与性别收入差距 [J]. 社会学研究，2012（5）：24-46.

[51] 曹晋文. 我国人力资本与经济增长的实证研究 [J]. 财经问题研究，2004（9）9-13.

[52] 胡永远. 人力资本与经济增长：一个实证分析 [J]. 经济科学，2003，25（1）：54-60.

[53] 黄国华. 人力资本与经济增长：对中国的实证分析 [J]. 经济经纬，2005（6）：89-92.

[54] 吴华明. 基于卢卡斯模型的人力资本贡献率测算 [J]. 管理世界，2012（6）：175-176.

[55] 张玉枚. 我国人力资本投资对经济增长作用的实证研究 [J]. 经济问题，2012（10）：29-33.

[56] 刘华，李刚，朱翊敏. 人力资本与经济增长的实证分析 [J]. 华中科技大学学报（自然科学版），2004，32(7)：39-41.

[57] 刘榆，刘忠璐，周杰峰. 地区经济增长差异的原因分析：基于人力资本结构视角 [J]. 厦门大学学报（哲学社会科学版），2015（3）11-19.

[58] 罗凯. 健康人力资本与经济增长：中国分省数据证据 [J]. 经济科学，2006（4）：83-93.

[59] 骆永民. 公共卫生支出、健康人力资本与经济增长 [J]. 南方经济，2011，29（4）：3-11.

[60] 王学文. 我国健康人力资本投资与增长关系研究 [J]. 兰州商学院学报，2014（3）：104-108.

[61] 郑丽琳. 人力资本流动对区域经济增长的影响效应分析 [J]. 特区经济，2007（5）：255-257.

[62] 张立新，崔丽杰. 劳动力流动、人力资本积累与地区经济增长差距研究综述 [J]. 湖南人文科技学院学报，2015（2）：41-47.

[63] 雷明全. "干中学"中断是我国异质型人力资本形成的主要障碍——兼论我国30多年未出顶尖人才的原因 [J]. 现代经济探讨, 2013 (11): 5-8.

[64] 张延. 干中学模型对我国经济增长路径的检验 [J]. 财政研究, 2009 (6): 33-38.

[65] 刘海洋. 资源禀赋、干中学效应与经济增长 [J]. 经济经纬, 2008 (1): 36-39.

[66] 吉亚辉, 祝凤文. "干中学"理论视野的西部特色优势产业创新 [J]. 重庆社会科学, 2010 (9): 71-75.

[67] 赵玉霞, 杨明洪. 我国农村人力资本现状分析及策略思考 [J]. 农村经济, 2006 (1): 110-112.

[68] 王勇. 我国农村人力资本开发的制度分析 [J]. 特区经济, 2007 (12): 180-181.

[69] 陈至发, 桑晓晴. 农村人力资本供求非均衡特征与农业现代化 [J]. 农业现代化研究, 2002, 23 (4): 306-309.

[70] 钱雪亚, 张小蒂. 农村人力资本积累及其收益特征 [J]. 中国农村经济, 2000 (3): 25-31.

[71] 侯风云. 中国农村人力资本收益率研究 [J]. 经济研究, 2004 (12): 75-84.

[72] 张藕香. 我国农村人力资本存量地区差异的成因及对策 [J]. 中国农业大学学报 (社会科学版), 2006 (4): 28-34.

[73] 周云波, 武鹏, 余泳泽. 中国区域农村人力资本的估算及其时空特征 [J]. 中国人口: 资源与环境, 2010, 20 (9): 165-170.

[74] 周春芳, 苏群. 非农化进程中农村女性人力资本投资与非农就业: 基于性别差异的视角 [J]. 农业技术经济, 2008 (5): 10-17.

[75] 王晓婷, 陆迁, 李耀华. 农村人力资本投资地区差异的结构分解 [J]. 经济经纬, 2009 (6): 64-67.

[76] 张艳华. 农村人力资本投资的影响因素分析 [J]. 中国劳动关系学院学报, 2007, 21 (6): 54-58.

[77] 靳卫东. 农民的收入差距与人力资本投资研究 [J]. 南开经济研究, 2007 (1): 81-92.

[78] 李勋来, 李国平, 李福柱. 农村人力资本陷阱: 对中国农村的验证与分析 [J]. 中国农村观察, 2005 (5): 17-22+80.

[79] 周晓, 朱农. 论人力资本对中国农村经济增长的作用 [J]. 中国人口科学 2003 (6): 8.

[80] 李录堂, 张藕香. 农村人力资本投资收益错位效应对农村经济的影响及对策 [J]. 农业现代化研究, 2006, 27 (4): 254-257.

[81] 魏一, 夏鸣. 试论我国农村人力资本与农业发展的关系 [J]. 农村经济, 2003 (10): 58-60.

[82] 孙敬水, 董亚娟. 人力资本与农业经济增长: 基于中国农村的Panel daa模型分析 [J]. 农业经济问题, 2006 (12): 12-16+79.

[83] 霍丽, 邵传林, 惠康. 农村人力资本的投资现状及其对就业的影响分析 [J]. 西北大学学报 (哲学社会科学版), 2009, 39 (3): 60-63.

[84] 程伟. 我国农村人力资本投资现状对农业剩余劳动力转移的影响分析: 来自于2004—2005年我国农民工流动就业的调研 [J]. 人口与经济, 2006 (3): 44-49.

[85] 成娅. 论乡村旅游产品创新与旅游人力资源开发 [J]. 现代商业, 2012 (12): 49-50.

[86] 刘长生, 简玉峰, 尹华光. 旅游信用、人力资本与旅游产业发展 [J]. 旅游学刊, 2009, 24 (11): 13-20.

[87] 罗燕春, 杨刚. 旅游业人力资本引起的要挟问题及其管理 [J]. 广西轻工业, 2007, 106 (9): 119-121.

[88] 王兆峰. 人力资本投资对西部旅游产业发展影响的实证研究 [J]. 江西财经大学学报, 2008, 59 (5): 103-108.

[89] 胡庆龙. 人力资本积累与黄山市旅游经济增长的关系研究: 一个基于新古典理论的分析框架 [J]. 黄山学院学报, 2009, 11 (1): 53-56.

[90] 何昭丽, 海米提·依米提, 王松茂, 等. 人力资本投资对新疆旅游产业发展影响的实证分析 [J]. 干旱区资源与环境, 2010, 24 (3): 126-130.

[91] 吴鸿. 海南国际旅游岛建设中的人力资本增值战略探讨 [J]. 琼州学院学报, 2010, 17 (1): 22-25.

[92] 胡敏. 旅游饭店的人力资本与人力资本投资 [J]. 商业经济与管理, 1999 (2): 3-5.

[93] 唐春晖. 旅游饭店人力资本开发的制度分析 [J]. 沈阳师范学院学报 (社会科学版), 2011, 25 (6):

23-26.

[94] 李季辉, 王慧娟, 李浩然. 基于人力资本的旅游企业持久竞争优势的构建 [J]. 中国商贸, 2009 (15): 52-53.

[95] 臧秀清, 冀莎莎. 旅游企业的人力资本及其所有者激励机制 [J]. 郑州航空工业管理学院学报, 2009, 27 (4): 56-59.

[96] 严宽容. 旅游企业人力资本价值的提升途径分析 [J]. 企业导报, 2010 (4): 205-206.

[97] 李雪花. 乡村旅游发展中的人力资本投资探析 [J]. 开发研究, 2008 (5): 114-117.

[98] 刘鹏. 黄山景区边缘乡村旅游人力资源开发研究: 基于SWOT分析模型 [J]. 沈阳大学学报 (社会科学版), 2013, 15 (5): 608-610.

[99] 黄鑫. 新农村建设旅游经济发展与回流农民工人力资本再开发关系探析 [J]. 长沙铁道学院学报 (社会科学版), 2014 (2): 11-12.

[100] 董颖, 蔡登火. 乡村旅游发展中的人力资本投资现状、原因及对策建议 [J]. 农业经济, 2014 (12): 53-54.

[101] 崔佳春, 陈兴, 张国平. 我国乡村旅游人力资本投资主体研究: 以四川通江县王坪村为例 [J]. 资源开发与市场, 2014, 30 (7): 894-896.

[102] 王汝辉. 基于人力资本产权理论的民族村寨居民参与旅游的必要性研究 [J]. 旅游论坛, 2009 (4): 559-562.

[103] 王汝辉. 民族村寨旅游中居民人力资本产权研究: 兼析《合作开发桃坪羌寨旅游协议》的合约缺陷 [J]. 西南民族大学学报 (人文社科版), 2010, 31 (4): 193-196.

[104] 柳红波. 人力资本理论在民族社区旅游开发中的应用研究: 基于社区居民收益权的思考 [J]. 旅游研究, 2012, 4 (4): 44-48.

[105] 吴小立. 少数民族地区农业旅游扶贫与人力资本投资协同战略: 以广东为例 [J]. 南方农村, 2012, 28 (8): 49-53+64.

[106] 丁建宇. 人力资本内涵概述 [J]. 人口与经济, 2004 (s1): 94-96.

[107] 姚树荣, 张耀奇. 人力资本的内涵和特征论析 [J]. 上海经济研究, 2001 (2): 54-57.

[108] 王龙, 武邦涛. 乡村旅游业对增加农民收入的效应分析 [J]. 安徽农业科学, 2006, 34 (19): 5106-5107.

[109] 赵航, 王庆. 乡村旅游与农民增收 [J]. 乡镇经济, 2007 (12): 36-40.

[110] 张筱风. 民族地区解决就业问题需关注的4个问题 [J]. 西藏科技, 2003, 128 (12): 24-25.

[111] 杨雪梅, 张宗敏. 少数民族地区农村剩余劳动力就业的现状、问题与对策 [J]. 云南财经大学学报 (社会科学版), 2005 (2): 104-105.

[112] Deller, Steven. Rural Poverty, Tourism and Spatial Heterogeneity[J]. Annals of Tourism Research, 2010, 37(1): 180-205.

[113] JoAnn M.Farve: Tourism and Employment in the Gambia[J]. Annals of Tourism Research, 1984, 11(4): 557-572.

[114] 彭蜜. 乡村旅游对农民增收的几点思考 [J]. 魅力中国, 2009 (9): 34.

[115] 万幸. 发展乡村生态旅游促进农民持续增收: 以湖北省木兰天池官田村为例 [J]. 咸宁学院学报, 2010, 30 (1): 26-28.

[116] 黎洁. 西部生态旅游发展中农村社区就业与旅游收入分配的实证研究: 以陕西太白山国家森林公园周边农村社区为例 [J]. 旅游学刊, 2005, 20 (3): 18-22.

[117] 唐代剑, 黎彦. 乡村旅游对农民增收、就业实证研究 [J]. 改革与战略, 2009 (12): 122-125.

[118] 李丹. 农村剩余劳动力素质提升与就业途径: 以发展乡村旅游为契机 [J]. 闽江学院学报, 2008, 29 (4): 49-53.

[119] 靳卫东. 农民的收入差距与人力资本投资研究 [J]. 南开经济研究, 2007 (1): 81-92.

[120] 丁栋虹. 从人力资本到异质型人力资本与同质型人力资本 [J]. 理论前沿, 2001（5）：12-14.

[121] 刘赵平. 旅游对目的地文化社会影响研究结构框架 [J]. 桂林旅游高等专科学校学报, 1999（10）：29-34+56.

[122] 吴忠军, 张瑾. 旅游业发展对山地少数民族村寨文化遗产保护的影响——以广西龙脊梯田景区为例 [J]. 经济地理, 2008, 28（5）：891-896.

[123] 彭永强. 常吃酸菜会增加患病风险 [J]. 保健医苑, 2012（2）：53.

[124] 董洪涛. 中西健康观. 决策与信息 [J]. 2010（9）：74-75.

[125] Becker G S. Investment in Human Cpital: A Theoretical Analysis, The Journal of Political Economy[J] .Investment in Human Beings, 1962,70(5): 9-49.

[126] Barro R J, Martin X S I. Economic Growth[M]. First MIT Press Edition, 1999.

[127] Sjaastad L A. The Costs and Returns of Human Mig ration[J]. The Journal of Political Economy, Investment in Human Beings 1962, 70(5): 80-93.

[128] 唐家龙. 论迁移是人力资本投资的伪形式 [J]. 人口研究, 2008（5）：26-31.

[129] 程广帅, 吴涛. 迁移是人力资本投资的伪命题吗？——兼与唐家龙先生商榷 [J]. 郑州大学学报（哲学社会科学版）. 2010（1）：54-57.

[130] Farr W. Equitable taxation of property[J]. Journal of Royal Statistics, 1853, 16(1): 1-45.

[131] 王金营. 对人力资本定义及涵义的再思考 [J]. 南方人口, 2001, 16（1）：47-52.

[132] 尹长丰, 柳百萍. 乡村旅游与农村剩余劳动力转移的价值研究：以合肥为例 [J]. 管理现代化, 2010（4）：36-38.

[133] 柳百萍, 胡文海, 尹长丰, 等. 有效与困境：乡村旅游促进农村劳动力转移就业辨析 [J]. 农业经济问题, 2014, 35（5）：81-86+112.

[134] 王金营. 对人力资本定义及涵义的再思考 [J]. 南方人口, 2001, 16（1）：47-52.

[135] 马翀伟. 人力资本的经济人类学分析 [J]. 广西民族研究, 2003（3）：20-24.

[136] 秦红增. 乡村社会两类知识体系的冲突 [J]. 开放时代, 2005（3）：127-135.

[137] 张瑾. 民族旅游语境中的地方性知识与红瑶妇女生计变迁：以广西龙胜县黄洛瑶寨为例 [J]. 旅游学刊, 2011, 26（8）：72-79.

[138] 邢启顺. 乡土知识与社区可持续生计 [J]. 贵州社会科学, 2006, 26（3）：76-77.

[139] 周俊华, 秦继仙, 等. 全球化语境下民族地方性知识的价值与民族的现代发展：以纳西族为例 [J]. 云南民族大学学报（哲学社会科学版）, 2008, 25（5）：21-25.

[140] 柳红波. 人力资本理论在民族社区旅游开发中的应用研究：基于社区居民收益权的思考 [J]. 旅游研究, 2012, 4（4）：44-48.

[141] 吴忠军, 高冲. 乡村旅游农民合作与增收研究 [J]. 旅游论坛, 2015, 8（1）：75-80.

[142] 张艳华, 刘力. 农村人力资本对农村经济增长贡献的实证分析 [J]. 中央财经大学学报, 2006（8）：61-65.

[143] 杨秀丽, 颜萍. 刍议旅游人力资本与旅游业发展 [J]. 沈阳师范大学学报（社会科学版）, 2006（3）：73-74.

三、学位论文类

[1] 操建华. 旅游业对中国农村和农民的影响的研究 [D]. 北京：中国社会科学院, 2002.

[2] 李强. 新农民：民族村寨旅游对农民的影响研究——以云南曼听村与贵州西江村为例 [D]. 兰州：兰州大学, 2012.

[3] 戴美琪. 休闲农业旅游对农村社区居民的影响研究 [D]. 长沙：中南林业科技大学, 2007.

[4] 旅游场域中的乡村社会变迁——以徽村为例 [D]. 上海：上海大学, 2009.

[5] 王颖. 论我国农村人力资源开发 [D]. 长春：吉林大学，2004.
[6] 黎菱菱. 中国农村人力资本投资研究 [D]. 昆明：云南师范大学，2006.
[7] 李建建，罗丽英. 中国农村人力资本投资行为及机制研究 [D]. 长沙：湖南大学，2007.
[8] 林志伟. 人力资本因素与收入不平等：基于我国经验的研究 [D]. 厦门：厦门大学，2007.
[9] 杨卫军. 人力资本视角的农民增收 [D]. 西安：西北大学，2006.
[10] 叶青华. 人力资本投资与农民收入增长 [D]. 四川：西南财经大学，2007.
[11] 窦婷婷. 农村人力资本与农民收入增长的关系研究——以河北省为例 [D]. 石家庄：河北经贸大学，2012.
[12] 卢绍香. 乡村旅游开发与农村劳动力转移研究 [D]. 贵阳：贵州师范大学，2007.
[13] 杨卫军. 人力资本视角的农民增收 [D]. 西安：西北大学，2006.
[14] 叶青华. 人力资本投资与农民收入增长 [D]. 四川：西南财经大学，2007.
[15] 窦婷婷. 农村人力资本与农民收入增长的关系研究 [D]. 石家庄：河北经贸大学，2012.
[16] 李建新. 垃圾焚烧过程重金属污染物迁移机理及稳定化处理技术研究 [D]. 杭州：浙江大学，2004.
[17] 刘红梅. 城市生活垃圾焚烧厂周围环境介质中二噁英分布规律及健康风险评估研究 [D]. 杭州：浙江大学，2013.
[18] 李雪峰. 人力资本理论研究及其对中国的启示 [D]. 西安：西北工业大学，2002.

四、其他

[1] 国务院. 国务院关于加快旅游业发展的意见（国发〔2009〕41号），2009-12-03.
[2] 姜蕾. 发展乡村旅游是民生工程 [N]. 中国青年报，2013-10-25.
[3] 梁宝忠. 农业部与国家旅游局合力推进休闲农业与乡村旅游发展，2009-10-12.
[4] 国家旅游局规划财务司. 关于全国乡村旅游发展纲要（2009-2015年）征求意见稿网上公开征求意见的说明. [EB/OL]，2009-07-02.
[5] 中共中央，国务院. 关于积极发展现代农业扎实推进社会主义新农村建设的若干意见（中发〔2007〕1号文件）[EB/OL]. 2011-02-24.
[6] 中共中央，国务院. 关于切实加强农业基础建设进一步促进农业发展农民增收的若干意见（中发〔2008〕1号文件）[EB/OL]，2011-02-24.
[7] 中共中央，国务院. 关于加大统筹城乡发展力度进一步夯实农业农村发展基础的若干意见（中发〔2010〕1号文件）[EB/OL]. 2011-02-24.
[8] 中共中央，国务院. 关于加快发展现代农业，进一步增强农村发展活力的若干意见（中发〔2010〕1号文件）[EB/OL]. 2013-01-31.
[9] 全国人民代表大会民族委员会办公室. 广西龙胜各族自治县龙脊乡壮族社会历史情况调查 [Z].1958:50.

后记

"三农"问题的核心是农民问题，农民问题的关键是农民增收问题和农民素质能力问题。提笔之前，我在期刊网上看到了著名社会学学家陆学艺教授在《社会科学研究》2006年第1期发表的学术论文《"三农"问题的核心是农民问题》，他认为"农民太多，农民太苦，农民太穷，农民太弱，农民日益边缘化，解决'三农'问题，第一位的是要解决农民问题，只有把农民问题解决好，农业问题、农村问题才能顺利解决"。

我对这句话感触颇深。我出生并成长于广西一个偏远的苗族村寨，作为苗族的后代，农民的儿子，最后从事的是高等教育和科研工作，研究方向使然，我得以一直与西南民族地区的乡村和农民有深入接触。我一直相信，大学和田野是离真相最近的地方。我庆幸自己选择了教育和学术，得以有条件、有精力去追求真理，更庆幸自己所选择攻读的是一门以田野调查为生命的学科——民族学，以民族发展为使命的专业——中国少数民族经济，得以让我有大量时间且必须花费大量时间心系田野、深入田野，去关注他者、观照自己。

乡村旅游的影响是我一直以来的关注领域。2013年5月，在与导师的多次沟通中，我萌发了研究乡村旅游对少数民族人力资本的影响这一思路，即通过田野实证，深化旅游影响理论，探讨旅游场域下少数民族人力资本形成机理，由此我确定了自己的研究选题。

在写作期间，我得到了很多人的指导、帮助和支持，在此谨表谢意。特别感谢李忠斌教授的全程指导，老师与我同年，亦师亦友，其严谨的治学态度、丰硕的学术成果、渊博的知识和高尚的人格给我留下了深刻的印象，并将使我受益终身；感谢中南民族大学李俊杰教授、张跃平教授、孟立军教授、王世忠教授提出的宝贵意见和建议；感谢博士同学李军明、张龙给予的大量帮助和有益讨论；感谢在田野调查期间我的硕士研究生韦俊峰、代猛、郝魏飞的协助。本书由桂林理工大学旅游管理一流学科建设专项经费及广西高校人文社科重点研究基地广西旅游产业研究院项目经费资助出版，感谢桂林理工大学旅游与风景园林学院对专著出版的支持。

吴忠军